Elisabeth Gierlinger-Czerny

JUDITS TAT

Judits Tat

Die Aufkündigung des Geschlechtervertrages

Elisabeth Gierlinger-Czerny

PROMEDIA

Gedruckt mit Unterstützung des Bundesministeriums für Bildung, Wissenschaft und Kultur, der Karl-Franzens-Universität Graz, des Referats für allgemeine Frauenangelegenheiten, Graz.

Autorin und Verlag danken der Künstlerin Minna Antova, die die Rechte für ihre Bilder kostenlos zur Verfügung gestellt hat.

Die Deutsche Bibliothek – CIP-Einheitsaufnahme
Gierlinger-Czerny, Elisabeth:
Judits Tat : die Aufkündigung des Geschlechtervertrages / Elisabeth Gierlinger-Czerny. – Wien : Promedia, 2000
(Edition Forschung)
ISBN 3-85371-166-9

Lektorat: Gabriele Habinger
Umschlaggestaltung: Scheubmayr & Berthold Ges.b.R.
Druck: WB-Druck
Printed in Austria
ISBN 3–85371–166–9

Inhalt

Vorwort

In einem Seminar zum Thema „Religiöse Selbsterfahrung“ wählten die Teilnehmer und Teilnehmerinnen die Geschichte der Judit aus dem Alten Testament aus, um ein „Bibliodrama“ zu spielen. Durch dieses Spielen erwachte in mir das erstemal der Wunsch, mich mit mordenden Frauen zu beschäftigen. Das Frauenfilmfestival „Mörderinnen“ vom 17. September bis 1. Oktober 1992 in Wien verstärkte mein Interesse an weiblichen Gestalten, die aus dem üblichen Klischee der sanften, sich aufopfernden, dienenden Frau in das Gegenteil, nämlich in das des mordenden Vamps, der besonders grausamen und skrupellosen Judit, Jael, Salome u. a. fallen. Schon allein die Idee, über Mörderinnen zu forschen, ruft unterschiedliche Reaktionen bei den Leuten hervor: Über mordende Frauen macht man bestenfalls Witze, oder sie kommen in Krimis vor, die – weit weg von der Alltagsrealität – die Stimmung aufheizen.

„Aggression und Weiblichkeit“ wurde allerdings in den vergangenen Jahren zu einem neuen, beliebten Thema, das sich in der Flut von Krimis, deren Autorinnen Frauen sind, niederschlug, ebenso in den Filmen der letzten zehn Jahre.

Als ich im Sommer 1991 mit dieser Arbeit begann, war bereits eine Menge Literatur zum Thema Frauen und Gewalt erschienen. Erhellend war für mich das Buch von Ann Jones, „Frauen die töten“, das ich als erstes zu lesen begann. Der Umgang mit Frauen, wenn sie Mörderinnen wurden, die Härte des Strafvollzugs im österreichischen Frauengefängnis in der Schwarzau und der Umstand, Verbrechen von Frauen in Zusammenhang mit ihrem Körper zu bringen, all dies brachte mich dem Thema dieser Arbeit immer näher (vgl. TRUBE-BECKER 1974).

Die Theorien darüber, warum Frauen bereit sein sollten zu töten, werden um die Jahrhundertwende erstmals Gegenstand der Wissenschaft und treiben interessante Blüten. Weiblichen Kriminellen wurde in solchen Theorien zum Beispiel mehr Körperbehaarung und ein geringerer Intelligenzgrad als normalen Frauen zugesprochen. Spekulationen darüber, daß Frauen, die aggressiv sind, lieber Männer sein wollten oder Chromosomenfehler haben könnten, die sie eher maskulin als feminin machen würden, sind ebensolche Versuche einer Antwort. Wenn Frauen gewalttätig werden, sind sie entweder überemanzipiert oder lesbisch oder auch nicht einzuordnende Monster, zumindest gräßliche Außenseiterinnen oder doch nur kleine Mädchen, die sich in den falschen Mann verliebt haben. Solche oder ähnliche Aussagen sind in den Medien über Frauen, die töten, zu lesen (vgl. JONES 1986, S. 3–100).

Bei Mord handelt es sich um ein nicht typisches Frauendelikt. Die Statistik beweist, daß Mord häufig innerhalb der Familie bzw. Lebensgemeinschaft vorkommt. Am Ende des 19. Jahrhunderts wurde Gattenmord als das „abscheulichste Verbrechen" bezeichnet (ebda, S. 111ff.). Es ist Verrat am Ehemann, an den Kindern und an Gott. Die Frau, die eines solchen Verbrechens fähig ist, muß ein Ungeheuer sein. Frauen als passive Geschöpfe handeln nicht wie der Mann aufgrund eines neuen Zukunftplans, sie handeln unter einem anderen Einfluß (von außen oder aus ihrer Natur), etwa aus menstrual bedingter Gereiztheit, aufgrund hysterischer (von der Gebärmutter ausgehender) Leiden, Geistesgestörtheit oder männlicher Komplizenschaft. Eine Frau hat kein Motiv, ihren Gatten zu töten (ebda, S. 117f.). Indem Motive der Frauen auf diese Art abgetan werden, verleugnet man die Dimension der Tat als Angriff auf die Ehe und die Gesellschaft. Es kann sogar zu Freispruch durch Umwandlung des Urteils in Unzurechnungsfähigkeit kommen. Die Opfer der Mörderinnen sind ihre Nächsten: Kinder und Gatten. Mörderinnen verletzen also jedes Prinzip der weiblichen Natur.

Ann Jones erläutert in ihrem Buch die Geschichte des Mordes in den letzten zwei Jahrhunderten in Amerika. Einige wichtige Erkenntnisse möchte ich hier zusammenfassen. Als Überschrift zu ihrer Arbeit stellt sie selbst den Satz: „Die Geschichte von Frauen, die töten, ist die Geschichte der Frauen". Sie meint damit, daß Frauen nur in ihrem ureigensten Bereich (dem familiären) töten können, der ihnen von der Natur, dem Mann, vom Gesetz und von Gott zugeordnet und zugedacht ist. Frauen verletzen damit radikal die männliche Lebensordnung und lösen dadurch bei denjenigen, die diese Gesetze bestimmen, massive Ängste aus. Die patriarchale Ordnung beläßt den Frauen nur wenig Raum, und obwohl sie die Gesetze dieser Ordnung nicht mitbestimmen, müssen bzw. sollten sie sich ihnen fügen. Der Mord ist die extremste Form der Aktion, die jedenfalls nie wieder zurückgenommen und ungeschehen gemacht werden kann. Insofern üben Frauen, die töten, die radikalste Kritik an dieser Ordnung.

Erschießt zuerst die Frauen, soll eine Anweisung gelautet haben, die in Deutschland einer Antiterrorismuseinheit gegeben worden ist (vgl.

MacDONALD 1992, S. 12). Denn Frauen sind, wenn sie töten, immer bösartiger als Männer, steht als Mythos hinter solchen Aussagen. Mord als politische Aktion wird Frauen nicht zugestanden. Die Verehrung männlicher Helden, Kämpfer und Revolutionäre ist nichts Neues, unsere Geschichtsbücher sind voll davon. Wenn Frauen Terroristinnen werden, dann sind sie von Männern zu diesen Gewalttaten verführt worden. Letztendlich sind doch wieder die Männer für die Gewalt verantwortlich und Frauen die Opfer ihrer eigenen Schwächen. Das wahre Motiv von Frauen, wenn sie töten, ist immer Leidenschaft und Abhängigkeit (ebda, S. 12).

Über Frauen wird gesagt, daß sie von Beziehungen abhängiger sind als Männer, daß sie daher größere Angst vor Liebesverlust haben und anfälliger sind für Schuldgefühle. Gleichzeitig wird von der Gesellschaft der Anspruch an die Frauen herangetragen, für Zärtlichkeit, Wärme und Harmonie in ihrer Umgebung zuständig zu sein (vgl. GILLIGAN 1988).

Solche Theorien und Aussagen bestärkten mich, die biblische Judit zu erforschen. In der Frau, die tötet, schreit die ganze Geschichte der Frauen auf. Wenn dem so ist, wie A. Jones meint, dann wäre für die Rekonstruktion der Frauengeschichte die Gestalt Judit die Metapher.

Ich habe mich auf dieses Abenteuer eingelassen, und in einem siebenjährigen Prozeß ist die vorliegende Arbeit entstanden. Sie wäre nicht möglich gewesen, wenn in diesen langen Jahren nicht zwei Frauen mich unterstützt, begleitet und beraten hätten. Mein erster Dank gilt Dr. Brigitte Spreitzer, Universität Graz, Institut für Germanistik, die mir jede Literatur, die schwer ausfindig zu machen war, besorgt, viele inspirierende Gespräche mit mir geführt und über die Jahre nicht die Geduld mit mir verloren hat, sondern im Gegenteil mich bestärkte und motivierte. Sie besorgte außerdem für mich die Übersetzungen aus dem Französischen.

Die zweite Frau, die mich inspiriert und unterstützt hat, ist die Künstlerin Mag. Minna Antova. Ihre Lebendigkeit und künstlerische Einzigartigkeit gaben mir die Kraft, beim Thema zu bleiben. Ihr Juditzyklus war es, der mich so beeindruckt und motiviert hat, diese Arbeit auf jeden Fall zu beenden. Ihr Mitdenken und die Auseinandersetzung mit der Thematik bescherten mir viele reiche Stunden mit ihr.

Univ. Prof. Dr. Irmtraud Fischer, seit 1997 Professorin für Altes Testament und Frauenforschung in Bonn, sei gedankt für ihre persönliche Betreuung und die Bereitschaft, diese Arbeit zu begutachten und zu fördern. Ihr verdanke ich die Ermutigung, eine solche Arbeit, die interdisziplinäre Züge trägt, zu verfassen. Ihre korrekte und freundliche Kritik schärfte immer wieder meinen Blick und regte mich zum Weiterdenken an.

Mein Dank gilt auch dem Institut für Altes Testament in Graz unter dem Vorstand von Univ. Prof. Dr. Johannes Marböck, wo ich immer offene Türen vorfand und mir jede Unterstützung zuteil wurde, die ich brauchte.

Mein besonderer Dank gilt meinem Mann, Dipl.-Ing. Dr. Andreas Gierlinger, der mir unter anderem durch Schreibarbeiten viel Arbeit abgenommen hat. Ebenso hat er mich in allen Belangen in dieser Zeit unterstützt.

Danken möchte ich auch meinen beiden Töchtern, Clara und Sophie, die mich sieben Sommer lang viel entbehren mußten und besonders in der Endphase großes Verständnis für meine Arbeit aufbrachten. Ihnen sei diese Arbeit gewidmet.

Elisabeth Gierlinger-Czerny   Graz, im Juli 2000

Einleitung

Immer wieder wurde ich in verschiedenen Situationen mit der biblischen Judit konfrontiert. Für eine kunstinteressierte Theologin ist es kaum möglich, Kirchen- und Kulturstätten zu besuchen, ohne dort und da auf eine Darstellung von Judit und Holofernes zu stoßen. Das süffisante Lächeln auf den Mündern von Männern, wenn die Rede auf Judit und Holofernes kam, weckte meine Neugierde. In Gesprächen bemerkte ich, daß Judit sich einer gewissen Bekanntheit erfreut, daß es aber besser ist, sich nicht genauer damit zu beschäftigen. Interessanterweise war Judit den Männern besser im Gedächtnis geblieben als den Frauen. Frauen konnten mir weniger rasch den Bezug herstellen, oder es war ihnen sogar unangenehm, über eine solche „Person" zu sprechen.

Was aber ist der Kern dieser Geschichte? Für wen, von wem, unter welchen Bedingungen und zu welchem Zweck wurde sie verfaßt? Meine Grundhypothese, mit der ich Material zu sammeln begann, war: Wenn eine Geschichte für Menschen in verschiedenen Zeitepochen immer wieder an Bedeutung gewinnt, ihre Auslegung aber ambivalent und mehrdeutig ist, so muß es damit eine besondere Bewandtnis haben, die wohl schon zutiefst dem Text zugrunde liegt. Wenn diese Gestalt dann beinahe ausnahmslos von Männern gedeutet und interpretiert wird, dann ist es von Interesse zu überprüfen, warum Frauen dieser Gestalt so skeptisch gegenüberstehen.

Wer nun aber ist Judit?

Diese faszinierende Gestalt ist nicht erst seit jüngerer Zeit Stoff, mit dem sich die Forschung beschäftigt, ihre religiöse und künstlerische Bedeutung ist schon seit Jahrhunderten gegeben. Die geheimnisvolle Judit und die Transformation dieses Mythos in unsere Kultur sind Gegenstand dieser Arbeit. Der Juditstoff wurde über die Jahrhunderte mit wenigen Ausnahmen – diese sollen ebenfalls Thema der vorliegenden Arbeit sein – von Männern tradiert und bearbeitet, mögen es nun Theologen, Maler oder Komponisten gewesen sein.[1] Mit der langsamen Entwicklung eines feministischen Bewußtseins jedoch fällt ein neues Licht auf die Geschichte der Judit, und mit Kriterien einer feministischen Hermeneutik, die auch Elemente des Dekonstruktivismus für sich verwendet, können die herrschenden Bilder untersucht werden.

Zwei Hauptaspekte werden in der Rezeptionstradition in den Mittelpunkt gerückt:

- Das Geschehen um die Enthauptung des Holofernes und der darauffolgende Sieg des jüdischen Volkes über seine Feinde. In diesem Falle tritt Judit in den Hintergrund, und die Befreiungstat Gottes wird zum zentralen Aspekt, Judit bleibt Werkzeug und wird entpersonalisiert.
- Judit tritt als Person in den Mittelpunkt. Sobald aber dies geschieht, erstarrt sie unverzüglich zu einer Ikone, die je nach Bedarf einmal der Typus für Israel schlechthin ist, dann die Vorläuferin Marias, die phallische Frau, die Patriotin, eine asketische christliche Mönchin, eine Kriegerin, eine weise Frau, eine Femme fatale oder eine Betrügerin.

Welche Elemente nun bewirkten und bewirken die Transformation dieses Mythos bis in unsere Zeit? Wie weit trifft der Mythos den Nerv des Geschlechterkampfes, in dem nur die Tötung durch und für einen Gott Erlösung schaffen kann? Als Ikone ist Judit für jede Herrschaftsperiode zu funktionalisieren. Sie dient zur Abschreckung und bleibt doch immer doppeldeutig. Welcher Macht dient sie? Dient sie Gott, so dient sie auch der Macht des Staates und den herrschenden Interessen; dient sie sich selbst und ihren Geschlechtsgenossinnen, so entbrennt der Geschlechterkampf, und keine Macht kann da Abhilfe schaffen.

Ist nun Judit eine Gestalt zwischen Mythos und Moderne, die immer dann in der Geschichte auftaucht, wenn gesellschaftliche Umbrüche und Aufbrüche stattfinden, um die herrschende Ordnung aufrechtzuerhalten,[2] und die solchermaßen zur Legitimation von Geschlechterrollen verwendet wird?

In der vorherrschenden Darstellung der Bildenden Kunst dient Judit als Ikone zur Abschreckung für Männer und Frauen und mahnt, nicht an den herrschenden Verhältnissen zu rühren. Judit wird für den Mann zum Monster und für die Frau zum unmöglichen Identifikationsobjekt gemacht. Mögliche andere Folgen, die durch die Tat Judits entstehen könnten, werden rasch mit gesellschaftlichen Werten und Normen zugedeckt und damit verhindert: „Frauen haben nicht alle Tage Holofernes zu besiegen; aber jeden Tag haben sie die Gelegenheit, anzukämpfen gegen ein Übermaß an Eitelkeit, Lust und alle angenehmen und störenden Leidenschaften, wie sie die Erinnerung an diese heroische Frau anleitet“ (GARRARD 1989, S. 166. Übersetzung E. G.-C.).

Welche Umstände sind es, die unter besonderer Berücksichtigung der Geschlechterthematik zur Transformation des Mythos führen? Was bringt eine feministische Perspektive über die religiösen, historischen, kulturellen, politischen und psychologischen Zusammenhänge ans Tageslicht? Dient diese Geschichte wirklich nur dazu, eine patriarchale Weltsicht weiterzutransportieren und ein traditionelles Gottesbild festzuschreiben, oder ergibt es für die Frauen doch einen Sinn, sich mit Judit zu beschäftigen?

Eine Untersuchung des Originaltextes im Hinblick auf die dem Text immanente Geschlechterideologie soll Aufschluß darüber geben, ob das Buch Judit die herrschende Geschlechterideologie festigt oder kritisiert. Die Befragung des Textes geschieht unter der hypothetischen Annahme, daß die Rezeptionsgeschichte Judit als Objekt benutzt hat, um die dem jeweiligen Zeitgeist entsprechenden Normvorstellungen von männlich und weiblich zu untermauern.

Eine weitere Hypothese, die dieser Arbeit zugrunde liegt, besteht darin, daß Judit einer Ikone gleich in der Geschlechterdiskussion auftaucht und quasi als Borderlinerin[3] ihren Platz in der definierten Herrschaftsordnung sucht. Sie muß aber eine Grenzgängerin bleiben, die weder zu der sozialen Gruppe der normalen Frauen gehört, noch Vorbild sein darf: „Als Borderline-Figuren können Frauen entweder als innerhalb oder außerhalb der männlichen Gesellschaft wahrgenommen werden. Wenn Frauen als innerhalb der Grenzen gesehen werden, werden sie romantisch idealisiert, als außenstehend betrachtet werden sie jedoch geopfert und verstoßen" (EXUM 1993, S. 76. Übersetzung E. G.-C.).

So bleibt Judit als Einzelgängerin eine, die an der Grenze wandert. Erst entrückt und ikonenhaft wird sie wie Maria eine erlaubte Identifikationsfigur für Frauen und bekommt ihren Platz in der Gesellschaft zugewiesen, von der diese lernen können: „Laßt sie von dieser berühmten und glorreichen Mätresse lernen, ihre Anmut zu zügeln und ihnen Verehrung und Begeisterung zu geben; die gefährliche Schönheit einzusperren und von ihr alle Waffen wegzunehmen, mit denen sie eine Straftat begehen könnte ..." (DE MOYNE, Pierre, The Gallery of Tewick Women, zitiert nach GARRARD 1989, S. 167f. Übersetzung E. G.-C.).

Mit dieser Zuordnung kann Judit ein Modell für Frauen werden, die aufgefordert sind, ihre Schwäche zu besiegen, wo es doch in der Geschichte, so dachte man zumindest, um die Schwäche des Holofernes ging.

Die Umgestaltung eines Mythos im kulturhistorischen Prozeß zu verfolgen und aufzuzeigen ist zweifelsohne ein schwieriges Unterfangen. „Wer sich mit Mythen einläßt, steht unter Verdacht" (TREUSCH-DIETER 1997, S. 1). Denn ist es nicht vermessen, „wenn eine einzelne Person es unternehmen kann, das, was Produkt der Menschheit ist, zu interpretieren" (ebda)? Mythos ist etwas, das im Dunklen liegt, längst vergangen und daher für bedeutungslos gehalten werden kann. Die Moderne, das Zeitalter der Ratio, hat diese „alten Zeiten" abgelöst. So wird mit Ende des 19. Jahrhunderts und verstärkt seit den 70er Jahren Weiblichkeit der Vorgeschichte dem Matriarchat zugeschrieben und das Männliche der Geschichte, welche eine reine, von der Ratio geleitete ist.[4] Diese Unterscheidung bildet nicht nur die unterschiedliche Wertigkeit der Geschlechter ab, als ob das Weibliche dem Mythos, das Männliche dem Logos zuzurechnen sei, sondern konstruiert auch eine historische Trennlinie zwischen dem Matriarchat und einem darauffolgenden Patriarchat. Diese Zweiteilung in Mythos und Geschichte bestimmt unser kulturgeschichtliches Denken. Eine solche Einteilung schreibt fest und ordnet zu, was berechenbar ist und was nicht. In dem Schema von Mythos und Logos wird das Weibliche das Unberechenbare, das Männliche das Berechenbare. Anders ausgedrückt könnte das heißen, daß etwas nicht zum Ausdruck kommen darf und auch nicht ins Bewußtsein rücken soll, was durch ein geschichtliches Verschweigen legitimiert und in der symbolischen Ordnung so definiert ist.

Ich gehe in meiner Arbeit davon aus, daß Frauen am Aufbau unserer Gesellschaft und unserer Zivilisation beteiligt sind und das auch immer schon waren. Frauen haben teil an der kollektiven Erinnerung, die die Vergangenheit in das kollektive Bewußtsein webt – auch wenn immer dort, wo dieser Prozeß stattfand, die symbolische Ordnung von Männern kontrolliert und bestimmt wurde und Frauen dabei eingeschränkt oder gar ausgeschlossen wurden (vgl. dazu LERNER 1991; EXUM 1993, S. 17).

Den Erkenntnissen der neueren feministisch-theologischen Kritik[5] folgend, möchte ich in meiner Herangehensweise an diese Problematik jedoch nicht einem Entweder-Oder verfallen. Ich versuche einerseits, Judit in ihrer Funktion als männliches Konstrukt wahrzunehmen und zu überprüfen, wo die Bruchstellen in diesem Konstrukt sind, und andererseits den Mythos, der dieser Figur anhängt, zu dekodieren. Die Aufarbeitung des Themas erfordert eine vielfältige Herangehensweise, die ich mit dem Wort „interdisziplinär" charakterisieren möchte. Ausgehend vom biblischen Text und der Analyse einiger Textstellen soll mit Hilfe der Kunstgeschichte und der Malerei, der Literatur und der Psychoanalyse meine Hypothese, daß Judit ein hilfreiches Konstrukt für die Geschlechterdebatte in der Jetztzeit ist, herausgearbeitet werden.

Wie Männer die Frau phantasierten, ist in vielen Zeugnissen belegt. Die Rezeptionsgeschichte stellt dafür genügend Beweismaterial zur Verfügung. Wie bereits angedeutet, erschien Judit allerdings als männliches Konstrukt und wird selbst bis ins 20. Jahrhundert von Frauen mit gewisser Vorsicht aufgenommen, wenn nicht gar abgelehnt. So gibt es in der Gesamtrezeption wenige Zeugnisse von Frauen, die Judit interpretieren.

Die Arbeiten zweier Malerinnen sollen als weibliche Antwort auf die Juditgeschichte betrachtet werden und einen bildhaften Kontrapunkt zur allgemeinen Rezeptionsgeschichte setzen. Die Arbeiten der Malerinnen sollen jenen der Maler gegenübergestellt und daraufhin überprüft werden, ob sie einen neuen Zugang zum männlich gedeuteten und fixierten Juditbild zu schaffen imstande sind.

1 Methodische Überlegungen und Darstellung der Arbeitsweise

Die Auseinandersetzung mit Feminismus, Pazifismus und Ökologie ließen mich nach Möglichkeiten der Veränderung der herrschenden Machtstrukturen suchen. In meinen Überlegungen stieß ich immer an Grenzen, die mich entmutigten weiterzudenken.

Erst die Beiträge von Frauen in Wissenschaft und Kunst, Politik und Gesellschaft, die sich in den letzten Jahren erfreulicherweise häuften, ließen mich die Grenzen in meinem Denken und meinen Interpretationen aufbrechen. Die Ohnmacht gegenüber allerorts herrschenden Ungeheuerlichkeiten im politischen System sowie das Ausbrechen eines brutalen Krieges vor unserer Haustüre, der neben vielen anderen Greueltaten auch die Vergewaltigung von Frauen als Kriegsstrategie einsetzte, ließen erneut das Bewußtsein dafür wach werden, daß sich an unseren Geschlechterrollen nichts verändert hat.

Diese Tatsachen ließen mein Augenmerk auf die Geschichte im Ersten Testament werfen, die mir bis dahin fremd und fern war oder die ich, wie ich es heute eher annehme, verdrängt hatte. Die Frage, die sich mir beim Wiederaneignen dieser Geschichte stellte, war: Wieso blieb die Juditgeschichte eine männliche Domäne? Wieso wurde sie immer wieder von Männern aufgegriffen und interpretiert? Wie kommt es, daß Frauen eine gewisse Distanz zu dieser Judit entwickelt haben? Meine eigene Distanz zu dieser Geschichte, die Kontaktaufnahme bis hin zur Wiederaneignung sind zugleich auch der Beginn der vorliegenden Arbeit.

Ich machte mich auf den Weg, die Juditgestalt auch als Teil der allgemeinen Geschichte von Frauen zu betrachten, sie noch einmal für mich als Frau lebendig werden zu lassen und ihr auch einen möglichen Platz unter Frauen zu geben. Eine feministische Hermeneutik unterstützte mich dabei.

1.1 Feministische Hermeneutik

Wenn ich davon ausgehe, daß Hermeneutik die Wissenschaft ist, die sich mit der Auslegung und Interpretation von Schriften, Texten und Sachverhalten befaßt und die in ihrer Methode die zeitliche und räumliche Spannung, die zwischen Text und Interpretin besteht, berücksichtigt (vgl. BAIL 1994, S. 13), erweitert die feministische Hermeneutik die Herangehensweise an Texte um folgende Punkte:

- Das Vorverständnis der Lesenden prägt entscheidend die Fragen, die an einen Text gestellt werden.
- Der Anspruch von Objektivität ist letztlich nicht erfüllbar.

Durch das Instrumentarium einer feministischen Hermeneutik konnte aufzeigt werden, wie einseitig männlich geprägt die vermeintlich objektive Wissenschaft ist. Sie ist geprägt vom Androzentrismus, der sich in folgenden Worten trefflich beschreiben läßt: „die männliche Sichtweise ist dominant, wenn vom Menschen die Rede ist" (ebda, S. 14; vgl. auch SCHOTTROFF 1994, S. 57–63).

Mit Cheryl Exum meine ich, daß immer dort, wo Männer und Frauen sich in der Geschichtsschreibung und beim „Machen" von Geschichte den Platz teilen und an der Schaffung der Gesellschaft arbeiten, der symbolische Ausdruck von Männern geprägt, kontrolliert und zugelassen wird. In der Interpretation der Zivilisation, der Schaffung des Symbolsystems, das die Meinungen und Haltungen zutiefst bestimmt, wurden Frauen ausgegrenzt oder gar ausgeschlossen.[6] Aufgabe einer feministischen Bibelwissenschaft ist das Wiedergewinnen der Frauengeschichte unter Berücksichtigung der positiven Bilder und Identifikationsmöglichkeiten für die Frauen sowie auch das Sichtbarmachen der Leidensgeschichte von Frauen unter den Bedingungen des Patriarchats.[7]

Das Buch Judit ist in seiner Wirkungsgeschichte von patriarchalen Deutungen und Interpretationen geprägt. Eben diese sind zu hinterfragen und durch weibliche Herangehensweisen und Interpretationen zu rekonstruieren. Wenn unsere Geschichte auch eine Siegergeschichte ist und die vorherrschende Geschichtsschreibung die Frauengeschichte nicht gesondert in den Blick nimmt, sondern die Teilhabe der Frauen am Allgemeinen suggeriert, so ist es die Leistung feministischer Wissenschaft, herausgearbeitet zu haben, wie die Frauen in die Geschichte verwoben und eingeordnet sind (vgl. SCHÜSSLER-FIORENZA 1988, S. 62; EXUM 1993, Preface; LERNER 1991, S. 199–211). Beim Aufdecken patriarchaler Wirkungsgeschichte werden die Texte in ihrer Beziehung zu den Frauen der jeweiligen Zeitepoche untersucht. Es wird auch nicht von vornherein eine ausschließlich männliche Autorschaft angenommen, sondern die Möglichkeit von Autorinnen oder die Beteiligung von Frauen am Schöpfungsprozeß wird in Betracht gezogen, so wie auch Frauen als Adressatinnen mitgedacht und angesprochen werden.[8] Ich möchte mich in der vorliegenden Arbeit auch daran halten und schließe eine weibliche Autorschaft des Buchs Judit mit ein. Da also die Möglichkeit einer weiblichen Autorschaft nicht von vornherein ausgeschlossen werden kann, verwende ich in der vorliegenden Arbeit immer auch die weibliche Form.

1.2 Weibliches wider männliches Lesen

Weitere neuere Zugänge zu den Texten des Ersten Testaments und somit auch zu Judit finden sich in den Literaturtheorien, die aus dem Poststrukturalismus entstanden sind. „Wiederlesen: Weibliches wider männliches Lesen", so bezeichnet es Barbara Vinken (1992, S. 14) in ihrer Einleitung zu „Dekonstruktiver Feminismus". „Weiblichkeit ist nicht eine biologische oder kulturelle Identität, sondern das differentielle Moment, das Identität erst ermöglicht, in der zustande gekommenen Identität aber verdrängt wird" (VINKEN 1992, S. 19). Männliche Identität bildet sich durch die Definition weiblicher Identität, die Frau ist dabei immer das Objekt, das vom männlichen Blick aus Definierte (vgl. BAIL 1994, S. 18). Weiblichkeit für sich gesondert genommen ist unheimlich. Nicht, weil sie das Gegenteil von Männlichkeit ist, sondern weil sie die Opposition von „männlich" und „weiblich" unterläuft (vgl. VINKEN 1992, S. 19). Männliche Selbstidentität stellt sich hernach als politische und sexuelle Phantasie heraus, die Differenz, die die Frau verkörpert, muß ausgelagert werden und als Kastration auf die Frau projiziert werden. Da die Geschlechter rhetorisch verfaßt sind, ist der Ort, an dem diese rhetorische Verfassung lesbar wird, der literarische Text (vgl. ebda, S. 17). So könnte man sagen, die Zeichen dieses Vorgangs können im sprachlichen Kontext und in Symbolen entschlüsselt werden, die deutlich werden im Ausdruck jeder Art von Kunst.

Hilfreich bei einer Dekonstruktion in literarischen Texten ist der psychoanalytische Diskurs. Sigmund Freuds Weiblichkeitstheorie ist zwar kein vom Ganzen der Psychoanalyse ablösbarer Teilbereich, aber ein Bereich, der zum Prüfstein der aufklärerischen Tendenz der Psychoanalyse wird (vgl. ROHDE-DACHSER 1997, S. 88–113; SCHLESIER 1981, S. 11–13). Für die Offenlegung von Freuds Geschlechterideologie sind dessen Formulierungen über Weiblichkeit von besonderer Bedeutung und liefern im Verfahren der Dekonstruktion Klarheit über die „mythenbildende Rolle unbewußter Phantasien für die psychoanalytische Theoriebildung", so wie sie auch als eine Sozialisationstheorie des Patriarchats gelesen werden können (ROHDE-DACHSER 1997, S. 88f.). Das Verfahren der Psychoanalyse ist eine nützliche Methode, sofern sie selbst dekonstruiert wird.

Freud (1994, S. 564) entlarvt seine Konstruktion von Weiblichkeit mit folgenden Worten in einer Vorlesung, die er 1932 zum Thema Weiblichkeit hielt: „Wollen Sie mehr über die Weiblichkeit wissen, so befragen Sie Ihre eigenen Lebenserfahrungen, oder Sie wenden sich an die Dichter, oder Sie warten, bis die Wissenschaft Ihnen tiefere und bessere zusammenhängende Auskünfte geben kann." So schließt Sigmund Freud seine Vorlesung über Weiblichkeit vor seinen fast ausschließlich männlichen Zuhörern.

Der dekonstruktive Feminismus geht davon aus, daß die Geschlechter rhetorisch verfaßt sind und deshalb der Ort der Dekonstruktion der literarische Text ist, in dem sich der herrschende Diskurs niederschlägt. Die Wahrnehmung der Wirklichkeit wird über das Herstellen von Gegensatzpaaren definiert wie: weiblich/männlich, Natur/Geist, schwach/stark, Gefühl/Verstand. Oder sie gestaltet sich über Ausgrenzung, (Ver-)Schweigen und Unterdrückung des jeweils „anderen".

Im herrschenden Diskurs ist das jeweils „andere" eben die Frau, das Weibliche. Die Konstruktion des Weiblichen als kulturelles Konstrukt muß daher notwendigerweise aufgezeigt beziehungsweise aufgedeckt werden, um so die Frauengestalten in der Geschichte, die scheinbar festgelegt sind, zum Leben zu erwecken. „Daß Frauen ins Zentrum gerückt werden, bedeutet, daß die Tonfiguren lebendig werden. Sie fangen an, miteinander zu sprechen, sich ihre Erfahrungen, ihren Glauben, ihre Hoffnungen, ihre Theorien und Meinungen zu erzählen" (DIJK-HEMMES, van, 1993, S. 23. Übersetzung E. G.-C.).

1.2.1 Das kulturelle Modell

Elaine Showalter entwickelte die Theorie der „Reinterpretation" von Texten durch intensives Korrigieren, Modifizieren, Ergänzen, Vermenschlichen oder auch durch das kritische Aufgreifen der männlichen Theorien.[9] Sie schlägt als brauchbares Modell für dieses Unterfangen das „kulturelle Modell" vor. Dieses Modell dient als Methode dazu, unter Berücksichtigung des jeweiligen soziokulturellen Kontextes Frauenidentität zu entschlüsseln und zu rekonstruieren. Über diesen Weg zeigt sich am deutlichsten, wie „Frauenkörper",

Sprache und Psyche sich auf dem jeweiligen soziokulturellen Hintergrund bilden.

Mit Hilfe des „kulturellen Modells“ lassen sich die Zuschreibungen von weiblicher Identität nachvollziehen und die jeweils herrschende Geschlechterideologie beleuchten. Dabei wird erfahrbar, daß Frauenidentität eine von außen zugwiesene ist und daß sich die Frauen ihre eigene Meinung über ihre Körper, ihre Sexualität und ihre reproduktive Funktion auf dem kulturellen Hintergrund dieser von außen zugeschriebenen Identität bilden. „Die Meinungen, die Frauen über ihre eigenen Körper und ihre sexuellen und reproduzierenden Funktionen haben, sind normalerweise verwoben mit der kulturellen Umgebung, in der sie sich selbst wiederfinden“ (E. Showalter, zitiert nach DIJK-HEMMES, van, 1993, S. 26. Übersetzung E. G.-C.). Subjektwerdung von Frauen kann daher nur vor diesem Hintergrund geschehen, ein losgelöstes Subjekt kann es nicht geben. „Männliches Verlesen“ (VINKEN 1992, S. 18) wird aufgedeckt durch die männliche Rezeptionsweise, die durch sich selbst die Möglichkeit zur Analyse bietet.

1.2.2. Dekonstruktion

Die Juditgeschichte bietet einen Inhalt dar, der die Leserschaft zu unterschiedlichen Reaktionen herausfordert. Denn sie verleitet dazu, herrschende Geschlechterideologien in Frage zu stellen, zu zerstören oder zu verfestigen. Dieses Faktum soll als Grundhypothese meiner Arbeit vorangestellt sein.

Die dem Judittext inhärente Geschlechterkonstruktion soll unter Berücksichtigung der narrativen Theorie von Mieke Bal[10] untersucht werden. In der Analyse der modernen Rezeptionsgeschichte wird es auch darum gehen, Freuds Konstruktion von Weiblichkeit, wie sie in seiner Interpretation der Juditfigur überdeutlich wird, zu dekonstruieren.

Die narrative Theorie als literaturwissenschaftliche Methode achtet bei der Darstellung der Ereignisse darauf, wer die Geschichte erzählt, wessen Sichtweise der Ereignisse dargestellt werden; wer spricht/wer nicht; wer handelt/wer nicht. Diese Vorgehensweise möchte ich auch als dekonstruktive literaturwissenschaftliche Methode bezeichnen, insofern sie sich an deren Technik eines „close reading“ (textnahe Lektüre) orientiert.[11]

Durch den Versuch, die Weiblichkeitsbestimmungen der traditionellen Psychoanalyse einer kritischen Bestandsaufnahme zu unterziehen, erkannte Christa Rohde-Dachser, daß dies nur durch eine systematische und radikale

Dekonstruktion der Theorie der Psychoanalyse möglich ist, in die diese Weiblichkeitsbestimmungen eingebettet sind. Erst dann ist eine Rekonstruktion unter anderen Vorzeichen möglich. Die dabei angewandte Methode ist die Psychoanalyse selbst. Es geht dabei nicht darum, die Methode als falsch zu erklären, sondern die Blickwinkel zu verändern und einen Dialog zwischen den Geschlechtern zu eröffnen (vgl. ROHDE-DACHSER 1997, S. 15–18). Notwendig sei „ein Dialog, in dem nicht mehr von ‚dem Mann' und ‚der Frau' die Rede ist, sondern von Männern und Frauen, die miteinander vor allem auch über ihre Entfremdung sprechen, die ihre Geschlechterrolle ihnen abverlangt" (ebda, S. 16f.).

Was bedeutet es nun, als Frau zu lesen oder zu schreiben? Der dekonstruktive Feminismus hat eine Theorie des Lesens und der Frau sowie eine Theorie der Subjektivität und des Geschlechts entwickelt. Ein wesentlicher Aspekt dabei ist, daß es nicht genügt, Frau zu sein und als Frau zu lesen. Es bedeutet, einzusteigen in „die Rolle, die ‚Frau' als Identität konstruiert, die Frau zu spielen, die sie konstruiert" (VINKEN 1992, S. 20). Es handelt sich dabei immer um die beiden folgenden Aspekte: Die Frau, wie sie gelesen wird, und die Frau, wie sie liest. Wenn die Frau sich liest, liest sie nicht sich selbst, sondern das Konstrukt von sich. Die Variable ist die unsichtbare Differenz.[12] Nicht authentische Erfahrungen werden dargestellt, in denen sich Identifikationswünsche von Frauen erfüllen lassen, sondern „die supplementäre Verdoppelung der Rollendistanz der Frau, die sich als ‚Frau' verstehen und das heißt: systematisch mißverstehen muß, wird lesbar und in der Lesbarkeit abermals gedoppelt durch die Frau, die das systematische Mißverständnis ihrer selbst zu ihrer Rolle machen muß" (VINKEN 1992, S. 20; vgl. auch GÜNTER 1996, S. 11–23).

Der dekonstruktive Feminismus grenzt sich gegen den Postfeminismus[13] dadurch ab, daß es immer darum geht, in einer strukturellen Analyse die Bedeutung von Worten und Symbolen im Konnex ihrer kulturellen Bedingungen deutlich zu machen. Bilder vom Frausein und Mannsein werden im Zusammenhang gesehen. Die Suche nach Weiblichkeitsentwürfen soll nicht in der androzentrischen Ordnung erfolgen. „Eine Struktur zu erfinden, in der Frauen beurteilen, was sie im Leben und in der Welt wollen" (GÜNTER 1996, S. 19), ist das Ziel. „Dekonstruktiver Feminismus ist auf eine Subversion der Geschlechterrollen aus" (VINKEN 1992, S. 26).

1.3 Als Frau die Bibel lesen

Mit der Frage „Reading as Woman“ beschäftigt sich Athalya Brenner (1989, S. 11–37) in ihrer Einleitung zu dem Buch „The Songs of Songs“. Ich möchte an dieser Stelle einige ihrer Überlegungen darstellen.

Kann man als Frau die Bibel lesen, ist ihre erste Überlegung, und wenn ja, wie geschieht es? Frauen bewegen sich genauso wie Männer, wenn sie lesen, innerhalb der kulturell bedingten Parameter. Die eigene Teilgesellschaft existiert teils unbewußt oder eingestandenermaßen in männlich dominierten Strukturen, mit denen Frauen gelernt haben zu kooperieren. – Ja, es geht sogar so weit, daß sie sich gänzlich damit identifizieren. Die dominanten Teile einer Gesellschaft halten ihre Mythen und Ideologien für allgemein gültig und verbindlich. Die untergeordneten Teile dieser Gesellschaften stimmen entweder freiwillig zu, oder sie werden, wenn dies nicht der Fall ist, dazu gezwungen. Die Kulturleistung wird den Männern zugeschrieben. Männliche Erfahrung wird zur allgemein menschlichen Erfahrung erhoben.

Drei Aspekte hebt Athalya Brenner (1989, S. 13f.) besonders hervor:

1) Der erste Aspekt ist die Feststellung einer Kontinuität der weiblichen Sozialisation und der sozialen Erfahrung. Hierbei leisten persönliche Identifikation und die Diskussion über weibliche literarische Charaktere den Hauptteil der Arbeit.
2) Der zweite Aspekt, den es zu beachten gilt, ist, daß jeder literarische Text auch ein politischer Text ist, der als solcher auch in Frage gestellt werden muß. Dabei muß die Dominanz des männlichen Blicks aufgedeckt werden. Dies allerdings führt zu großen Widerständen innerhalb der Herrschaftsgruppe, da diese Erkenntnisse deutlich von der herrschenden Meinung abweichen. „Die politische Motivation feministischen Lesens dieser Art – die Herausforderung des männlichen Lesens – macht die Praxis und ihre Ergebnisse inkompatibel und/oder unvergleichbar mit traditionellen (männlichen, aber als ‚universell‘ und nicht geschlechtsbezogen angenommenen) Interpretationen“ (BRENNER 1989, S. 14. Übersetzung E. G.-C.).
3) Der dritte Aspekt ist die direkte Kritik am Androzentrismus. In bezug auf Religion und Mythen stößt ein weibliches Lesen auf besonders große Abwehr. Denn in diesem Bereich besitzt die männliche Vorherrschaft so etwas wie Ewigkeitscharakter. Die Bibel (Brenner bezieht sich im wesentli-

chen auf die hebräische Bibel, wobei diese Situation, so die Autorin, sich auch auf das Neue Testament übertragen läßt) ist als männliches Dokument gesehen worden, so wie auch über die Jahrhunderte hindurch nur von männlichen Autoren ausgegangen wurde. Sie diente dazu, die soziale Ordnung zu bilden beziehungsweise zu rechtfertigen. Lange Zeit studierten nur Männer (mit wenigen Ausnahmen) diese Texte und legten sie aus. An solche Texte als Frau heranzugehen und sie zu interpretieren kann als böswillig, provokativ und gefährlich für das soziale System aufgenommen werden, und zwar gewöhnlich von Lesern beiderlei Geschlechts.

Da beim Lesen der Bibel die Symbolordnung um den Begriff Gott erweitert wird, möchte ich einige Fragen formulieren, die zu stellen sind, wenn „Frau" einen biblischen Text analysiert (vgl. GÜNTER 1996, S. 20):

- Welche Position im Verhältnis zu anderen hat Gott?
- Welche Funktion hat die Rede über Gott, und was begehren die Männer von Gott, wenn sie von ihm reden?
- Welche Funktion hat die Frau in der symbolischen Ordnung?
- Welche Beziehung besteht zwischen den Frauen und Gott?
- Was begehren Frauen, wenn sie von Gott reden?

1.4 Zur Konstruktion der Geschlechter

Die Geschlechterdiskussion hat in den letzten Jahren einen breiten Raum eingenommen.[14] Die Begriffe „sex" und „gender", wie sie aus der angloamerikanischen Literatur übernommen wurden, können in der deutschen Sprache nicht adäquat wiedergegeben werden. „Sex" bedeutet das biologische Geschlecht, „gender" bezeichnet die soziokulturelle Dimension der Geschlechter. In der Diskussion der Begriffe erreichte Judith Butler als eine Vertreterin des Postfeminismus eine besondere Zuspitzung (vgl. BUTLER 1991; 1995). Sie macht darauf aufmerksam, daß die Unterscheidung zwischen anatomischem Geschlecht *(sex)* und Geschlechtsidentität *(gender)* eine Spaltung in das feministische Subjekt einführt (vgl. BUTLER 1995, S. 22). Sie kritisiert, daß dadurch die ursprüngliche Absicht, das Stigma „Biologie ist Schicksal" anzufechten, nicht erreicht wurde, sondern daß die dichotomisierenden Zuschreibungen mit der Annahme eines vorgegebenen biologischen Geschlechts *(sex)* noch einmal verfestigt wurden.[15] Anstelle einer Vielfalt von Möglichkeiten kommt es zu einem einheitlichen feministischen Subjekt. Judith Butler setzt eine Diskontinuität zwischen den sexuell bestimmten Körpern und den kulturell bestimmten Geschlechtsidentitäten voraus. Weder ist das Konstrukt „Männer“ ausschließlich dem männlichen Körper zuzuordnen, noch meint die Kategorie „Frauen“ nur den weiblichen Körper (vgl. BUTLER 1991, S. 23).

Indem für Butler der Begriff „Frauen“ ein „stets offener Schauplatz umkämpfter Bedeutungen“ (ebda, S. 35) ist, akzentuiert sie die bestehende Definitionsproblematik und hält den (in seinem Konstruktcharakter begriffenen) Terminus offen für die innerhalb der vielfältigen feministischen Zugänge bestehenden Unterschiede.

Im Wissen um diese Diskussion und die Schwierigkeit der Definitionsfindung sind mir folgende Thesen für meine Arbeit wichtig:

- Frauen, Weiblichkeit ebenso wie Männlichkeit sind gesellschaftliche Konstrukte.
- Frausein gilt/galt als Begründung für den Ausschluß aus der Öffentlichkeit.
- Traditionelle Weiblichkeit leitet sich von traditioneller Männlichkeit ab.
- Männlichkeit braucht zu ihrer wirkungsvollen Entfaltung die stereotype Weiblichkeit.
- Männlichkeit als herrschende Kategorie bedingt beherrschte Weiblichkeit (vgl. ROSENBERGER 1996, S. 42).

Der Ort, an dem die Geschlechter verankert sind, ist der Schauplatz der Geschichte. Das Zuteilen von Rollen, Positionen und Räumen wird bis zum heutigen Zeitpunkt von den oben genannten Prinzipien geleitet.[16] In der Auseinandersetzung mit der Juditgeschichte ist das Wissen um die derzeitige Geschlechterdiskussion meines Erachtens von großer Bedeutung.

Meine Absicht ist es nicht, Judit zu einer Heldin zu machen, die besonders für Frauen aktuell ist, genausowenig wie ich möchte, daß sie als allein männliches Konstrukt gedeutet und möglicherweise ihrer Botschaft beraubt wird. Was aber geschieht, wenn der Versuch unternommen wird, sie außerhalb der Entweder-Oder-Kategorien zum Subjekt werden zu lassen? Dies könnte die Schnittstelle sein, an der es sich entscheidet, ob die Geschichte für ein feministisches „Wiederlesen“[17] brauchbar ist oder nicht.

Mieke Bal stellt am Ende ihres Artikels „Head Hunting“ die Frage: Könnte die Geschichte über Judit und Holofernes so etwas sein, wie der Punkt Null in der Geschlechterbeziehung? Unabhängig davon, ob die Fragen der Abfassung und der Autorschaft restlos geklärt werden können, kann diese Geschichte gleich einer „Theorie" behandelt werden, von der es ganz Wesentliches zu lernen gibt, nämlich folgendes: Die trügerische Illusion einer Ganzheit, in der jede Trennung aufgehoben ist, erweist sich als offensichtlich falsche (Wunsch-)Vorstellung. In dem Moment, als Judit Holofernes tötet, sind für einen Augenblick alle Geschlechtsunterschiede aufgehoben. Oder gar die Differenz selbst?[18] Dies ist der Moment, in dem die Geschichte der Menschheit noch einmal neu beginnen könnte. Aber wie könnte das geschehen? Angesichts des Bildes von der Tötung Holofernes' durch Judit herrschen Ratlosigkeit und Verwirrung. Zahlreiche Versuche gab es bis jetzt, diese Lücke auf vielerlei Art und Weise sogleich wieder zu schließen. Auch die vorliegende Arbeit ist ein Versuch mehr.

2 Einheit des Juditbuches und Leitmotive

2.1 Inhalt der Geschichte

Teil 1 der Geschichte beginnt damit, wie Nebukadnezzar König Arphaxad in seiner schier uneinnehmbaren Stadt Ekbatana angreift und über diesen mit großem Triumph siegt.

Nebukadnezzar und seine Truppen kehren heim nach Ninive, um mit einem großen Fest ihren Sieg zu feiern. Nach einiger Zeit beauftragt Nebukadnezzar seinen Oberbefehlshaber Holofernes, eine Strafexpedition gegen die rebellischen Völker, die seinen Heereszug nicht unterstützt haben, zu führen. Die Truppen schwärmen aus in die westlichen Länder, um dort, wo der Widerstand noch nicht gerächt wurde, Angst und Schrecken zu verbreiten. Und obwohl einige Völker um Frieden bitten und sich ergeben, zerstört Holofernes ihre Kultstätten und vernichtet ihre Götter, damit alle Nationen nur Nebukadnezzar als Herrscher und Gott anerkennen und verehren.

Als das Volk von Israel von diesen Entweihungen hört, beginnt es um den eigenen Tempel zu fürchten und bereitetet die Verteidigung Jerusalems vor. Der Hohepriester Jojakim übernimmt die Planung der Kriegsstrategie, und das ganze Volk betet um Hilfe zu Gott.

Zornig über den andauernden Widerstand dieses einen Volkes läßt Holofernes die kanaanitischen Führer sich versammeln und fordert sie auf, diesen törichten Widerstand zu zerschlagen. Achior, der Führer der Ammoniter, wagt es, ihm zu erzählen, daß die Israeliten eine alte und traditionsreiche Geschichte mit ihrem Gott haben, der sie so lange beschützt, so lange sie nicht sündigen. Achior legt Holofernes nahe, eine militärische Konfrontation zu vermeiden, um nicht von diesem machtvollen Gott bestraft zu werden. Alle, die das hören, geraten in große Wut gegen Achior, und Holofernes befiehlt, ihn zu fesseln und nach Betulia, der Stadt der Israeliten, zu bringen, die das Angriffsziel der Assyrer sein wird, damit er das Schicksal dieser Leute teilt.

Nachdem Achior am Fuße des Hügels der Stadt Betulia ausgesetzt worden ist, greifen ihn die Leute von Betulia auf und bringen ihn zu den Vorstehern der Stadt. Achior erzählt dort alles, was sich im Lager des Holofernes zugetragen hat, und welche Pläne Holofernes nun schmiedet. Die Leute der Stadt sind verzweifelt, beten zu Gott und flehen um Hilfe. Achior aber nehmen sie in ihrem Kreis auf, und er lebt unter den Anführern in der Stadt.

Am nächsten Tag bewegt sich Holofernes mit seinen Truppen in Richtung der Stadt. Er schlägt sein Lager im Tal an deren Fuße auf und beabsichtigt, der Stadt den Zufluß des Wassers zu entziehen. Dann ist es nur eine Frage der Zeit, bis sie sich wird ergeben müssen, ohne daß Holofernes einen Soldaten opfern muß.

Am Ende des ersten Teiles des Buches sind 35 Tage Belagerung vergangen, die Leute von Betulia sind am Ende ihrer Kraft und nahe am Verdursten. Das Volk fleht die Ältesten an, sich zu ergeben, Usija jedoch ermutigt sie, noch fünf Tage auszuhalten. Gott würde in diesen Tagen noch sein Erbarmen zeigen und das Schicksal wenden. Deprimiert gehen alle wieder ihren Aufgaben nach.

Teil 2 umfaßt die Kapitel 8 bis 16 und beginnt damit, daß Judit, eine Witwe, die in Betulia lebt, von den Plänen, in fünf Tagen aufzugeben, gehört hat. Sie schickt ihre Dienerin aus, die Ältesten der Stadt auf ihren Besitz zu führen. Dort führt sie ihnen in einer langen Rede vor Augen, daß sie falsch agiert hätten, da sie mit Gott handeln wollten und diesem eine Frist gesetzt hätten. Sie teilt den Ältesten mit, daß sie einen Plan habe, ohne ihnen zu sagen, was ihre genauere Absicht ist. Sie behauptet aber, daß Gott durch ihre Hand Israel retten werde, ehe die fünf Tage vorbei sind. Sie werde noch in derselben Nacht mit ihrer Magd das Lager verlassen.

Wieder alleine betet Judit zu Gott. Danach trifft sie die Vorkehrungen für ihren Plan. Sie zieht ihre schönsten Kleider an, ordnet ihre Haare und schmückt sich mit ihrem schönsten Schmuck. Ihrer Magd gibt sie einen Sack, gefüllt mit Wein, Öl und Speisen. Dann verlassen sie und ihre Magd die Stadt. Zurück bleiben verwunderte Stadtälteste, die nicht fassen können, was sie sehen.

Im Lager des Holofernes angekommen, werden die beiden sogleich von Soldaten, die erstaunt über Judits Schönheit sind, zum Zelt des Holofernes gebracht. Sobald Judit und Holofernes alleine sind, teilen sie sich in einem langen Gespräch ihre unterschiedlichen Absichten mit, wobei Judits Vorhaben für Holofernes nicht zu erkennen ist. Judit deklariert sich als eine Überläuferin, die gewillt ist, ihr Volk zu verraten. Nach drei Tagen möchte Holofernes ein Fest feiern, und Judit soll sein Ehrengast sein. Holofernes ißt und trinkt und genießt den Abend. Nach dem Fest verlassen alle anderen Gäste das Zelt, und Judit bleibt mit Holofernes alleine zurück. Holofernes, trunken von dem vielen Wein, fällt auf sein Bett nieder und schläft sofort ein. Jetzt ist der Moment für Judit gekommen. Sie nimmt das Schwert des Holofernes und schlägt ihm den Kopf ab. Sie gibt den Kopf ihrer Magd, die am Eingang, wie verabredet, gewartet hat. Diese steckt den Kopf in den Sack, daraufhin verlassen die beiden Frauen das Zelt und können ungesehen aus dem Lager entkommen.

In die Stadt zurückgekehrt, zeigt Judit ihrem Volk das Haupt des gefürchteten Feldherrn. Achior, der von den Assyrern übergelaufene Soldat, fällt bei diesem Anblick in Ohnmacht und dabei Judit zu Füßen. Danach wird der Kopf des Holofernes an die Zinnen der Stadtmauer gehängt. Hierauf bereiten sich die Männer für den Kampf gegen die Assyrer vor. Als diese bemerken, daß ihr Herr tot ist, befällt sie Panik, und sie versuchen zu fliehen, werden aber von den Leuten aus Betulia und den anderen Israeliten besiegt.

Nachdem das Volk der Assyrer in die Flucht geschlagen worden ist, wird Judit im Triumphzug nach Jerusalem geleitet, wo alle Leute Gott für die Rettung durch die Hand einer Frau danken. Allen voran schreitet die Frauengruppe, angeführt von Judit, die den Sieg durch die Tat „ihrer Hand" ausgelöst hat.

Das Buch endet mit der Beschreibung von Judits Ruhm, der weit über ihre Lebenszeit hinausreicht. Solange Judits Tat im Gedächtnis ihres Volkes bleibt, lebt dieses in Frieden.

2.2 Der strukturelle Aufbau des Juditbuchs

Das Buch Judit ist eine in sich abgeschlossene Einheit mit einer Unterteilung in 16 Kapitel. Es beginnt mit der Vorstellung des mächtigen Königs Nebukadnezzar (Jdt 1,1) und endet mit dem Tod Judits und ihrem lang andauernden Ruhm, der die Feinde auch noch Jahre nach ihrem Tod von Israel abhält. Das Buch gliedert sich in zwei Teile, die jeweils von einer Hauptperson dominiert sind. Die Kapitel Jdt 1–7 beherrscht Nebukadnezzar, der König der Assyrer, im zweiten Teil, Jdt 8–16, ist Judit, die Witwe aus Betulia, die Protagonistin. Ein Großteil der Wissenschaftler und Wissenschaftlerinnen stimmt mit der Zweiteilung des Buches überein

(u. a.: CRAVEN 1983a; 1983b; ALONSO-SCHÖKEL 1975; DANCY 1972). Einige wenige andere nehmen auch eine Dreiteilung des Buches an. Einer davon ist Erich Zenger, der folgende Einteilung vornimmt (ZENGER 1981, S. 432):

- Jdt 1–3: Nebukadnezzar fordert für sich göttliche Verehrung.
- Jdt 4–7: Wer ist Gott, Nebukadnezzar oder JHWH?
- Jdt 8–16: JHWH erweist sich an Nebukadnezzar als Gott.[19]

Ernst Haag (1963) nimmt eine Dreigliederung vor, die bemerkenswert ist:

- Jdt 1–3: Die Bedrohung Israels durch die gottfeindliche Macht des Nebukadnezzar.
- Jdt 4–8: Das Gottesvolk in Bedrängnis.
- Jdt 9–16: Die Errettung des Gottesvolkes (vgl. HAAG 1963, Inhaltsverzeichnis, S. VII).

Erich Zenger bleibt für mich indirekt bei der Zweiteilung, da er ja nur Teil 1 in zwei Abschnitte teilt, Teil zwei aber als solchen beläßt.

Die Unterteilung, die Ernst Haag trifft, läßt Judit als Person mehr in den Hintergrund treten, und ihr Werkzeugcharakter für das Wirken JHWHs gewinnt größere Bedeutung. Da Erich Zenger in seiner Unterteilung Teil 3 mit Kapitel 8 beginnt, behält er die Geschlossenheit von Judits Wirken bei, die hingegen durch Erich Haags Einteilung zurückgenommen wird. Bei ihm beginnt Judits eigenständiges Auftreten mit dem Gebet, und dadurch gelingt es ihm deutlicher, den Werkzeugcharakter Judits auch formal zu begründen (vgl. HAAG 1963, S. 45f., S. 59).

Toni Craven (1983a, S. 48–62) widmet sich in ihrer Untersuchung zur Text- und Strukturanalyse des Buches ausführlich dieser Thematik. Sie nimmt eine Zweiteilung vor, die sie in ihrer Text- und Strukturanalyse auch schlüssig beweisen kann, indem sie einen spiegelbildlichen Aufbau der beiden Abschnitte nachweist.[20] Dieser Nachweis gibt die bereits erwähnten Meinungen der Wissenschaftler wider, die sich darin einig sind, daß zwischen den beiden Teilen eine deutliche Zäsur anzunehmen ist. Alonso-Schökel (1975, S. 3) wie J. C. Dancy vertreten die Auffassung, daß Jdt 1–7 zu lang geraten wäre und Judit zu spät die Bühne betrete. Dancy meint auch, Teil 1 wäre langweiliger und einfacheren Stils (vgl. DANCY 1972, S. 67). Das Buch ist mit Toni Craven jedoch als ein Ganzes zu sehen, das in zwei Teilen den Kampf um die Vorherrschaft zweier Mächte darstellt (vgl. CRAVEN 1983a, S. 59).

Die Welt, die in Jdt 1–7 beschrieben wird, ist eine rein männliche, die sich auf Macht, Eroberung und Krieg aufbaut. Frauen spielen bei dieser Aufteilung des Lebens keine Rolle. Dort, wo sie erwähnt werden, begegnen sie uns als Opfer dieser kriegerischen Handlungen, auch dann, wenn sie wie in Jdt 7,23–29 versuchen, in das Geschehen einzugreifen und massiv ihre Meinung zum Ausdruck zu bringen. Die Entscheidungen fällen immer die machthabenden Ältesten. An folgenden Stellen werden im 1. Teil Frauen erwähnt: In Jdt 3,7 heißt es:

> Sie und ihre ganze Umgebung empfingen ihn mit Kränzen, Reigen und Pauken.

In einer Gesellschaft, in der nur Sieger oder Verlierer existieren, ist es Aufgabe der Frauen, die am Kriegsgeschehen nicht teilnehmen und vom Aufbau der Gesellschaft ausgeschlossen sind, die Sieger zu empfangen, zu ehren und zu erfreuen. Die andere Rolle, die ihnen zugewiesen wird, ist, mögliches Opfer durch das Kriegsgeschehen oder Beute der Siegermacht zu werden. In Jdt 4,12 wird darauf Bezug genommen:

> … Und riefen einmütig und inbrünstig zum Gott Israels, er möge doch nicht ihre Kinder dem Raube, ihre Frauen nicht zur Beute … preisgeben …

Oder in Jdt 7,27:

> Denn für uns ist es besser, ihnen zur Beute zu werden. Dann werden wir zwar zu Sklaven gemacht, bleiben aber am Leben und brauchen nicht mit eigenen Augen den Tod unserer kleinen Kinder zu schauen, und wie unsere Frauen und Kinder dahinsiechen.

Interessanterweise haben männliche Kommentatoren diese ausführliche Darstellung der militärischen Vorbereitung, der Kriegszüge und der Form der Unterwerfung, die in Kapitel 1–7 abgehandelt werden, als zu lange, langweilig, als unproportionale Einführung zum Hauptteil und uninteressant wegen der historischen Ungenauigkeiten abgewertet (vgl. CRAVEN 1983a, S. 56ff.). J. C. Dancy drückt das folgendermaßen aus: „Der erste Teil (Kapitel 1–7) ist schwerfälliger im Denken und flacher im Stil. Sein Ziel ist es, eine historische Szenerie für einen historischen Toten zu bilden, aber er macht es ohne die Sparsamkeit oder Genauigkeit, die ein moderner Leser sucht“ (DANCY 1972, S. 67. Übersetzung E. G.-C.).

Patrick Skehan hingegen formuliert es so: „Es herrscht so ziemlich generell die Übereinstimmung, daß das zentrale Thema des Juditbuchs nur mit dem Auftauchen in der Erzählung Judits selbst am Beginn von Kapitel 8 zur Sprache gebracht wird. Die ersten 7 Kapitel sind Prolog und stellen die Szenerie dar“ (SKEHAN 1963, S. 95. Übersetzung E. G.-C.).

Mir scheint hier ein Zusammenhang zwischen der Schwierigkeit der Interpretatoren, diese beiden Teile gleichwertig zu betrachten, und dem, was mit

Judit als Person geschah, zu bestehen. So spiegelt die Interpretation auf der Formalebene das wider, was auf der Symbolebene mit Judit im Laufe ihrer Interpretationsgeschichte geschehen ist. Es war eben die Loslösung aus der Gesamtgeschichte, die es möglich machte, seit Jahrhunderten das Handeln und gewalttätige Wirken des Holofernes zu schmälern und Judit zum trügerischen Monster zu erheben. Daß ein solchen Juditbild in die Bildende Kunst und Literatur und in das kollektive Unbewußte Eingang finden konnte, wurde durch das Weglassen des ersten Teiles möglich (vgl. FRIEDMAN 1986/87, S. 239, 245).

Durch die Arbeit Toni Cravens läßt sich beweisen, daß auf formaler Ebene ein Zusammenhang zwischen den beiden Teilen auf kunstvolle Weise gegeben ist. Diese Tatsache wirft die Frage auf, inwieweit erst durch die genaue Untersuchung einer Frau dieser Zusammenhang sichtbar werden durfte. Doch Kommentatoren unterstreichen die Kapitel 10 und 11 (Judits Aufbruch zu Holofernes und die Begegnung der beiden zu zweit) als Höhepunkt und gelungensten Teil. Folgende Aussage Alonso-Schökels bündelt die Meinung vieler Forscher: „Mit Kapitel 10 beginnt, was einige Kritiker als das Zentrum der Geschichte betrachten. Dieses Zentrum ist zweifelsfrei der beste Teil und das Meisterstück erzählender Kunst in der hebräischen Literatur. Es ist dieser Abschnitt, der unter Lesern, Schreibern und Künstlern dem Buch Größe, seinem Autor Ruhm und der Geschichte Popularität verleiht“ (ALONSO-SCHÖKEL 1975, S. 3. Übersetzung E. G.-C.).

Es ist Toni Cravens Verdienst, durch ihre intensive Arbeit an der Struktur des Textes die im Jahre 1913 von A. E. Cowley aufgestellte und seit damals gültige These, Kapitel 1–7 wären die Einleitung zum 2. Teil, der eigentlichen Geschichte von Judit in den Kapiteln 8–16, widerlegt zu haben (vgl. CRAVEN 1983a, S. 54). Cowley begründet seine Argumentation damit, daß er meint, der Autor strapaziere den Leser mit einer unnötigen Menge an militärischen Details (COWLEY nach CRAVEN 1983a, S. 57). Toni Craven konnte herausfinden, daß Cowley damit alle weiteren Studien beeinflußte. Zu Recht meint sie: „Daher ist es von besonderer Bedeutung, Cowleys Beschreibung zu widerlegen, daß Teil 1 ‚unproportional‘ zu Teil zwei sei, und festzuhalten, daß seine Behauptung, Teil 1 sei durch eine fehlerhafte Komposition zerstört, unrichtig ist“ (CRAVEN 1983a, S. 57. Übersetzung E. G.-C.).

Da Kommentatoren und Wissenschaftler bis vor kurzem nur Männer waren, ist es nicht erstaunlich, daß sie den Zusammenhang zwischen erstem und zweitem Teil übersehen konnten. Ich schließe mich der Meinung Toni Cravens an, daß die Geschichte gerade durch die Kapitel 1–7 ihre volle Bedeutung bekommt. Ohne diese Kapitel würde ihre Wirkung massiv geschwächt werden.

Für die männliche Seite der Forschung ist ein weiteres Argument gegen die Bedeutung der Kapitel 1–7 deren historische Ungenauigkeit.[21] Mir scheint dies eine willkommene Ablenkung von der ursächlichen Absicht des Autors (der Autorin) zu sein. Aussagen wie folgende unterstreichen dies: „Will nämlich das Buch wirklich das Heldentum eines Weibes schildern, dessen Gott sich bediente, um sein Volk in schwerer Stunde zu retten, und will es wirklich das Volk in ähnlichen bösen Situationen späterer Zeiten trösten, und zu unerschütterlichem Vertrauen aneifern, dann erreicht es seinen Zweck nur, wenn es wenigstens im Wesentlichen Geschichte erzählt und nicht ein ersonnenes Abenteuer oder einen bloßen hohlen Roman enthält."[22]

Entweder ist diese Geschichte uninteressant, weil sie historische Ungenauigkeiten aufweist, oder sie verliert an Bedeutung, weil sie nicht historisch echt ist. Beides ist meines Erachtens ein eindeutig männlicher Blick, der die Gesamtheit des Anliegens des Autors (der Autorin) nicht treffen kann.

In bezug auf die Konstruktion der Geschlechter erscheint der Aufbau der Geschichte eine wohldurchdachte und sinnvolle Komposition zu sein. Die obengenannten Argumente lassen einen Rückschluß auf die psychologische Wirkung, die der Inhalt auf Männer hat, zu. Die einen ergötzen sich voyeuristisch an der schönen, zum Geschlechtsverkehr freigegebenen Judit und können so der Geschichte einen Reiz abgewinnen, während die anderen wie eine Stecknadel im Heu irgendeinen historischen Kern beziehungsweise Zusammenhang suchen, der nicht und nicht gefunden werden kann. Beides hielt bzw. hält jedenfalls erfolgreich davon ab, sich selbst in dieser Rolle und damit die Herrschaftsansprüche und die Mechanismen des Patriarchats in Frage zu stellen oder gar zu verwerfen.

2.3 Die Rolle der Leitmotive als Garanten für die Einheit des Buches

Ein weiteres Indiz für die Komposition der beiden Teile als eine Einheit ist die Verwendung gleicher Motive, die sich durch den gesamten Text ziehen. Unter Leitmotiven oder Leitworten versteht man eine Formulierung, die durch bewußten Einsatz an bestimmten Textstellen oder auch durch Wiederholung, meistens an bedeutender Stelle, eingesetzt wird. Sie unterstreichen Charaktere, haben Signalcharakter, oder das Wort bzw. das Motiv weckt Erinnerungen, die innerhalb des Textes wirken oder auch über diesen hinausgehen (vgl. HELLMANN 1992, S. 29f.). Auffallend für das Buch Judit ist, daß sich der Autor (die Autorin) dieses Stilmittels häufig bediente, um durch kurze Andeutungen auf andere Textstellen hinzuweisen oder um sein (ihr) schriftkundiges Wissen darzulegen.

Der Gebrauch der bewußt eingesetzten Wiederholungen von Leitworten spielt eine wichtige Rolle in der Gesamtkonzeption des Romans.[23] Sie dienen zum einen dazu, die Grenzen zwischen den zwei Teilen zu ziehen, zum anderen halten sie die Klammer zwischen den beiden Teilen und erschaffen somit die Einheit des ganzen Buches (vgl. CRAVEN 1983a, S. 53–59).

Somit fasse ich zusammen: Leitworten bzw. Leitmotiven kommen wichtige Funktionen innerhalb des Buches zu. Sie verbinden einzelne Teile, heben zentrale Punkte der Erzählung hervor und lassen die Gesamtkonzeption des Buches erkennen (vgl. ZENGER 1981, S. 433).

2.3.1 Zur Symbolik „Hand" in der hebräischen Bibel

Mit über 1.600 Belegen (vgl. ACKROYD 1982, Sp. 425) gehört „Hand" (hebr. jad) zu den häufigsten Wörtern der hebräischen Bibel (vgl. SCHROER/ STAUBLI 1998, S. 171). Menschliches Tun drückt sich aus in den Händen. Der Mensch soll mit seinen Händen das fortführen, was Gott durch sein Handeln im Schöpfungsakt begonnen hat. Der Auftrag Gottes, sein Werk durch gutes Handeln fortzusetzen, schlägt aber oftmals um in Macht, Unterdrückung und Beherrschen (vgl. ebda, S. 186). So wird die Hand im Laufe der menschlichen Geschichte häufig zum Synonym für Macht, Gewalt und menschliche Willkür. Im Gegensatz dazu steht Gottes Macht, die häufig in der Wendung „durch die Hand Gottes" oder „der machtvolle Arm" ausgedrückt wird. In einigen Beispielen zeigt sich, daß die göttliche Macht durch Menschenhand weitergegeben wird (vgl. ACKROYD 1982, Sp. 447).

Aber letztlich ist es immer JHWH, der als Schicksalsmacht über die Herrschaftsansprüche des Menschen befindet (vgl. SCHROER/STAUBLI 1998, S. 186). Die Bedeutungserweiterung von „Hand“ zu „Macht“ und „Kraft“ läßt auch eine Erweiterung im Hinblick auf die sexuelle Kraft zu. Da es naheliegend ist, „daß der primär metaphorische Gebrauch sich aus der Hand als Instrument kraftvoller Aktion entwickelt und von daher auch auf Kriegsführung und Waffen zu beziehen ist, kann der wechselbezogene Gedanke an ‚Kraft‘ als ‚Manneskraft‘ hiervon nicht vollkommen getrennt werden“.[24]

Auch wenn die Hand oftmals ein Synonym für Macht und Gewalt ist, steht als Gegensatz zur menschlichen Macht und Herrschaft immer das Handeln Gottes, der als einziger die Macht verleiht; und seine Hand ist es, die in der Geschichte der Mächtigen und Ohnmächtigen waltet. Es ist ein sich wiederholendes Motiv, das der „Machtarm“ der weltlichen Herrschaft angesichts der Herrschaft Gottes verhöhnt wird (z. B. Ez 30,21–25), so wie es sich auch im folgenden Abschnitt darstellt.

2.3.2 Das Leitmotiv „Mit meiner Hand, ἐν χειρί μου[25]“ – in Jdt 2,12, 8,33, 9,9, 12,4 – als Garant für die Einheit im Buch

Der ausgesprochene Wunsch Nebukadnezzars ist es, alleiniger Herr und Gott zu werden.

In Judit 2,12 verwendet Nebukadnezzar, der selbsternannte Herr der ganzen Welt (Jdt 2,5), die Formulierung „Mit meiner Hand“, um seine Kriegserklärung an ganz Judäa und die umliegenden Länder auszusprechen.

> So wahr ich lebe und bei der Kraft meines Reiches, ich habe gesprochen und werde es mit meiner Hand vollenden. (Jdt 2,12)

Mit Nebukadnezzar ist eine Figur gestaltet, die als Symbol für patriarchale Macht steht. Im Namen dieser Macht sollen alle Völker unterworfen und alle Religionen ausgelöscht werden. Der Wunsch Nebukadnezzars, alleiniger Herr und Gott zu werden, bedeutet das Streben nach weltlicher und himmlischer Macht. Dieser Wunsch Nebukadnezzars impliziert die Absicht, durch die Auslöschung der Religion einen möglichen Ort der Befreiung von weltlicher Macht zu verhindern. Die Folge dieses Auftrags, den Holofernes durchzuführen hat, wird exemplarisch in Jdt 3,7–8 dargestellt:

> Sie und ihre ganze Umgebung empfingen ihn mit Kränzen, Reigen und Pauken. Er aber verwüstete ihre Heiligtümer und hieb ihre Haine um. Denn ihm war der Auftrag gegeben, alle Götter der Erde zu vernichten …

Die Wendung „durch meine Hand" bedeutet die Installation eines Reiches im Sinne eines Patriarchats, was soviel wie die Vorherrschaft im politischen, kulturellen und religiösen Bereich impliziert.

Die Säulen zur Errichtung eines Patriarchats beruhen immer auf Mord, Raub und Vergewaltigung (vgl. MEIER-SEETHALER 1992, S. 260ff.). Carola Meier-Seethaler kommt in ihrem großartigen Werk „Ursprünge und Befreiungen" zum Schluß, daß die Errichtung des Patriarchats immer mit der Zerstörung einer eigenständigen weiblichen religiösen Praxis einhergeht: „Wie in Wirklichkeit die patriarchalen Herrschaftsverhältnisse nur durch Gewalt installiert und aufrechterhalten werden konnten, so lösen auf der mythologischen Ebene die patriarchalen Götter auf gewaltsame Weise die matrizentrischen Gottheiten ab" (ebda, S. 260).

In Jdt 3,7–8 wird möglicherweise die Auslöschung weiblicher religiöser Praxis beschrieben. In diesem Vers sind zwei Handlungsweisen verwoben, die auch auf eine allgemein gebräuchliche Frauenpraxis schließen lassen könnten. Bei der einen Praxis handelt es sich um eine Form, die die herrschende Ordnung zuteilt und wünscht. Üblicherweise feiern die Frauen die aus dem Kriegsgeschehen als Sieger heimkehrenden Männer mit Kränzen, Reigen und Pauken (vgl. DIJK-HEMMES, van, 1993, S. 32–43). Die Verbindung von Heiligtum und Hain könnte aber auch noch auf einen weiblichen Göttinnenkult schließen lassen,[26] der außerhalb Israels noch zu finden ist, eine Praxis jedenfalls, die die herrschende Macht nicht weiter zulassen möchte. Kultstätten und Heiligtümer sowie Göttinnenstatuen sollen zerstört und somit auch die Kultfeiern und die damit üblichen Traditionen unterbunden werden. Es war dem Autor (der Autorin) offenbar wichtig, diese beiden Elemente miteinander zu verbinden, um so ein Stück Frauenrealität zu beschreiben, und zwar in diesem doppelten Sinn: eine der herrschenden Ordnung dienende Religiösität und eine, die auf ein eigenes und autonomes Handeln der Frauen verweist. Weiters schließe ich daraus, daß die Zerstörung und Ausrottung allen religiösen Handelns den Zweck verfolgt, den Menschen eventuelle Freiräume bzw. eventuell mögliche subversive Betätigungsfelder zu nehmen.

Nebukadnezzar wird mit seiner Absicht, dies alles zu zerstören, auch zum Symbol für das Prinzip, daß alle Menschen endgültig ihrer Freiräume beraubt werden sollen, um seinen Herrschaftsansprüchen untergeordnet zu werden. Verdeckt könnte hier auch Kritik an einem Gottesbild geübt werden, das eigenständige weibliche religiöse Praxis unter einen männlichen Primat stellen möchte.

Die Antwort Judits auf das Handeln Nebukadnezzars findet sich später durch das dreimalige Aufgreifen des ἐν χειρί μου. So soll es nicht sein! Er soll nicht ihre Heiligtümer und ihre Haine verwüsten. Judit macht sich auf, um dies zu verhindern. Findet sich in diesem Vers noch ein Hinweis auf eine geschlossene Frauengruppe und eine religiöse Praxis, in der auch Frauen leitend teilnehmen bzw. mitgestalten, so wird Judit im Teil 2 im Gegensatz dazu als allein Handelnde dargestellt, die an diese Tradition wieder anknüpft.

So betrachtet könnte Jdt 3,7–8 das Schlüsselthema des ersten Teils sein. Zwei Welten stehen einander gegenüber, wobei die eine als eine rein männlich-patriarchale Welt gezeichnet ist, deren Machenschaften und aufwendigem Macht- und Kriegsspiel in dem scheinbar „langweiligen, unbedeutenden“ ersten Teil genau jener Raum gegeben wird, den sie in der fachlichen und diskursiven Realität haben (wie zum Beispiel in den Geschichtsbüchern, in den öffentlichen Räumen).

Hiermit verwundert es nicht, daß viele männliche Kommentatoren versuchten (und noch bis heute versuchen, vgl. HAAG 1963, S. 1–3), diesen ersten Teil auf historische Echtheit von Taten, Orten und Namen zu untersuchen. Die Suche nach echten historischen Fakten lenkt auch ab vom literarischen Stil der Präsentation. Die ausführliche und fast umständlich wirkende Darstellung der Ereignisse unter Bezugnahme auf historische Fakten könnte die Vermutung aufkommen lassen, es handelte sich um eine Parodie auf patriarchale Geschichtsschreibung. Hält der Autor (die Autorin) der männlichen Leserschaft einen Spiegel vor?

„Ironie ist der Schlüssel zum Buch“, so drückt es Carey Moore (1985, S. 8) aus. Teil 1 darf allein schon wegen der Ironie, die im Mischen der historischen Fakten besteht, nicht ignoriert werden. „Wir haben gesehen, wie paradox es ist, daß Nebukadnezzar als König der Assyrer vorgestellt wird. Es ist, als ob jemand eine Geschichte beginnen möchte, indem er von Napoleon spricht, dem König der Russen, der 1914 mit seinen Truppen vor den Toren von Tirana, Albanien, eintrifft, um es zu belagern. Dabei wurde er oder einer seiner Generäle von einer Frau in ihre Gewalt gebracht, die ihn mißbrauchte, obwohl er ja plante sie zu mißbrauchen“ (LACOQUE 1990, S. 33. Übersetzung E. G.-C).

Dies ist auch eine Möglichkeit, mit dem Problem fertig zu werden! Nur, worüber soll (darf) eigentlich gelacht werden? Über die kunstvolle Vermischung von historischen Fakten oder darüber, daß Nebukadnezzar Gott sei Dank doch nur eine literarische Schöpfung ist, oder darüber, daß sich sein Beauftragter Holofernes so tolpatschig gebärdet?

2.3.3 Judits Antwort auf Nebukadnezzars Herrschaftsanspruch

Dreimal wird die Wortfügung „durch meine Hand" aus dem Mund Judits gesprochen und klingt gleichsam wie ein Echo auf Nebukadnezzars Wunsch, seine Macht „durch seine Hand" zu installieren:

In Jdt 8,33 heißt es:

> Stellt euch diese Nacht ans Tor! Ich will mit meiner Magd hinausgehen. In den Tagen, nach denen ihr die Übergabe der Stadt an unsere Feinde zugesagt habt, wird der Herr durch meine Hand (ἐν χειρί μου) Israel heimsuchen.

In Jdt 9,9 ist zu lesen:

> Blick nieder auf ihren Hochmut und sende deinen Zorn auf ihre Häupter! Verleih meiner, der Witwe, Hand, die Kraft zu dem, was ich beabsichtige! (δὸς ἐν χειρί μου της χήρας)[27]

Und in Jdt 12,4 heißt es:

> Und Judit sagte zu ihm: „Solange du lebst, mein Herr, wird Deine Magd den Vorrat, den sie bei sich hat, nicht aufessen, bis der Herr durch meine Hand vollbringen wird, was er beschlossen hat." (ἕως ἄν ποιήσῃ κύριος ἐν χειρί μου ἅ ἐβουλεύσατο. Übersetzung E. G.-C.)

Die Übereinstimmung in der Form bleibt gewahrt. Judit tritt als Ausführende des Plans JHWHs in Erscheinung und ist Gegenfigur zu Holofernes, der im Auftrag Nebukadnezzars handelt. In den drei oben zitierten Textstellen dient Judit als Werkzeug, das eingesetzt wird, um die Hybris des Nebukadnezzar und seiner Mannen zu Fall zu bringen.

Die Verwendung der Formel „durch meine Hand" und „durch die Hand einer Frau" betrachte ich getrennt. Im Unterschied dazu hat P. Skehan, der sich in seinem Artikel „The Hand of Judith" mit der Bedeutung des Motivs „Hand" auseinandersetzt, beide Formulierungen als gleichwertig betrachtet. Er geht davon aus, daß dieses Motiv einerseits im übertragenen Sinn, andererseits ganz konkret zu verstehen ist, da die Hand auch aktiv ausführendes Organ ist (vgl. SKEHAN 1963, S. 94–109).

Die Redewendung „durch die Hand einer Frau" möchte ich später behandeln. In dieser Formulierung wird ein anderer Aspekt betont als in „durch meine Hand".[28]

Nur wenn die Geschichte als Einheit betrachtet wird, können die Wortwendungen und Wortspiele wirken. Die durch Militärmacht aufgebaute Männerherrschaft kommt gleichsam zweimal zu Fall. Einmal auf der literarischen Ebene durch die Ironisierung der Machtansprüche und zweitens durch die Tat, die durch die Hand einer Frau ausgeführt wird. Durch das dreimalige Aufgreifen der Redewendung „durch meine Hand", das wie ein Echo auf Nebukadnezzars Wunsch, seine Gesellschaftsordnung der Welt als höchste Norm aufzuzwingen, klingt, wird die Konfrontation mit den beiden verschiedenen Weltordnungen verdeutlicht. Die dreimalige Wiederholung unterstreicht dabei auch die viel größere Macht, die hinter Judit steht. „ἐν χειρί μου" bekommt die Funktion einer Zauberformel, die gegen Nebukadnezzar verwendet wird. Autor (Autorin) und Leser (Leserin) sind in das doppelte Spiel mit einbezogen. Holofernes fühlt sich durch seine militärische Potenz gesichert. Judit schlägt ihn zuerst verbal mit seinen eigenen Waffen.[29] Hinter der Redewendung „durch meine Hand" stehen zwei Weltauffassungen, die hier in den beiden Protagonisten Judit und Holofernes zusammentreffen. Holofernes steht für eine Ordnung, die auf Gewalt und Krieg aufgebaut ist. Für welche Macht aber steht Judit? Bei der dreimaligen Verwendung von „durch meine Hand" ist die Macht definiert. Es ist JHWH, der in Jdt 9,11 folgendermaßen beschrieben wird:

> Denn nicht in der Menge ruht deine Kraft noch deine Macht in den Starken. Vielmehr bist du ein Gott der Demütigen und Helfer der Geringen, ein Beistand der Schwachen und Beschützer der Verstoßenen, ein Retter der Verzweifelten.

Auf welche Tradition sich Judit stützt und welche Ausrichtung im Glauben an JHWH sich als roter Faden durch das Buch zieht, ist Thema des weiteren Diskurses.

Zur Klärung der Macht, die hinter Judit stehen könnte, sind Rückgriffe auf Gestalten der vorangegangenen Geschichte Israels eine mögliche Orientierungshilfe.

2.4 Motive aus der Literatur Israels

Einleitend zu den Motiven aus der Literatur Israels möchte ich darauf hinweisen, daß sich Judit in die Kette der großen Frauen in der hebräischen Bibel einreihen läßt. Namen wie Mirjam, Debora, Jael, Sara, Rebekka, Dina, Rut und Abigajil, aber auch Ester und Susanna tauchen in der Erinnerung auf. Rückgriffe und Bezugnahmen auf erzählte und gedeutete Fakten und Personen in der Geschichte Israels finden sich im gesamten Buch Judit. „Das Buch ist eine Anthologie von Texten über und Anspielungen auf andere Frauen in der Bibel: Mirjam, Debora, Jael und so weiter" (LACOQUE 1990, S. 35. Übersetzung E. G.-C.).

Die zahlreichen literarischen Parallelen mit anderen Frauen in der Bibel, die der Autor (die Autorin) in die Geschichte einbaut, können aber nicht nur dazu dienen, Vergleiche zu ziehen. Es muß noch eine wichtigere Absicht dahinter stehen. Eines läßt sich jedenfalls deutlich sehen: Die Präsenz großer Frauen im Gedächtnis des Autors (der Autorin) des Juditbuchs erschafft dadurch, daß sie – literarisch erinnert – lebendig werden, eine Macht der Frauen. „Zahlreiche literarische Parallelen mit so vielen anderen biblischen Frauengestalten werden vom Autor der Geschichte nicht nur um des Vergleiches willen aufgezeigt. Das Buch räumt ihnen als Ganzes eine bisher nicht wahrgenommene Kraft durch die zunehmende Wirkung der Gleichzeitigkeit ein" (ebda, S. 38. Übersetzung E. G.-C.).

2.4.1 Debora und Jael – Vorbilder Judits

Wissenschaftler wiesen immer wieder darauf hin, daß der Autor (die Autorin) Debora und Jael als Vorbilder Judits sah, da sich Parallelen feststellen lassen.[30] Sidnie A. White (1992, S. 5) vertritt die These, daß der Autor (die Autorin) über Debora und Jael Bescheid wußte und diese für Judit Modellcharakter haben.

In ihrem Artikel stellt sie Vergleiche zwischen Ri 4 und 5 und der Tat Judits an. Dem Autor (der Autorin) von Judit war es nicht wichtig, Debora und Jael auseinanderzuhalten. Forschungsgeschichtliche Studien datieren Ri 5 und Ri 4 unterschiedlich. Das Lied der Debora wird als sehr alte Poesie angenommen, während Ri 4 später geschrieben wurde. Für den Autor (die Autorin) Judits war dies nicht von Belang, denn Debora und Jael werden als eine Einheit gesehen.[31] Dem Autor (der Autorin) ging es nicht um die Richtigkeit von wissenschaftlichen Forschungen, sondern um den Inhalt. Debora ist Richterin in Israel und sagt Barak voraus, daß Sisera durch die Hand einer Frau sterben wird (Ri 4,9). Diese Vorhersage erfüllt sich auch bei Judit, und der Autor (die Autorin) bedient sich dieser Formulierung „durch die Hand einer Frau", wenn es um Judits Sieg geht. Die Geschichte Jaels beginnt gleich wie die Geschichte Judits. Es gibt politische Auseinandersetzungen zwischen den Israeliten und einer fremden Macht. Ihren Höhepunkt erreichen die Geschichten jeweils im privaten Bereich. Der Ort ist in beiden Fällen ein Zelt, und eine intime Szene zwischen einem Mann und einer Frau wird angedeutet. Die Szene endet am Schluß mit der Tötung des Mannes durch eine Verletzung am Kopf.

Jael tritt als handelnde Figur erst in Erscheinung, nachdem die Szene genau geschildert worden ist. Man könnte sagen, sie erscheint wie Judit plötzlich und überraschend, um die Situation zu retten. Jael betritt die Bühne, ebenso wie Judit, spät. Aber alles, was vorher geschieht, dient der Geschichte. Beiden Frauen ist gemeinsam, daß sie ihre Identität durch die Zugehörigkeit zu einem Mann bekommen. Beide Männer sind jedoch nicht präsent. Manasse, Judits Ehemann, ist tot, Jaels Mann ist nicht anwesend. Beide Frauen handeln eigenständig. Auch von Debora wird gesagt, daß sie verheiratet sei, aber auch ihr Mann spielt keine Rolle. Gemeinsam ist allen drei Frauen, daß sie durch ihr eigenständiges Handeln und ihre Taten in die Geschichte eingehen. Außergewöhnlich ist auch, daß in keinem Fall von Kindern dieser Frauen erzählt wird. Dies ist untypisch und kommt normalerweise nicht vor. Wenn sie aber Kinder gehabt hätten, wäre es in diesem Fall nicht wichtig, sie zu erwähnen, da Debora, Jael und Judit nicht durch diese definiert sind.

Der große Unterschied zwischen Jael und Judit ist der, daß Judits Motivation klar ist und im Text ausführlich erläutert wird, warum Jael so handelt, wie sie es tut, bleibt offen. Sidnie A. White meint, daß hingegen Judit und Debora eine Gemeinsamkeit in der Motivation haben. Hier könnte Debora als Modell für Judit gewirkt haben. Debora und Judit sind davon überzeugt, daß sie im Sinne JHWHs handeln (vgl. WHITE 1992, S. 7). Die Vorbereitung für die Tat fällt bei Jael weg, während sie im Buch Judits ausführlich dargestellt wird.[32] Beide sprechen mit doppelter Zunge. Diese Tatsache wird bei Judit in der Auslegungsgeschichte negativ bewertet. Das geht soweit, daß sie zur Lügnerin gemacht wird (vgl. MERIDETH 1989). Die Aufnahme Siseras durch Jael erfolgt vordergründig unter dem Aspekt der Gastfreundschaft. Unter Gastfreundschaft versteht man: den Gast in das Haus (Zelt) aufnehmen, ihn bewirten (nähren) und eine Möglichkeit zur Nächtigung zu bieten (zur Ruhe betten). Die Verletzung dieser Gebote wurde Jael von Kommentatoren sehr übel genommen (vgl. SOGGIN 1987, S. 78). Die Parallele zu Judits doppeldeutiger Rede und Ironie ist nicht zu übersehen.

Die Szene zwischen Jael und Sisera lenkt durch Jaels mütterliches Handeln von der sexuellen Komponente der Situation ab und könnte dazu verleiten, die Mütterlichkeit ins Zentrum ihres Handelns zu rücken. Dies macht folgende Aussage zu dem Geschehen im Zelt möglich: „Bemuttern ist dort ein so ausgezeichneter Aspekt, daß die Geschichte gut aussieht."[33]

Mieke Bal (1988, S. 146) meint, in Jael werde eine Frau beschrieben, die eine Mischung aus Mütterlichkeit und reifer Frau darstellt, die Sisera Milch anstatt Wasser reicht. Verblüffend ist allerdings diese Verbindung von Sexualität und Mütterlichkeit, die für die männliche Leserschaft eine besondere Bedrohung darstellt. Bal bezieht sich bei ihrer Aussage auf Yair Zakovitchs Meinung zu dieser Szene (vgl. ZAKOVITCH 1981, S. 364–374) und merkt an, daß es für einen männlichen Interpreten bezeichnend ist, diese Szene ausschließlich sexuell zu deuten. Bei der Beschreibung von Jael wurden also Mütterlichkeit und Sexualität verknüpft. „Das ist kaum ein Zufall. Die Verbindung, Vermischung oder Verflechtung von Sex und Mütterlichkeit aus der männlichen Perspektive könnte der entscheidendste Angelpunkt in den verschiedenen, aber verwandten Ursachen und Motivationen des Patriarchats sein" (BAL 1988b, S. 146. Übersetzung E. G.-C.).

Das Zusammentreffen von Jael und Sisera läßt allerdings nicht unbedingt auf eine sexuelle Begegnung schließen (vgl. BAL 1992, S. 102–107). Wird in die Begegnung zwischen Jael und Sisera im Zelt eine Kombination von Sex und Bemutterung projiziert, so erscheint diese Szene aus männlicher Sicht betrachtet besonders grausam (vgl. ebda, S. 105). „Die sexuelle Gleichartigkeit ist natürlich offensichtlich, besonders wenn Jael Sisera zu Bett bringt, aber auch wenn sie innerhalb der Typologie der Brautwerbung einen Trank anbietet, jedoch ist das sogar noch offensichtlicher in das Motiv der Bemutterung eingebettet."[34]

Obwohl aus der Darstellung nicht deutlich hervorgeht, ob ein Geschlechtsverkehr zwischen Jael und Sisera stattfand oder nicht, wird dieser Abschnitt in seiner Auslegungsgeschichte in dieser Hinsicht nicht hinterfragt. Mieke Bal (1992, S. 105) ist der Meinung, daß in der Szene zwischen Jael und Sisera Sexualität impliziert ist. Sidnie A. White (1992, S. 574f.) führt weiter und meint, daß der Autor (die Autorin) von Judit dieses Thema aufgreift und explizit macht, das heißt zum Ausdruck bringt. In bezug auf Jael wird im Buch Judit ausgesprochen, was in der Begegnung zwischen Jael und Sisera nur angenommen werden kann. Dahinter steht die traditionelle Haltung, daß es bei der Begegnung zwischen einem Mann und einer Frau allein in einem Zelt (oder einem Raum) immer auch zu einem sexuellen Kontakt kommen müsse. Frauen traten normalerweise im öffentlichen Leben, auch wenn sie anwesend waren, nicht aktiv in Erscheinung, da der öffentliche Raum dem Handeln von Männern vorbehalten war. Die Aufteilung öffentlicher Raum für Männer – privater Raum für Frauen ist meines Erachtens auch dafür verantwortlich, daß sich der Ort der Begegnung zwischen Mann und Frau stärker im privaten Raum findet.

Insofern bringt das politisch-nationale Handeln einer Frau, verbunden mit einer intimen Begegnung mit einem Mann, zwei Welten miteinander in Kontakt, die eigentlich getrennt sind: nämlich Politik, die in den Händen der Männer liegt, auf der einen Seite und auf der anderen Seite das Versorgen, Bemuttern und Lieben, alles Aufgaben, die Frauensache sind.

Wenn der Autor (die Autorin) Debora und Jael im Hinterkopf hatte, als er (sie) Judit konzipierte, so scheint mir, daß es beabsichtigt gewesen sein könnte, beide Gestalten in Judit zu verschmelzen. Geballte weibliche Macht sollte sich in ihr zeigen. Das Prophetische der Debora und das Handeln der Jael sollten in Judit zusammentreffen. Die Redewendung „durch die Hand einer Frau“[35] ist ein massives Bindeglied zwischen Jael und Judit.

Debora, die Prophetin und Richterin in Israel, wird zur Gegenkraft Nebukadnezzars, deren verlängerter Arm Judit ist, die wiederum Holofernes, den Stellvertreter Nebukadnezzars, schlägt. Judit und Debora verbindet ihre durch sie selbst autorisierte Kraft. Es gibt keinen Befehl, keinen Anruf von JHWH: „Nur die imponierende Zuversicht von Debora und Judit, klargemacht in ihren Reden, gibt die Beruhigung, und das ist eine Glaubensfrage, nicht empirische Beweisführung. Zweitens sind die Taten von Jael und Judit nicht ausdrücklich durch JHWH in Auftrag gegeben worden.“[36]

Debora, eine der Urmütter in Israel, fungiert als religiöse Kraft mit Autorität, die in den Frauen Israels weiterwirkt.

Wenn Debora und Jael Modellcharakter für die Juditgeschichte hatten, dann ist das auch ein weiterer Beweis dafür, daß frühere biblische Literatur im Schrifttum der Spätzeit in Erinnerung gerufen wurde,[37] um gewisse Traditionen neuerlich zu unterstreichen. Könnte etwa durch Debora und Jael für die Leserschaft des Buches Judit ein Hinweis auf die Richterzeit beabsichtigt gewesen sein und Judit damit in der Tradition einer Richterin in Israel stehen? Wenn dem so wäre, dann würde das Buch Judit auch Kritik an der Praxis der herrschenden Machthaber zur Abfassungszeit des Buches Judit üben.[38] Daraus läßt sich schließen, daß durch die Herstellung einer Verbindung zwischen Debora und Jael der Autor (die Autorin) in der Gestalt Judits eine Tradition weiterführen oder wieder aufgreifen wollte, in der Frauen politisch, national und religiös Verantwortung hatten und das Geschehen explizit mitbestimmten.

2.4.2 Judits Erinnerung an die „Töchter des Landes" (Jdt 9,2–4)

Als Judit zu ihrem Gebet schreitet, geschieht das zur selben Zeit, als das Rauchopfer im Tempel in Jerusalem dargebracht wird (Jdt 9,1). Der Ort, an dem Judit ihr Gebet verrichtet, ist nicht der Tempel, in Gemeinschaft mit den anderen gottesfürchtigen Menschen. Sie verrichtet es in ihrem Haus, wo sie auch bis zu ihrem öffentlichen Auftreten ihre religiöse Praxis vollzog. In ihrem Gebet erinnert sie sich an die Geschichte Israels und an JHWHs Handeln an seinem Volk. Aber an welche Person erinnert sie sich als diejenige, die ihrem Handeln Motivation gibt? Judit hält sich nicht an die in der Tradition übliche Reihenfolge. Sie erinnert sich weder an die großen Persönlichkeiten der Geschichte noch an die Patriarchen oder Matriarchinnen,[39] weder an Mose noch an die Propheten. Nein, sie erinnert sich an eine Frau in den Erzelternerzählungen. Eine, die Opfer eines Gewaltaktes geworden ist und zu den „dunklen Seiten der Familienchronik" (FISCHER 1995, S. 127) des Hauses Israel zählt. Judit erzählt die Geschichte aus der Perspektive einer jungen Frau, die vergewaltigt wurde. Wer erinnert sich sonst noch an die Geschichte Dinas?

In Gen 34 wird uns erzählt:

> Eines Tages war Dina, die Tochter Leas, die sie Jakob geboren hatte, ausgegangen, um die Töchter des Landes zu besuchen. Als Sichem, der Sohn des Hiwiters Hamar, des Landesfürsten, sie erblickte, entführte er sie und wohnte ihr bei, indem er sie vergewaltigte. Sein Herz hing an Dina, der Tochter Jakobs. Er liebte das Mädchen und redete dem Mädchen freundlich zu. Und Sichem sprach zu seinem Vater Hamor: „Wirb für mich um dieses Mädchen, damit es meine Frau wird!"

Angela Standhartinger stellt die Perspektive Dinas ins Zentrum ihrer Überlegungen zu Gen 34 (vgl. STANDHARTINGER 1994, S. 89ff.). Der Text beginnt verheißungsvoll. Eine Frau geht hinaus, um andere Frauen zu treffen. Es ist offensichtlich ihr eigener Wunsch, und der Eindruck einer autonomen Handlung wird vermittelt. Doch im späteren Verlauf der Geschichte erfolgen keine anderen eigenständigen Schritte Dinas. Über Dina wird nur noch verhandelt. Wir erfahren in weiterer Folge im Text noch, daß sie von ihren Brüdern Simeon und Levi gewaltsam aus dem Hause Sichems, wo sie offensichtlich schon wohnte, wieder herausgezerrt wird. Dina wird zuerst Opfer einer Gewalttat, einer Vergewaltigung, ein gängiges Delikt im Patriarchat. Aber danach geschieht etwas Außergewöhnliches. Sichem verliebt sich in sie und ist bereit, alles zu tun, um sie zur Frau zu bekommen. Wie es Dina dabei geht, wird nicht erwähnt. Fest steht, daß ihr ein zweites Mal Gewalt angetan wird, diesmal von ihren Brüdern. Diese zerren sie aus Sichems Haus und töten ihn. Nach dieser Bluttat wird die Stadt geplündert, die Brüder töten alle Männer; die Frauen und Kinder werden zu Kriegsgefangenen, was in der Antike immer auch bedeutete, die sexuelle Integrität zu verlieren (vgl. ebda, S. 90f.).

Über das weitere Schicksal Dinas erfährt man nur, daß sie unter den nach Ägypten Ziehenden weilt (Gen 46,15). In der jüdisch-hellenistischen Diskussion wird die Geschichte Dinas häufig aufgegriffen, wobei sich ein reges Interesse an der Figur Dinas nachweisen läßt. Ich möchte mich in meiner Arbeit auf die Wiederaufnahme des Themas im Buch Judit beschränken.[40]

2.4.3 Judit und Dina

Das Schicksal, das Dina widerfahren ist, könnte auch Judit treffen. Diese gemeinsame weibliche Erfahrung ist es, die Judit und Dina und damit alle Frauen miteinander verbindet. Nur wenn die „Töchter des Landes“ zusammenstehen, können sie etwas erreichen. Mir erscheint Judits Handeln im Gebet hier wie eine Antwort auf die Suche der Dina nach anderen Frauen. Judit schildert in dem Gebet sehr ausführlich, was Dina passiert ist. Der Akt der Vergewaltigung wird in einem deutlichen Bild nacherzählt.

> Jdt 9,2–4: Herr, Gott meines Vaters Simeon, dem du ein Schwert in die Hand gegeben hast, zur Rache an den Fremden, die den Schoß (μήτραν) der Jungfrau zerstörten durch Verunreinigung (= mit Samen) und die Schenkel entblößten zur Schande und den Schoß entweihten zur Schmach. Du sagtest nämlich: Nicht soll es so sein, sie aber taten es. (Übersetzung E. G.-C.)

Ich übersetze μήτρα mit „Schoß“. In diversen Wörterbüchern sind dafür zwei Bedeutungen angegeben: „Gebärmutter“ und „Mutterleib“ (vgl. LIDELL/

SCOTT 1968; PASSOW 1993). Abgeleitet aus dem Sinn des Textes scheint mir das Wort Schoß am treffendsten zu sein. In der Übersetzungstradition tauschen Kommentatoren μήτρα mit dem Wort μίτρα, was aber „Gürtel" bedeutet, aus. Die Übersetzung lautet dann: „ …die den Gürtel der Jungfrau lösten" (so u. a. ENSLIN 1972, S. 122; ZENGER 1981, S. 433f.). Diese Wortwahl wird in allen modernen Übersetzungen getroffen.[41]

Die Übersetzungstradition wählt also das Bild „die den Gürtel einer Jungfrau lösten".[42] In diesem Bild des Gürtellösens wird ein erotisches Moment geschildert, das die Tat für männliche Leser anregend erscheinen lassen könnte. Die Vergewaltigung wird überdeckt durch ein erotisches Bild.[43] Die Gemeinheit der Schändung, die in einem dreifachen Bild dargestellt ist, wird durch genau diese Form der Übersetzung abgeschwächt.

Die Stellungnahmen einzelner Kommentatoren zu Judits Erinnerung an Dina sind sehr aufschlußreich! So dokumentiert zum Beispiel Otto F. Fritzsche, ein Exeget aus dem vorigen Jahrhundert, Judits Erinnerung an die Vergewaltigung der Dina mit folgenden Worten: „Die Schändung der Dina erscheint nicht als wohlberechnete Verführung, sondern als plötzliche That der Lust. – Nur Sichem schwächte die Dina" (Fritzsche 1853, S. 172).

C. Moore hingegen meint: „Judit ahmt Simeon, nicht Dina nach, ich bezweifle, daß sie sehr beunruhigt darüber war, vergewaltigt zu werden. Sie war viel mehr davon vereinnahmt, Holofernes zu töten" (MOORE 1985, S. 191. Übersetzung E. G.-C.).

In beiden oben genannten Beispielen wird deutlich, wie die Kommentatoren versuchen, Judits Erinnerung an Dina zu entwerten und die Frauensolidarität durch andere Argumente zu entkräften.

E. Haag wurde offensichtlich ebenfalls angeregt, einen Kommentar zur Vergewaltigung Dinas abzugeben: „Die Vergewaltigung der Jakobstochter Dina, die in Gen 34 durch das leichtsinnige Verhalten Dinas selber hervorgerufen wird und eher als eine im Affekt begangene Tat des Sichem erscheint …" (HAAG 1963, S. 44).

Hier läßt sich erneut die oftmals von Männern vertretene Meinung erkennen, Frauen seien ohnedies selbst schuld an einer Vergewaltigung, da sie diese ja provozierten. Wäre Dina nur nicht alleine ausgegangen, dann wäre es auch nicht passiert. Man könnte den Faden dann folgendermaßen weiterspinnen: Weil Dina allein ausgegangen ist, hat sie die Vergewaltigung provoziert. Dadurch wurde sie zur Auslöserin vieler weiterer Bluttaten. Mir drängt sich hier der Gedanke auf, ihre Brüder könnten den Anlaß mißbraucht haben, um ein Blutbad anzurichten! Unter Berücksichtigung dieses Aspekts möchte ich hervorheben, daß Dina faktisch zweimal mißbraucht wurde.

Judit gedenkt in ihrer Reflexion auch der anderen beteiligten Frauen, die ebenso wie Dina als Kriegsgefangene Opfer von Vergewaltigung und Unterdrückung werden. Sie denkt auch an das Schicksal der Frauen in ihrer Stadt und an ihr eigenes, das ihnen allen bevorsteht, wenn die Stadt von den Truppen des Holofernes eingenommen wird. „In dem Körper Dinas sieht Judit den Körper aller Frauen: Sie sieht die Leiber, die Beine, die geschändeten Unterleiber ... Es ist der erstickte Schrei so vieler Frauen" (RIZZANTE GALLAZZI 1996, S. 154).

Der Aspekt, daß Judit die Frauen und Töchter der Feinde demselben Schicksal überläßt und das scheinbar gutheißt, wird immer wieder gegen sie verwendet und als Indiz dafür gewertet, daß sie als eine reine Männerphantasie geschaffen worden ist.[44] Dies scheint mir ein willkommenes Argument zu sein, um von Judits Bestreben, kein Opfer einer Vergewaltigung zu werden, abzulenken. Der Skandal der Vergewaltigung von Frauen im Kriegsgeschehen wird durch den Hinweis neutralisiert, daß es Judit nicht gelingt, den Krieg als solchen abzuschaffen.

In der Interpretation der Geschichte Dinas durch Judit steht Gott eindeutig auf der Seite der vergewaltigten Tochter Israels: „Du aber sagtest: nicht soll es so sein" (Jdt 9,2. Übersetzung E. G.-C.). Diese Gewalttat soll für die Täter nicht ohne Folgen bleiben, Gott selbst tritt dafür ein, daß die Täter bestraft werden. Die Jungfrau Dina könnte dabei für „Betulia" stehen, was übersetzt „Jungfrau" heißt.[45] Genauso wie Dina steht jetzt die Stadt Betulia vor der Schändung und Entweihung durch die Feinde. Judit verläßt zwar wie Dina die Stadt, aber ihr bleibt die Vergewaltigung erspart. Mit der erfolgreichen Aktion Judits erfolgt auch symbolisch eine Rechtfertigung Dinas (vgl. STANDHARTINGER 1995, S. 163ff.). „Indem Judit sowohl die Rolle Simeons als auch die Rolle Dinas aus Gen 34 einnimmt, kann sie Dina aus ihrer Passivität befreien, in die der größte Teil der Genesiserzählung Leas Tochter drängt" (ebda, S. 165).

Dina wird somit in die Reihe der großen Frauen aufgenommen und wie Mirjam, Debora und Jael als Modell in der Juditgeschichte benützt.[46]

Aus dem Rückgriff Judits auf weibliche Gestalten Israels, sei es, daß sie Vorbilder für Judits Tat sind (wie Jael) oder die Tat inspirieren (wie Debora) oder ein Schicksal erlitten haben (wie Dina), das Judit und alle anderen Frauen miteinander verbindet, da sie jederzeit Opfer einer Vergewaltigung werden können, läßt sich ein Faden erkennen, der weibliche Geschichte in Israel verfolgt. Mit Judit gestaltet der Autor (die Autorin) eine Figur, die auf dieser Tradition Israels aufbaut. Ich würde sogar meinen, daß eine Polarisation dieser Tradition dargestellt wird. Die Gestalt Judits wird zu einer Retterin, wenn sich die Situation so zuspitzt. Es könnte aber auch – so meine ich – ein symbolisches Bild unter folgendem Blickwinkel gezeichnet sein: Immer wenn solche Zustände herrschen, dann könnte eine Frau, die sich auf die Geschichte der Frauen und insbesondere auf Judit besinnt, eine Wendung herbeiführen.

2.4.4 Judit – eine weibliche Anführerin, ein neuer Mose?

Ich möchte es nicht unterlassen, an dieser Stelle die These J. W. van Hentens zu diskutieren, daß der Autor (die Autorin) des Juditbuchs auch Bezüge zu Ex 17, Num 20 und Deut 33,8–11 herstellte. Van Henten vertritt die Meinung, in Judit eine weibliche Alternative zu dem bedeutendsten Helden aus Israels früher Geschichte erkennen zu können: „… und das ist, auf eine bestimmte Art, sogar besonders radikal in der Darstellung Judits als eine weibliche Alternative für den größten Helden von Israels Vorgeschichte, den Mann, der Israel aus Ägypten führte und ihm Gottes Tora gab, nämlich Mose“ (HENTEN, van, 1994, S. 34. Übersetzung E. G.-C.).

Der Versuch, Judit ihrer Eigenständigkeit zu berauben, wurde im Lauf der Rezeptionsgeschichte immer wieder unternommen. Ein typisches Beispiel eines solchen Versuches ist die Darstellung im ersten Brief des Clemens von Rom. Er beschreibt Judit als eine von Gott bemächtigte Frau, die die Ältesten der Stadt um Erlaubnis gebeten hat, diese verlassen zu dürfen. „Viele Frauen, die durch die Gnade Gottes ermächtigt wurden, vollbrachten viele Taten. Judit, die Gesegnete, erbat von den Stadtältesten die Erlaubnis, zum Lager der Fremden zu gehen, als die Stadt belagert wurde“ (ebda, S. 34. Übersetzung E. G.-C.).

Im Text ist es aber anders dargestellt. Judit ergreift die Initiative auf eigenständige Weise. Sie informiert die Ältesten davon, daß sie etwas unternehmen werde. Sie tut aber nicht kund, was, wann und wie. Diese Information, die sie den Ältesten gibt, dient meines Erachtens nur dazu, vorzeitige Kapitulation zu verhindern. Was aber zeigt sich in diesem Vergleich? Zweifelsohne ist die Nennung Judits im Zusammenhang mit Mose eine große Aufwertung der Gestalt, dennoch wird Judit m. E. in einer gewissen Weise domestiziert, wie es Clemens von Rom im obigen Zitat demonstriert hat.

Folgende drei Motive verbinden das Juditbuch und Ex 17: „Das Wasser-/ Trink-Motiv, der zeitliche Rahmen von vierzig Tagen und die Versuchung können zusammen als ein Hinweis auf den Auszug aus Ägypten angenommen werden“ (ebda, S. 41. Übersetzung E. G.-C.).

In Jdt 7,23–32 ist der Inhalt sinngemäß folgender: Die Leute versammeln sich vor den Ältesten und flehen, sie mögen doch aufgeben und den Assyrern ein Friedensangebot machen, denn sonst müßten sie alle vor Durst sterben. In Ex 17,2 lautet der Inhalt folgendermaßen:

> ... das Volk haderte mit Mose und sagte, gib uns Wasser! Denn wozu hast du uns aus Ägypten herausgeführt, wenn wir jetzt verdursten müssen. Da ist die Sklaverei noch besser, als hier vor Durst mit Frauen und Kindern zu sterben.

Jdt 7 und Ex 17,1 haben dasselbe Thema: Es gibt kein Wasser. Mose und Judit reagieren gleich: „Warum prüft ihr Gott?“ (Jdt 8,9–36, Ex 17,2). Judit verläßt Betulia (Jdt 10), Mose zieht sich zurück an einen entfernten Ort (Ex 17,5). Judit schlägt zweimal mit dem Schwert auf den Nacken des Holofernes (Jdt 13,4–8), Mose schlägt zweimal mit dem Stab auf den Felsen.

Van Henten zieht den Schluß, daß Judit eigentlich ein besserer Mose ist, da sie ihre Tat entschiedener und ohne zu zweifeln begeht, im Wissen darum, daß Gott mit ihr ist. Mose hingegen zweifelt und schreit zu Gott. In Num 20 gibt Moses Verhalten sogar Anstoß zur Kritik. Er selbst darf das gelobte Land nicht sehen (vgl. HENTEN, van, 1994, S 45). M. Hellmann (1992, S. 148) kommt zu einem ähnlichen Schluß: „Sowohl Mose als auch Judit können als Idealtypen für Israel bezeichnet werden ...“ Hier erscheint Mose passiver, während Judit ihre Befreiungstat aktiv vollzieht (ebda).

Ich möchte noch einen Schritt weiter gehen und an die These van Hentens die Frage anfügen, ob nicht mit Judit auch Mirjam, die Schwester von Mose und Aaron und Anführerin der Frauengruppe, ihren wahren Platz einnehmen kann. Es scheint mir logischer zu sein, Judit mit Mirjam zu verbinden, da alle Leitmotive aus der Geschichte Israels durch Frauengestalten dargestellt sind, die der Autor (die Autorin) hier mitdenkt oder auf „deren Schultern“ Judit steht. Nicht ohne Grund gestaltet sich Judits Triumph in Jdt 15,14 bis Jdt 16,2 in Anlehnung an Mirjams Siegeslied (Ex 15,20–21).

Zusammenfassend möchte ich feststellen: In Judit ist eine Figur gestaltet, die einerseits auf der Tradition führender Frauen in Israel aufbaut, andererseits auch das Unrecht, das Frauen innerhalb der herrschenden Strukturen widerfahren ist, ins kollektive Gedächtnis zurückruft und darüber hinaus das erlittene Unrecht wieder gutmacht. In Judit haben wir es mit einer Frau zu tun, die im Gedenken an ihre Vormütter ermutigt und gestärkt Frauengeschichte schreibt.

Im Buch Judit wird vom Autor (von der Autorin) das praktiziert, was sich Gerda Lerner für die Entstehung eines feministischen Bewußtseins wünscht. Judit erinnert sich an die Frauentradition der Vergangenheit und ermächtigt sich dadurch selbst.[47] Dies ist das Erstaunliche am Buch Judit, daß hier ein Stück Frauengeschichte Israels gleichsam in Form eines Netzwerkes geschaffen worden ist.

Die Verbindung zu Mose würde ich aber auch als Gegenüberstellung unterschiedlicher Gottesbeziehungen deuten. Mose bekommt seinen klaren Auftrag von Gott und handelt immer erst danach. Judit beauftragt sich selbst und ist sich gewiß, daß Gott mit ihr ist. Der Bund mit Gott gerät in der Patriarchatsgeschichte unter Verdacht, ein ausschließlicher Männerbund zu sein, der den „Genderkontrakt" besiegelt und die Regeln für das Zusammenleben der Geschlechter festlegt. Das Handeln im öffentlichen Raum, Kreativität und Schöpfertum werden patriarchal vereinnahmt.

Judit hingegen überschreitet beide Gesetze. Zum einen durchbricht sie den „Geschlechtervertrag" durch die Tötung des Holofernes, und zum anderen hat ihr Bund mit Gott ein anderes Gesicht. Gott redet sie nicht direkt an und erteilt den Befehl zur Tat, wie er es bei Mose und allen seinen Vorfahren gemacht hat. Nein, Judit schreitet zu ihrer Tat in der Gewißheit, daß Gott mit ihr ist. Sie begeht ihre Tat in der direkten Identifikation mit Gott. Im Gegensatz zu Mose aber verschwindet Judit nach ihrem öffentlichen Auftreten hernach im Text, so, wie sie auch in der realen historischen Welt, sprich in der Rezeptiongeschichte, der Macht, die ihrer Tat innewohnte, beraubt wurde.

Ich möchte van Hentens These noch weiterschreiben und meine: Judit stellt den patriarchalen Bund mit Gott in Frage, indem sie einen neuen Bund mit Gott schließt, der aus dem Herzen und der direkten Verbindung mit Gott stammt. Judit steht nicht in der Tradition Mose, sondern ihr Bund mit Gott ist eine direkte Beauftragung aus dem Wissen, daß Gott mit ihr ist. Judit wird zu einer Herausforderung im Sinne einer neuen Theologie, die die Regeln des Patriarchats überschreitet.

3 Welche Macht steht hinter Judit?

Ich dachte darüber nach
Was ich empfunden hätte
Als Mutter der biblischen Judith
Wahrscheinlich hätte mich
Vor ihrer Umarmung gegraut
Niemals wäre ich hinter ihr
Ans Fenster getreten
Wenn sie gefeiert wurde
Die Retterin.
(KASCHNITZ 1985, S. 446)

3.1 Die Bedeutung der Geschlechterrollen

In Judit und Holofernes stehen einander die beiden Geschlechter gegenüber und bringen sich selbst zur Sprache. Die Geschlechter symbolisieren zwei entgegengesetzte Welten. Der Autor (die Autorin) bedient sich der sozial bedingten Geschlechterrollen, überzeichnet sie und stereotypisiert diese Übertreibung. Der Ernst, mit dem dies im Text geschieht, ist makaber und in seiner Konsequenz lächerlich. Stereotype Geschlechterrollen werden somit zum aussagekräftigen Stilmittel. Immer wenn die Rede von dem Mann und der Frau ist, wird deutlich, daß es sich um ein soziales Konstrukt handelt, „… nämlich eine Abstraktion aus vielen weiblichen und männlichen Individuen, deren Individualität und Vielfalt sich mit diesem Akt der Abstraktion auf ein einziges Bestimmungsmoment reduziert, nämlich ihre Zugehörigkeit zu der einen oder anderen Seite“ (ROHDE-DACHSER 1997, S. 51).

Die Geschlechterrollen sind eindeutig kulturell bedingt.[48] Holofernes agiert in seiner kulturell festgelegten Männerrolle, die ihm das Recht zuspricht, jede Frau zu seiner Beute zu machen. Judit agiert in ihrer kulturell zugeschriebenen weiblichen Rolle und weiß um die Macht, die sie durch ihre Schönheit und ihre sexuelle Anziehung in diesem System hat. Judit ist hier allerdings nicht eindeutig in ihrer vom herrschenden männlichen System zugeschriebenen Rolle handelnd zu sehen. Der Frage, wie sie dazu kam und was sie dabei unterstützt, über den vorgegebenen Rahmen hinauszugehen, soll nun nachgegangen werden (vgl. CLINES/EXUM 1993, S. 17).

Auf dieser Spurensuche scheint mir die Bedeutung der Redewendung „durch meine Hand“ ein weiterer Angelpunkt in der Komposition der Geschichte zu sein. Der Dialog zwischen Judit und Holofernes, der durch seine Doppeldeutigkeit gezeichnet ist, könnte auf die Spitze getrieben folgenden tieferen Sinn haben: Welche Macht führt die Hand, die die Tat vollbringt? Und welche Macht steht dahinter?

Die Macht des Holofernes ist eindeutig. Sie wird gerechtfertigt durch das Patriarchat. Die Gesetze dieser Macht sind nur allzu bekannt. Sie beruhen auf Raub, Mord und Vergewaltigung. „Im Gegensatz zur – wenn auch zaghaften – Einsicht in die Tatsache, wie weitgehend die abendländische Kultur auf der Sklavenherrschaft beruht, ist kaum je ins Bewußtsein gedrungen, wie sehr auch die sexuelle Vergewaltigung der Frau zum wesentlichen Bestand des patriarchalen Machtgefüges gehört. Daß dies nicht nur für Sklavinnen zutrifft, sondern für weite Teile der weiblichen Weltbevölkerung, hat erst die feministische Forschung aufgedeckt“ (MEIER-SEETHALER 1992, S. 268). Das Machtinstrument der sexuellen Vergewaltigung funktioniert gleichzeitig nach außen und innen. Gegenüber den erbeuteten Frauen des Feindes genauso wie gegenüber den Frauen der eigenen Gesellschaft.

In Extremsituationen konnte es nach dem Befund des Alten Testaments geschehen, daß die eigenen Töchter oder Ehefrauen den Feinden oder ungebetenen Gästen als Gastgeschenk ausgeliefert wurden.[49] Ich erinnere an dieser Stelle an die Töchter des Lot, Gen 19,8:

> Da habe ich zwei Töchter, die noch keinen Mann erkannt haben. Diese will ich zu euch hinausbringen und tut mit ihnen, was euch beliebt.

Ferner an Gen 20,2:

> Abraham sagte von seiner Frau: Sie ist meine Schwester. Da sandte Abimelech, der König von Gerar, und ließ Sarah holen.

Oder an Ri 19,25:

> Seht da, meine Tochter, die Jungfrau, die will ich euch überlassen; tut ihr Gewalt an und macht, was euch gefällt ... Da nahm der Mann seine Nebenfrau und brachte sie zu ihnen hinaus. Sie erkannten sie, taten ihr die ganze Nacht bis zum Morgen Gewalt an.

Im Falle Judits verhält es sich anders. Judit wird nicht als Rettungsversuch von den Männern ihrer Stadt dem Feind angeboten, was eine Möglichkeit der herrschenden Macht hätte sein können. Judit greift das Mögliche auf, nimmt es vorweg und liefert sich selbst aus! Sie wird so zur Repräsentantin einer anderen Macht, die sich hinter der Redewendung „durch meine Hand“ verbirgt. Aber welcher Macht?

3.2 Judits Macht durch ihren sozialen Stand

Die weltliche Macht definiert Judit durch ihren sozialen Stand. Ihre Zugehörigkeit bekommt sie durch ihre Eheschließung und die damit verbundene Aufnahme in die Sippe ihres Mannes. Von ihrem Frausein her fügt sie sich in die patriarchale Ordnung. Sie war Ehefrau und dann lange Zeit Witwe.[50] Allerdings unterscheidet sie sich von den übrigen Frauen dadurch, daß sie Witwe bleibt bis an ihr Lebensende. Obwohl sie alleine lebt, ist sie reich, da sie den Besitz ihres Ehemannes geerbt hat. Hier stellt sich die Frage, ob die Darstellung ihres sozialen Standes eine fiktive literarische Konstruktion ist. Linda Elder untersuchte Judits Witwenschaft aus einer weiblichen Perspektive und fand heraus, daß es in der hellenistischen Periode sehr wohl Frauen gab, die den Reichtum und den Landbesitz ihres verstorbenen Mannes erbten. Diesen Besitz verwalteten sie auch selbst und hatten als Witwen einen autonomen Status (vgl. ELDER 1991, S. 15–31).

3.3 Welchen Herrn hat Judit?

Von ihrem sozialen Stand aus gesehen ist Judit als Witwe immer noch durch ihren Mann Manasse definiert und auch geschützt. Die Charakterisierung Judits in der Geschichte wirft aber die Frage auf: Welchem Herrn also gehört die Frau Judit an? Holofernes oder Manasse oder JHWH? Zu Beginn der Handlung scheint die weltliche Macht sich zugunsten des Holofernes zu verschieben. Er könnte der neue Herr über Judit und in weiterer Folge auch über alle anderen Landsleute Judits werden. Sie bereitet sich vor, um mit Hilfe ihres tatsächlichen Herrn, nämlich JHWHs, dieser Macht und diesem Schicksal zu trotzen. Würde Holofernes seinen Kampf gewinnen, wäre er der neue Herr Judits. Als Siegerin über Holofernes aber bleibt Judit die Ausführende der Gegenmacht, die JHWH ist, sie bleibt sein Werkzeug. Denn durch JHWHs Hände gelingt ihr der Sieg. Sie bleibt als Witwe an Manasse, ihren ehemaligen Mann, gebunden. So scheint für Judit am Ende alles, wie es war. Judit stirbt als Witwe von

Manasse und wird, wie es sich gehört, neben ihrem Mann beigesetzt. „Im Tod wird sie mit ihrer traditionellen Rolle in Einklang gebracht" (LEVINE 1992, S. 27. Übersetzung E. G.-C.).

Die Machtverhältnisse sind neuerlich klar, die Ordnung ist wiederhergestellt. Die Macht liegt wieder in den Händen des Militärs, bei den Ältesten, bei den Priestern. Judit ist abgetreten.

3.4 Judit erläutert ihre Theologie

Bis zur Ausführung der Tat finden wir im Text die dreimalige Verwendung der Wortfügung „wird der Herr durch meine Hand die Tat vollbringen". In Jdt 8 belehrt Judit die machthabenden Ältesten in Betulia über ihr Verständnis von Theologie:

> Wer seid ihr denn eigentlich, die ihr am heutigen Tag Gott versuchet und euch über Gott inmitten der Menschensöhne stellet? (Jdt 8,12–13)

Judit rückt in ihrer theologischen Auslegung das Verhältnis Mensch–Gott zurecht:

> Denn die Tiefe des Menschenherzens könnt ihr nicht ergründen und das Sinnen seines Verstandes nicht erfassen. (Jdt 8,14)

Sie belehrt die Ältesten und den Oberpriester, daß Gott Israel beschützen kann, wie er auch die Macht hat, es zu zerstreuen:

> Jetzt, Brüder, beweisen wir unseren Brüdern, daß ihr Leben von uns abhängt und Heiligtum, Tempel und Altar auf uns sich stützen. (Jdt 8,24)

Die Situation, um die es sich hier handelt, ist nicht als eine Strafe Gottes deutbar, sondern ist eine Herausforderung Gottes zur Weiterentwicklung. Hier erläutert Judit eine wichtige Darstellung ihres Gottesbildes und hebt sich dabei von der herrschenden Anschauung ab. Sie betont die Aktion und die Verantwortlichkeit des Individuums.

Der individuelle Deutungsansatz ist ein Charakteristikum der hellenistischen Weltanschauung. Auch eine Verbindung zur Weisheitstradition, wie sie bei Kohelet und Hiob reflektiert wird, ist in Betracht zu ziehen. „Die Anweisung, die Judit den Stadtältesten gibt, erfordert nicht nur Kenntnis traditioneller Interpretationen von Göttlichkeit, so zum Beispiel jener, denen die Doktrin vom Strafgericht voranging, sondern zeigt gleichwohl jenen, die ein Leben in den Mehrdeutigkeiten der Realität fordern und diese akzeptieren, ein Hinausgehen über formelhafte Interpretationen von Gott. Judits Theologie steht in Einklang mit einer Betonung der Handlung und Verantwortlichkeit der Einzelperson, was für die hellenistische Weltanschauung charakteristisch ist und gleichwohl Vertrautheit mit Weisheitstraditionen, wie sie in Kohelet und Hiob widergespiegelt werden, aufzeigt" (ELDER 1991, S. 165. Übersetzung E. G.-C.).

Judit könnte als eine Repräsentantin der Tradition der Weisheitstheologie bezeichnet werden: „Weisheit hat über rohe Gewalt, die militärische Hilflosigkeit Israels über die militärische Überlegenheit der Unterdrücker, Hartnäckigkeit und wahrer kluger Mut einiger Frauen über ängstliche Resignation und dumme Prahlereien mächtiger Männer den Sieg errungen" (SCHÜSSLER-FIORENZA 1988, S. 161).

G. Nickelsburg weist darauf hin, daß die Redewendung „durch meine Hand" auch mit Weisheit 11,1 in Verbindung zu bringen ist. Dort heißt es:

> Εὐόδωσεν τὰ ἔργα αὐτῶν ἐν χειρὶ προφήτου ἁγίου. (RAHLFS [8]1965)
>
> Sie verlieh ihren Werken einen guten Fortgang durch die Hand des heiligen Propheten. (Übersetzung E. G.-C.)

Die Weisheit bediente sich bei ihren Durchführungen der Hand des heiligen Propheten (vgl. NICKELSBURG 1981, S. 107). Darauf Bezug nehmend, bezeichnet C. Moore (1985, S. 186) Judit als einzige feministische Theologin im Ersten Testament.

Im Gegensatz zu dieser Auslegung der Weisheitstradition stehen die Aussagen eines Jesus Sirach, der ebenfalls der spätjüdischen Weisheitsliteratur zuzuordnen ist. Seine Reflexionen über das menschliche Leben und die Gottesordnung sind aus dem männlichen Blickwinkel geschrieben. Sie sind auf weite Strecken frauenverachtend und sexistisch (LELLA 1995, S. 40). Das Buch Judit ist der Gegenbeweis zu dem, was Jesus Sirach über Frauen und deren Rollen sagt. Judit stellt der Weisheit Jesus Sirachs eine andere Weisheit gegenüber.[51]

In Judit ist eine Figur geschaffen, die in bezug auf das weisheitliche Denken in hellenistischer Zeit die Aussagen eines Jesus Sirach hinsichtlich seiner Sicht von Frauen und Männern einerseits festigt (die Gefahr, die Männern von Frauen droht, wird ja bestätigt)[52], andererseits erinnert das Buch Judit an eine Weisheitstradition, die eine andere Ordnung voraussetzt. Wenn man davon ausgeht, daß sich in den Aussagen Jesus Sirachs die herrschende Meinung über Männer und Frauen widerspiegelt, so scheint es schlüssig, daß das Buch Judit auch eine Kritik an einer solchen sexistischen Weltordnung übt. Die Absicht des Autors (der Autorin) könnte es wohl sein, darauf hinzuweisen, daß „die göttliche Weisheit und Ordnung“ nichts mit dieser männlicher Logik und Weltinterpretation (Geschlechterinterpretation) zu tun haben.

Ob Judit nun einer Theologie zugeordnet wird, die einer Tradition folgt, die nicht die herrschende Ordnung repräsentiert, oder ob sie nur als ein von Gott eingesetztes Instrument in Form einer Helferin zum Erziehungszwecke für die durch die Notsituation blind gewordenen Führer interpretiert wird, scheint mir der Schnittpunkt dafür zu sein, ob das Buch Judit dem Konservativen oder dem Revolutionären zuzuordnen ist.[53] Dies ist der kritische Punkt, wo es sich entscheidet, ob Judit zum verlängerten Arm JHWHs domestiziert wird oder ob sie ihre Tat eigenständig begeht und einer weiblichen Tradition folgt und diese auch weiterentwickelt, bis zu deren Höhepunkt in Judit 15,8–16,20.

3.5 Judit – die Idealfrau Gottes?

Gerade deshalb stellt sich hier im Diskurs immer wieder die Frage: Ist Judit als Werkzeug Gottes dahingehend ausgerichtet, dem männlichen Publikum zu zeigen, daß es bei Gott möglich ist, daß auch eine schwache Frau stark sein kann?[54] So unterstützt unter anderen auch M. Hellmann in ihrer Arbeit „Judit – eine Frau im Spannungsfeld von Autonomie und göttlicher Führung“ (1992) eine solche Position und meint, der Autor verfolge dabei keine Absicht etwa „in Richtung der Aufwertung der Frau“[55], sondern aus Judit werde ganz und gar eine Frau, die von Gott gestaltet ist. Da möchte ich fast hinzufügen: die Idealfrau Gottes?

Pamela Milne nimmt diesen Gedanken, Judit als die „Idealfrau Gottes“ zu sehen, auf und unterstreicht die Unterordnung der Frau Judit in ihrer Rolle als Helferin Gottes. Sie meint, sie diene als Lehrbeispiel für die Männer, und jeder Versuch, Judit als emanzipatorische Figur zu sehen, sei verschwendete Mühe. Ihre in der Erzählung festgeschriebene Rolle sei die der Helferin und nicht die der Heldin. Somit bleibe sie eine von Männern für Männer gemachte Frau (MILNE 1993, S. 54). Ebenso meint Fokkelien van Dijk-Hemmes, daß Judit (ebenso wie Ester) perfekt in eine männergemachte Ordnung von idealer Weiblichkeit passe (DIJK-HEMMES, van, 1993, S. 31).

3.6 Helferin Gottes oder eigenständige Frau?

Mir scheint, daß Judits theologisches Wirken hier deutlich in ihrer Unabhängigkeit, die sie durch ihren Witwenstand und ihre ökonomische

Freiheit hat und deren Höhepunkt sich im rituell-liturgischen Siegeszug nach der Tat zeigt, zu sehen ist. Der Versuch, Judit zum Werkzeug, zum verlängerten Arm Gottes zu machen, dient dazu, sie als Person zu abstrahieren, zu objektivieren und zu einem soteriologischen Archetypus festzuschreiben.

Bei der Untersuchung des Motivs „Helferin JHWHs, verlängerter Arm Gottes“ können folgende Überlegungen hilfreich sein:

Carole Fontaine (1988, S. 84f.) fand heraus, daß ein Zusammenhang besteht zwischen dem irreführenden (täuschenden) Handeln von Frauen in Situationen, in denen sie Macht ausüben und Ziele verfolgen, die nur mit „Betrug“ zu erreichen sind, und der Rolle der „Helferin“. Der Zusammenhang von Täuschung und Betrug einerseits und zielführendem Handeln von Frauen anderseits ist in der hebräischen Bibel ein häufiges Thema. Dies aber ist als ein Resultat der Machtstrukturen zwischen den Geschlechtern, wie sie in den Geschichten beschrieben sind, zu sehen. „Die wirkliche Irreführung wird nicht durch biblische Frauen begangen, sondern durch den androzentrischen Text, der die Beweggründe der weiblichen Figuren ignoriert oder unterdrückt, besonders wenn sie auf ihre Machtlosigkeit gegenüber Männern bezogen sind, und der auf diskriminierende Art bewertende Vergleiche auf ihre Handlungsweise anwendet“ (FUCHS 1985, S. 144. Übersetzung E. G.-C.).

Unter diesen Bedingungen sind Frauen gezwungen, zu solchen indirekten Mitteln wie Betrug, Lüge und Täuschung zu greifen. Carole Fontaine verfolgt diesen betrügerischen Charakter bei Frauen auch in der Göttinnenkultur im Umfeld des Kulturkreises der hebräischen Bibel und meint: „... es ist klar, daß als literarischer Typus die irreführende Gottheit die göttliche Schwester der Frau als Betrügerin ist ...“ (FONTAINE 1988, S. 85. Übersetzung E. G.-C.).

Es geht dabei nicht darum, zu zeigen oder zu beweisen, daß es dieselben Geschichten sind, die erzählt werden, sondern daß es sich um denselben Vorgang handelt, der Göttinnen in den Mythen, wie Menschen-Frauen in der hebräischen Bibel, mit einem solchen Charakter ausstattet. „Ob nun die Handlungen positiv oder negativ innerhalb einer gegeben Geschichte bewertet wurden, das Patriarchat scherte seine weiblichen Charaktere über einen Kamm“ (ebda, S. 88. Übersetzung E. G.-C.).

So läßt sich auch in den Mythen der Sumerer, der Ägypter und der Griechen beobachten, wie die einst eigenständigen Göttinnen den Göttern untergeordnet werden (vgl. MEIER-SEETHALER 1992, S. 253–267; FONTAINE 1988, S. 88–93).

Die Szene, in der Judit und Holofernes sich begegnen, läßt die Erinnerung an einen solchen Prozeß anklingen. Diese Begegnung erfolgt in seiner erzählerischen Ausführung angelehnt an die Darstellungsweise der Bankettszene im Innana-Mythos (vgl. FONTAINE 1988, S. 93). Wie in diesem Mythos wird der Rahmen eines großen Festmahles gewählt. Es wird gefeiert und getrunken, und enden soll der festliche Abend mit einem wunderbaren sexuellen Erlebnis des Holofernes mit Judit. Diese aber durchkreuzt den Plan und besiegt jenen durch Lügen und Betrug. Sie rettet so ihre Stadt und kommt zu großen Ehren.

Der patriarchale Mythos beschreibt die Unterordnung der Göttinnen unter die Götter. Aus den eigenständig handelnden Göttinnen werden sie zu Helferinnen der Götter, von denen sie als Stadtgöttinnen eingesetzt werden, um die Städte zu beschützen. Die Domestizierung der Göttin geschieht durch die Unterordnung mittels der Rolle der Helferin. Das machtvoll Göttlich-Weibliche wird gezähmt, die Frau somit zur Helferin der Götter und zur Gründerin des Stadtstaates. Auf diese Art findet das Patriarchat eine literarische Methode, um weibliche Macht aufzusaugen und für die herrschende Ideologie annehmbar zu machen.[56]

Patriarchale Geschichten erinnern an diesen Prozeß und lassen im Falle der Juditgeschichte den Eindruck entstehen, daß erst dann, wenn Judits Rolle als Helferin und als Werkzeug Gottes in den Vordergrund gerückt wird, sich die Möglichkeit bietet, sie ins Patriarchat aufzunehmen.

Dieser Prozeß der Reduktion zur Helferin Gottes hat eine Domestizierung der Tat zur Folge. Judit muß singulär und auf die bestimmte Situation bezogen bleiben, die diese Handlung notwendig und vertretbar macht. Gott muß sich unter den gegebenen Bedingungen der Männerherrschaft einer Frau bedienen, da Männer durch ihre Verfügungsgewalt über das Weibliche unter solchen Umständen erwartungsgemäß reagieren.[57] Für Judit bieten die Regeln des Patriarchats in diesem Augenblick die Sicherheit für ihr Unternehmen. Sie kann sich darauf verlassen, daß Holofernes sie begehren und sexuell besitzen wollen wird, da sie die Waffen einer Frau, die da sind Sexualität und Schönheit, einsetzt.[58] Die Verbindung dieses Handelns als sexuell erotisches Subjekt mit ihrer Frömmigkeit als Witwe in Ergebenheit für JHWH hält den Rahmen des patriarchalen Bildes aufrecht, wenn mit JHWH nur der Gott Abrahams, Moses, Isaaks mitgedacht wird (vgl.

ROHDE-DACHSER 1997, S. 145–153). Wenn aber Mirjam, Debora, Jael und Dina die Traditionskette bilden, wird der Rahmen brüchig.

In Judit löst sich die Dualität von der Hure und Heiligen, der Femme fatale und der frommen Witwe, der Kriegerin und Mutter auf. Somit hebt Judit auch jedes der imaginierten Bilder des Weiblichen im Männerkopf auf.[59] Schon allein durch diesen Umstand verliert der Mann seinen Kopf. Somit verliert Holofernes gleich zweimal seinen Kopf. Das erste Mal büßt er sein Leben dafür ein, das zweite Mal geschieht die Köpfung auf der Ebene der Rationalität und Erkenntnis. In bezug auf die Geschlechterrollen heißt das, die Konstruktion von Weiblichkeit, die im Kopf des Mannes entstanden ist, stürzt ein.[60] Mieke Bal (1994, S. 15) sieht hierin Judits kulturelle Funktion. Sie stiftet Verwirrung, indem sie Gedankenkonstrukte und liebgewordene Sicherheiten in Frage stellt und somit viele in ihrem sicheren Nest aufschreckt.

Als Bagoas seinen Herrn am nächsten Tag im Zelt geköpft vorfindet, spricht er folgenden Satz unter großem Geschrei und Weinen aus:

> Denn sieh, Holophernes liegt am Boden, und sein Kopf ist nicht auf ihm. (Jdt 14,18. Wörtliche Übersetzung E. G.-C.)

Diese Aussage provoziert im Leser (in der Leserin) eher ein Lachen als das der Situation angemessene Erschrecken. Dieser Moment nach der Köpfung löst die Ahnung einer neuen Ordnung aus, die sich in anderen Köpfen bilden könnte. Eine neue Geschlechterordnung?

Es ist schon interessant, daß sich die vielen Kommentatoren im Laufe der Auslegungsgeschichte nie mit der Frage beschäftigt haben, warum Männer so eindeutig und stereotyp handelnd beschrieben sind. Die einzig wirklich handelnde Person in diesem Stück ist Judit. Sie entschlüpft der ihr zugeschriebenen Rolle gerade dadurch, daß sie diese Rolle perfekt übernimmt und dem Mann seine Phantasie spiegelt. Sie demaskiert diese dann jedoch mit dem Schlag des Schwertes. Judit verläßt ihren Objektstatus (Objekt der Phantasie des Mannes bzw. ihrer von außen zugeschriebenen Rolle) und wird Subjekt. Hierin liegt die Möglichkeit, aus der Verstrickung der Geschlechter, die beide Seiten stark einschränkt, zu entkommen. Ein Indiz für die Absicht des Autors (der Autorin), Geschlechterrollen zu überschreiten, scheint mir Achior zu sein. Adolfo D. Roitman nennt ihn „den einzigen Nebendarsteller in der Geschichte, dessen Rolle entwickelt wird“ (ROITMANN 1992, S. 31. Übersetzung E. G.-C.).

3.7 Achior, das männliche Gegenüber Judits

Die einzige männliche Figur in diesem Text, die aus ihrer Rolle fällt, ist Achior. A. Roitman hat in seinem Aufsatz nachgewiesen, daß sich Achior im Laufe der Handlung immer mehr entwickelt, bis hin zu seinem persönlichen Gefühlsausbruch am Ende der Geschichte (vgl. ROITMAN 1992, S. 31–40). Roitman beobachtet eine besondere strukturelle Verbindung und eine kunstvolle Ergänzung zwischen Achior und Judit. Jener kommt im Unterschied zu Judit im Teil eins und Teil zwei des Buches vor. Zuerst gehört er zu Holofernes' Welt. Er ist Soldat und geht der für Männer üblichen Profession nach. Sonst erfährt man nichts über seine Person. Achior gewinnt Persönlichkeit, als er in seiner Rede über JHWH und sein Volk eine Theologie darlegt, die zeigt, daß er Kenntnis von den Leuten dort oben in Betulia hat (Jdt 5,5–5,21). Er gibt einen kurzen Überblick über die Geschichte des jüdischen Volkes mit seinem Gott. Man könnte es als eine spirituelle Rede eines Betrachters von außen bezeichnen. Die Rede wird zunehmend engagierter, und Achior gewinnt währenddessen immer mehr an Ausdruck. Im Gegensatz dazu hält Judit ihre Rede als Insiderin vor den Ältesten von Betulia. Beide sprechen aus einer eigenen Autorität heraus. Roitman dokumentiert den Vorgang folgendermaßen: „Am Ende dieses Stadiums ist es offensichtlich, daß Judit gleich Achior während und direkt nach ihrer Rede eine sichtbare Änderung erfahren hat" (ebda, S. 34. Übersetzung E. G.-C.).

Danach verändern beide ihren Aufenthaltsort. Judit geht hinaus in das Lager des Holofernes, um das zu erfüllen, was Achior geweissagt hat. Achior wird zwangsweise dorthin geschickt, wovon er ahnungsvoll gesprochen hat. Am Ende stellt sich jedoch heraus, daß dies zu seiner Rettung geschah. Judit und Achior wechseln jetzt die Rollen. Achior wird zum Verräter von Holofernes und ein Freund der Juden. Judit aber, die fromme Witwe aus Betulia, wird zur Lügnerin und Verführerin: „Es könnte den Anschein haben, daß Achior, so wie es war, auf seinem neuen Platz Judits Rolle spielt, während Judit die Achiors einnimmt" (ebda, S. 35. Übersetzung E. G.-C.).

Während Judit allerdings das System nur unterwandert, verändert Achior sich wirklich. Er läßt sich am Ende der Geschichte beschneiden und wird Jude (ebda, S. 35).

Erst am Ende der Geschichte treffen Judit und Achior aufeinander (Jdt 14,5–7). Der Achior, der uns in dieser Szene begegnet, ist ein völlig anderer als der, der er zu Beginn der Geschichte war. Vom Soldaten zum

Zivilisten gewandelt, fällt er beim Anblick des Kopfes von Holofernes in Ohnmacht. Als Soldat hat er solche Grausamkeiten schon oft und oft erlebt. Jetzt begegnet er uns als einer, der Gefühle hat und diese auch zeigen kann. In diesem Moment hat er endgültig die Grenzen seiner Geschlechtsrolle überschritten. Nachdem er aus der Ohnmacht erwacht ist, erblickt er Judit und fällt dieser im selben Moment zu Füßen, eine Haltung, die normalerweise Frauen oder Sklaven vor dem Herrn einnehmen, aber niemals ein Mann vor einer Frau. – Zuerst fällt er in Ohnmacht, und dann fällt er zu Füßen einer Frau![61]

Diese Szene stellt einen Rollentausch innerhalb der herrschenden Geschlechterordnung dar. Judit ist die kriegerisch Handelnde, die tapfere Soldatin, Achior ist der ihr Huldigende und sie für ihre Tat Lobpreisende. Er repräsentiert die zu Hause zurückgebliebenen Frauen, die durch die Tat des Mannes, der als Soldat handelt, geschützt und gerettet sind.

Kommentatoren lenken ihren Schwerpunkt, sobald es um Achior geht, immer wieder auf die Frage, wie es dazu kommt, daß ein Ammoniter als Jude aufgenommen wird, da dies in offenkundigem Widerspruch zu Dtn 23,4 steht, wonach Ammoniter und Moabiter bis ins zehnte Geschlecht niemals in die Gemeinde Israels aufgenommen werden dürfen.[62] Nachdem Orientierung an geschichtlichen Fakten bei der Juditgeschichte immer eine falsche Fährte zu sein scheint, meine ich, daß es sich auch hier so verhält. Achior ist als Komplementärfigur zu Judit zu sehen, der die Rolle seiner Geschlechtsgenossen verläßt. Auf der menschlichen Ebene darf er Gefühle zeigen und auch die Haltung vor einer Frau verlieren. Auf der religiösen Ebene demonstriert er eine Theologie, die auf innerer Kraft und Stärke beruht und durch spirituelle Erfahrung genährt ist. Judit, als Theologin und im Namen JHWHs im Drama von Betulia handelnde Person, ist ihm Autorität und Vorbild. Sein Beispiel des Übertritts zum Judentum weist darauf hin, daß selbst ein Ammoniter gläubiger Jude werden und Einsicht in die Wege und Pläne JHWHs gewinnen kann. Die Achse Judit und Achior ist eine weitere Spur hinsichtlich einer Kritik an den herrschenden patriarchalen Regeln, die das gesamte Leben stören und die Handelnden wie Marionetten erscheinen lassen, die stereotyp agieren.

Erwähnenswert finde ich den Gedanken A. Roitmans, der meint, eigentlich müßten Achior und Judit am Schluß heiraten. „Da das Motiv der Witwenschaft im Buch von hoher Bedeutung ist, wollte der Schreiber die Spannung nicht auflösen, indem er sie einander heiraten ließ. Daher war der einzige Weg, den er finden konnte, das Gleichgewicht zu stören, die letzten zwei entscheidenden Unterschiede zwischen den beiden zu verwischen, indem er Achior in einen Bürger und Juden verwandelt, um ihn so so nah als möglich zu Judit zu bringen."[63]

Interessant ist, daß ein männlicher Interpret den Wunsch verspürt, für Judit einen passenden Mann zu finden, während im Gegensatz dazu die Kommentatorin Achior wegen seiner Weichheit für einen ungeeigneten Partner hält.

3.8 Die androgyne Frau

Eine weitere Möglichkeit, Judit einzuordnen und zu typologisieren, ist in jüngster Zeit mit dem Begriff „androgyn" versucht worden (vgl. STOLZENWALD 1991, S. 90).

Die Vorstellung von androgyn, dieser Mischform von männlichem und weiblichem Prinzip, läßt sich bis in mythische Vorzeiten zurückverfolgen. Sie ist der Ausdruck für die Aufhebung der Geschlechterdifferenz. Bis heute wird der Begriff zur Bezeichnung sexueller Ambivalenz gebraucht. Das Wort ist mehrdeutig, da es zur Charakterisierung von Eunuchen, Schamanen, für die Amazone oder auch die Femme fatale verwendet wird (vgl. BRUNS, B., 1997, S. 218). Vor allem in Zeiten des gesellschaftlichen Umbruchs taucht der Begriff Androgynität auf, es ist die Rede vom Geschlecht im Moment seines Verlustes (vgl. ebda, S. 219). Christina von Braun (1994, S. 383) beschreibt diesen Prozeß als „die Vernichtung des Weiblichen, der Andersartigkeit. Die Auslöschung der Frau bedeutet nicht nur die Zerstörung des Sexualwesens; sie bedeutet auch die Vereinnahmung der Frau und die Aneignung ihrer Differenz: Als männliches Frausein, als Frausein des Logos, als künstliche Bisexualität".

Die Vorstellungen C. G. Jungs von seinem Animus und seiner Anima haben stark zu diesem Bild beigetragen. Mit gewissen Einschränkungen lassen sich auch Freuds Vorstellung von Bisexualität in diese Theorie C. G. Jungs einreihen (vgl. ROHDE-DACHSER 1994, S. 101ff.). Grundsätzlich geht es in dieser Theorie darum, Männlichkeit und Weiblichkeit in sich zu vereinen. Wenn das gelungen ist, braucht man kein Gegenüber mehr, man ist vollkommen autark geworden, und man braucht auch nichts mehr zu entbehren. Christa Rohde-Dachser (1994, S.103) interpretiert diesen Wunsch als eine Männerphantasie, bei der es sich „vor allem um männliche Sehnsüchte nach einer Vervollkommnung durch das Weibliche handelt, in Verbindung mit der Phantasie von narzißtischer Ganzheit und Autarkie. Dahinter steht mit großer Wahrscheinlichkeit die Verleugnung des Geschlechtsunterschieds, der einmal als traumatisch erfahren wurde".

Von gewissen Strömungen wird Judit als der Prototyp der androgynen Frau bezeichnet. Patricia Montley zeigt auf, daß Judit einerseits männliche Attribute wie kriegerisches Handeln, Unabhängigkeit, Tapferkeit und Mächtigkeit aufweist, andererseits aber als der Prototyp von Weiblichkeit, ausgezeichnet durch Schönheit, Hinterlist und sexuelle Verführungskunst, erscheint.[64] L. Elder bezeichnet Judit als androgyn mit folgender Begründung: „... indem sie zuerst mit den Stadtältesten ‚den Mann spielt' und später mit Holofernes ‚die Frau spielt' ..." (ELDER 1991, S. 287. Übersetzung E. G.-C.).

Elder schließt sich der Meinung P. Montleys an, daß es Judits Androgynität ist, die die Künstler über die Jahrhunderte hinweg herausforderte (vgl. ebda, S. 287). So meint Montley, Judit verkörpere doch irgendwie die Transzendierung des weiblich-männlichen Zwiespalts (MONTLEY, zitiert nach LACOQUE 1990, S. 38).

Im ausgehenden 20. Jahrhundert entwickelt sich das Bild von der androgynen Frau zu einem neuen Leitbild für Weiblichkeit. Der Wunsch danach, also die Auflösung des Geschlechterkonfliktes, basiert aber wieder auf einem männlichen Konstrukt, wie es Christina von Braun (1994, S. 386) in ihrem Buch „Nicht ich" darstellt: „Im Bereich dieses künstlichen Dualismus aber ist die Frau als Sexualwesen, ist das Sexualwesen schlechthin längst untergegangen."

Diese These über Androgynität unterstützt jene der Androzentrik im Buch Judit, nach deren Logik Judit am Ende wieder zur geschlechtslosen, anspruchslosen und keuschen Witwe erstarren muß.

Judit als androgyne Frau zu sehen verstärkt meiner Meinung nach die Blickverengung auf die Androzentrik im Buche Judit – obwohl es von P. Montley gerade umgekehrt verstanden und gedeutet wird. Diese Deutung entschärft meines Erachtens auch die Verwirrung, die Judit auslöst, und bleibt eine Deutung innerhalb der patriarchalen Ordnung.

So fügt sich die Interpretation Judits als androgynes Geschöpf gut zu den Positionen, die Judit als eine reine Männerfiktion bezeichnen, wie etwa Milne, die meint: „... da sie nicht wirklich eine Frau ist, sondern eine archetypische Androgyne, die über Männlichkeit und Weiblichkeit hinausgeht, die als eine Asexuelle beginnt und endet und die bloß dazwischen männliche und weibliche Rollen ‚spielt' oder ‚darstellt'" (MILNE 1993, S. 45. Übersetzung

E. G.-C.). Milne schlägt am Ende ihres Artikels „What shall we do with Judith?“ vor, sich alle feministischen Wünsche an Judit aus dem Kopf zu schlagen, da sie doch nur eine ausführende Helferin, „a seductive helper“, in einer Erzählung darstelle, deren eigentlicher Held Gott ist, und die nicht mehr erreiche, als in einem patriarchalen Erzählumfeld Frauenfeindlichkeit zu erzeugen. Judit befreie weder sich selbst noch ihre Landesfrauen aus dem Status quo der biblischen Geschlechterideologie (vgl. MILNE 1993, S. 55).

Solche Positionen bleiben auf dem Niveau, das patriarchale Geschichtsschreibung geschaffen hat und bis heute aufrechterhält: Frauen werden in ihrem Handlungsspielraum begrenzt und in die patriarchale Nomenklatur inkludiert. In diesem Prozeß werden die Geschlechterrollen festgeschrieben und fixiert.

Die Projektion, die Judit von Männern und Frauen über die Jahrhunderte hinweg übergestülpt bekam, läßt die Vermutung zu, daß Judit das Patriarchat am Nerv getroffen hat (und dies, obwohl sie hauptsächlich von Männern interpretiert und zur Aufrechterhaltung patriarchaler Gesetze und dessen Gottesordnung verwendet wurde). Paßt sie deshalb so gut ins Patriarchat?

4. F-voice und M-voice

Athalya Brenner und Fokkelien van Dijk-Hemmes untersuchen in ihrem Buch „On Gendering Texts“ (1993) die Spuren von weiblichen Texten in der hebräischen Bibel. Im Folgenden sollen die wesentlichen Punkte ihrer Theorie dargestellt werden.

Der erste Punkt der Analyse ist, Frauentexte innerhalb der hebräischen Bibel zu suchen und herauszuarbeiten, wie sie sich von anderen Texten unterscheiden (vgl. BRENNER 1993, S. 1). Eine weitere Frage ist, ob die These aufrecht erhalten werden kann, daß biblische Texte ausschließlich oder fast ausschließlich von Männern geschrieben worden sind. Es wird versucht, die Geschlechterpositionen, die in einem Text eingeschrieben sind, zu orten und zu unterscheiden. Das ist unter folgenden Fragen und Kriterien möglich (vgl. ebda, S. 6):

- Gibt es Texte, die eine weibliche Autorschaft zulassen, die also von Frauen komponiert oder geschrieben worden sind?
- Wie sind Textstrukturen geschaffen, die einer Frau oder Frauen zugeordnet werden können?
- Welche Frauenstimmen sind es, die im Text selbst oder hinter dem Text wirken?

Die terminologische Bezeichnung „Female voice“ und „Male voice“ kam dadurch zustande, daß die beiden Autorinnen im Laufe ihrer Untersuchung das Hauptaugenmerk nicht mehr darauf richteten, weibliche Autorschaft oder von Frauen geschriebene Textstellen ausfindig zu machen, sondern in den Texten weibliche Stimmen (*female voices*) bzw. männliche Stimmen (*male voices*) zu unterscheiden (vgl. ebda, S. 6). Unter „voice“ wird die mündliche Tradition, die einer fiktiven Person oder dem Erzähler im Text zugeordnet wird, verstanden, die im schriftlichen Text mitgedacht bzw. inkludiert ist.[65] Durch diese Behandlungsweise sind Spuren weiblicher Traditionen im Text zu finden, die als F(emale)-voices bezeichnet werden können. Die mehrheitlich von Männern geschriebenen Texte fungieren ohnedies als „Sammelplatz“ für die M(ale)-voices. Immer wenn in biblischen Texten von sexueller Gewalt, Pornographie und Vergewaltigung die Rede ist, erschreckt dies zunächst einmal die Leserschaft. Dienen diese Passagen aber nicht gerade dazu, durch die genaue Darstellungsweise dieser Gewaltbeziehungen Einblick in die komplexen Zusammenhänge zwischen Gewalt und den Geschlechterrollen zu geben? Insofern, so A. Brenner, sind gerade solche Texte für die Untersuchung von F-voice und M-voice wichtig und aussagekräftig (vgl. BRENNER 1993, S. 12f.).

Unter Berücksichtigung der F- und M-voice wird es möglich, einen differenzierten Blick auf die herrschenden Rollenzuschreibungen zu werfen und herkömmliche Interpretationsweisen durch den Blick auf beide Geschlechter aufzubrechen. Entscheidend dabei ist, genau herauszuarbeiten, ob das eine oder das andere Geschlecht die Texte liest oder interpretiert.

4.1 Möglichkeiten der Differenzierung von F-voice und M-voice in biblischen Texten

Es ist allerdings schwierig, in den überlieferten Texten F-voice und M-voice voneinander zu unterscheiden, da die männliche Stimme die dominante ist und auch die Textgeschichte von der vorherrschenden Stimme bestimmt wird. Wir können davon ausgehen, daß eine Stimme der- oder demjenigen gehört, die oder der als Hauptsubjekt die Rede anführt (vgl. BRENNER 1993, S. 7). Es läßt sich allerdings verfolgen, daß viele biblische Texte „dual-gendered" (zweigeschlechtlich) angelegt sind. Leserinnen können ihre Stimme aus dem Text herausfiltern, Leser hören ihr eigenes Echo darin (vgl. ebda, S. 9).

4.1.1 Weibliche Hauptrolle – eine Garantie für F-voice?

Beim Buch Judit handelt es sich zwar um eine Geschichte, in der eine Frau die Hauptrolle spielt, das bedeutet aber nicht von vornherein, daß es sich um einen Text handelt, der dadurch eindeutig einer F-voice zuzuordnen wäre. S. D. Goitein geht in seinem Aufsatz „Women as Creators of Biblical Genres" davon aus, daß Bücher, die Frauen als Subjekte haben, wie zum Beispiel Esther, Judit oder Rut, deshalb nicht zwangsläufig von Frauen geschrieben sein müssen – viel mehr ist oft das Gegenteil der Fall![66] Vor allem sind es Männer, die bestimmte Frauen preisen und verehren. F. van Dijk-Hemmes schließt sich dieser Meinung Goiteins an, daß Texte über Frauen nicht unbedingt mehr Information über das Leben, das Frauen führten, liefern. „Die Tatsache, daß eine Frau als Hauptperson in einer literarischen Arbeit auftritt, ist von sich aus kein schlüssiges Argument für eine weibliche Autorschaft. Heldinnen wie Esther und Judit passen perfekt in eine manngemachte Darstellung einer idealen Weiblichkeit" (DIJK-HEMMES, van, 1993, S. 31. Übersetzung E. G.-C.).

Der Verdacht liegt nahe, so Goitein, daß Literatur, in der Frauen die Hauptfiguren darstellen, als Lehrstück für Frauen von Männern geschaffen worden ist. Sie soll der Frauenwelt die richtige Handlungsweise in einer bestimmten Situation vor Augen führen und kann sogar zu einem moralischen Lehrstück für Frauen erhoben werden, um die patriarchale Ordnung aufrechtzuerhalten.[67] Texte von Frauen über Frauen gelten nur als gynozentrisch, wenn genügend und differenzierte Argumente dafür angeführt werden können. So müssen Spuren einer weniger androzentrischen Absicht sichtbar sein, oder es finden sich Neudefinitionen einer Lebenswirklichkeit vom Frauenstandpunkt aus. Ebenso ist ein auffälliger Unterschied zwischen männlicher und weiblicher Sichtweise, der im Charakter des Textes feststellbar ist, ein Indiz für eine F-voice (vgl. GOITEIN, S. 31f.). Auch vor diesem Hintergrund ist es schwierig, im Buch Judit F-voice oder gar das Juditbuch selbst als einen Text, der für Frauen eine positiv befreiende Bedeutung haben könnte, nachzuweisen. Allzu rasch wurde und wird aus diesem Grunde das Buch Judit von vornherein als männlicher Text mit männlichen Interessen abgetan und geht so für die Frauenwelt verloren. Deshalb erscheint es mir von schwerwiegender Bedeutung zu sein, wenn Goitein eine solche Aussage tätigt, die Dijk-Hemmes dann aufgreift und verstärkt.[68] Das Buch Judit wird mit einer solchen Feststellung rasch abgewertet, und Textuntersuchungen und Prüfungen, die bei anderen Texten nach der von Brenner und Dijk-Hemmes entwickelten Methode durchgeführt werden, werden bei diesem Buch vernachlässigt. Ich hingegen möchte gerade dies hier tun und den Spuren einer weiblichen Stimme im Buch Judit nachgehen. Ich möchte mit dieser Methode Textstellen überprüfen, die die oben genannten Punkte enthalten, und nachprüfen, ob auf eine F-voice geschlossen werden kann.

4.2 Die Redewendung „durch die Hand einer Frau" – ein möglicher Hinweis auf F-voice?

Möglichkeiten, F-voice in biblischen Texten zu finden, bieten sich in den Liedern und Hymnen, die Frauen singen, wenn die Krieger aus der Schlacht heimkommen. Es war auch die Aufgabe der Frauen in Israel, die siegreichen

Männer bei ihrer Heimkehr von kriegerischen Handlungen mit Liedern und Tänzen zu begrüßen. In diesen Gesängen war es möglich, subversiv Kritik oder gar eigene Standpunkte über politische Geschehnisse sowie auch Meinungen über die einzelnen Kriegshelden zu äußern. Dies konnte entweder in ironischer oder gar spöttischer Weise geschehen. Ebenso boten Hymnen und Gebete Möglichkeiten für den Ausdruck eigener Erzählungen und Interpretationen.[69] Dieser Stilmittel bediente sich auch der Autor (die Autorin) im Buch Judit. Die Wendung „durch die Hand einer Frau" findet sich im Gebet und im Hymnus; deren dreimalige Wiederholung könnte auf eine F-voice hindeuten. Hinweise sind dafür die Stellen selbst und der Kontext, in dem diese stehen. Es handelt sich dabei um Jdt 9,10: Judit spricht ihr Gebet und holt sich dadurch Kraft und Sicherheit für ihre Tat:

> Zerschmettere ihren Stolz durch die Hand einer Frau!

In Jdt 13,15 befinden wir uns schon nach der Tat wieder in Betulia. Judit zieht den Kopf aus dem Sack, zeigt ihn den Männern und spricht den Satz:

> Der Herr hat ihn durch die Hand einer Frau geschlagen.

Das dritte Mal wird diese Aussage in Jdt 16,5 getätigt. Es wird im Lobgesang am Ende des Buches noch einmal erzählt:

> Der allmächtige Herr hat so vernichtet durch die Hand einer Frau.

4.2.1 Nebukadnezzars Machtanspruch, zerschlagen durch die Hand einer Frau

In Jdt 9,10 gibt Judit in ihrem Gebet eine Antwort auf Nebukadnezzars Aussage in Jdt 2,12:

> So wahr ich lebe und bei der Kraft meines Reiches, ich habe gesprochen und werde es mit meiner Hand vollenden.

Dem „Mit meiner Hand" des Nebukadnezzar wird das „Durch die Hand einer Frau" entgegengesetzt. Dies zielt darauf hin, das Ansinnen Nebukadnezzars provokativ zu entkräften und lächerlich zu machen. Das Aufgreifen des Motivs durch Judit schlägt in den männlichen Narzißmus wie eine Bombe ein. Mit einem Schlag ist der männliche Egozentriker in seiner selbstgeschaffenen Männerwelt erniedrigt und demaskiert. Das ironische Wortspiel legt den Herrschaftsanspruch der militärischen Macht lahm und wird gleichsam als Bumerang für denjenigen verwendet, der diesen Satz zuerst so selbstsicher ausgesprochen hat. Dies alles findet im Text in literarischer Form statt.

Auf soziokultureller Ebene unter den herrschenden Machtverhältnissen bedeutet dies folgendes: durch die Hand einer Frau getötet zu werden gehört zur schlimmsten Verhöhnung von Männlichkeit. In Ri 9,54 heißt es:

> Zieh dein Schwert und töte mich, daß man nicht von mir sage: Ein Weib hat ihn erschlagen.

Dies sind die letzten Worte Abimelechs, als er bei der Belagerung von Tebez von einem Mühlstein auf den Kopf getroffen wurde, den eine Frau von der Stadtmauer auf ihn hinuntergeworfen hatte: Seine Ehre kann nur durch den Gnadenstoß eines Mannes gerettet werden.

4.2.2 Judit setzt die Tradition Davids fort

Eine weitere Parallele in der Geschichte Israels drängt sich auf. Der Kampf Davids mit Goliath gelang unter ähnlichen Voraussetzungen wie Judits Sieg über Holofernes. Vor dem Sieg Davids fand eine Verhöhnung des aufgeblasenen militärischen Machtapparates statt. Als David für seinen Kampf in die übliche militärische Ausrüstung „gesteckt" wird, kann er sich nicht bewegen, er kann nicht mehr gehen (1 Sam 17,38). Die Ironie in diesem Text ist nicht zu übersehen: David geht ohne Rüstung in den Kampf, er hat nur seinen Stock in der Hand, seine fünf Steine und die Steinschleuder. Davids Antwort auf Goliaths Lachen und Verhöhnung ist:

> Du kommst zu mir mit Schwert, Lanze und Wurfspieß. Ich aber komme zu dir im Namen JHWHs Zebaot, des Gottes der Schlachtreihen Israels, die du beschimpft hast. Heute wird JHWH dich in meine Hand geben. Ich werde dich erschlagen und dir den Kopf abhauen. (1 Sam 17,45)

Der siegreiche David nimmt den Kopf und bringt ihn nach Jerusalem. Die Philister werden erfolgreich in die Flucht geschlagen.

Gemeinsam ist David und Judit das Herangehen an die Tat durch ein tiefes Vertrauen in JHWH, aber auch die Tatsache, daß beide nicht im „Machtsystem" verankert sind. David allerdings wird durch seine Tat zum „Mann" und in späterer Folge zum König. Er schreibt Geschichte für Israel. Judit hingegen schreibt keine Geschichte im Sinne eines David.[70] Denn nach Judits Tat müßte eine andere Geschichte geschrieben werden beziehungsweise die Geschichte sich neu ordnen. Könnte es Absicht des Autors (der Autorin) sein, hier den Raum für eine Neuordnung geschaffen zu haben? Was wäre eine neue Frauenrealität, die sich durch Judits Handeln ergibt? „Durch die Hand einer Frau" könnte die soziokulturelle Antwort des Autors (der Autorin) sein.

Die Tötung eines Mannes durch die Hand einer Frau wird hernach in Lobpreis und Siegeshymnus gefeiert, von Frauen gesungen. Was sonst den männlichen Kriegshelden galt, gilt nun einer Frau. Das erweckt wohl den Eindruck eines Übergriffs auf herrschende Geschlechterrollen. Der Leser und die Leserin können gar zu dem Schluß kommen, man treffe im Buch Judit nur Sängerinnen, Befreierinnen und, mit ein, zwei Ausnahmen, nur dumme Männer (HENTEN, van, 1994, S. 37). Ein solcher Schluß muß sogleich entkräftet werden, wie ich dies auf der Textebene darlegen möchte. Dies ist die erste Ebene, auf der der Geschlechterkrieg herrscht. Feministische Literaturkritik muß ein Wiederlesen der Texte aus feministischer Sicht beginnen, gleichsam eine Revision, sie muß sich Texte wieder aneignen, sie modifizieren, ergänzen, vermenschlichen und den männlichen Interpretationsstil aufdecken, so Elaine Showalter (zitiert nach DIJK-HEMMES, van, 1993, S. 25). Um das zu ermöglichen, führt sie ein Modell ein, das folgende vier Ebenen berücksichtigt: die biologische und die linguistische Ebene, die psychoanalytische und die kulturelle; dieses Modell wird auch auf die vorliegende Arbeit angewandt.

4.3 ἡ θήλεια – eine Wortanalyse

Wenn man den griechischen Text aufmerksam liest, dann sticht dem Leser/der Leserin das in der Bibel kaum verwendete Wort θήλεια ins Auge, das dreimal in der formelhaften Wendung „durch die Hand einer Frau" für das Wort Frau verwendet wird.

Es soll dem Wort θήλεια im folgenden sowohl auf der linguistischen Ebene nachgegangen als auch seine Bedeutung auf der biologischen Ebene herausgearbeitet werden. Die psychoanalytische wie auch die kulturelle Ebene sind in der Arbeit mitberücksichtigt und werden in den weiteren Kapiteln deutlich. Zunächst zur Wortbedeutung von ἡ θήλεια:

In „A Greek-English Lexicon" von H. Lidell und R. Scott (1968) findet man ἡ θήλεια unter θῆλυς, θήλεια, θῆλυ vor. Es wird mit „female" übersetzt, für das Weibliche, für Frauen kann sowohl ἡ θήλεια als auch θῆλυς verwendet werden.

In „A Greek-English Lexicon of the Septuagint, Part I" (LUST 1992) wird es mit „a female, she" übersetzt und ist in Beziehung zu setzen mit Gen 1,27 und Gen 5,2: als Mann und Frau schuf er sie. Gen 6,19: ein Männchen und ein Weibchen soll es sein.

Der Begriff als solcher kommt im Ersten Testament noch an folgenden Stellen vor (HATCH/REDPATH 1975):

Gen 7,2; 7,3; 7,9; 7,15; 7,16. Hier handelt es sich um die Tiere, die Noah in die Arche mitnehmen soll, Männchen und Weibchen.

Ex 1,16: Ist es ein Knabe, so tötet ihn, ist es ein Mädchen, so mag es am Leben bleiben.

Lev 3,1; 3,6; 4,28; 4,32; 5,6: Alle diese Stellen beziehen sich auf ein weibliches Tier.

Lev 12,5; 12,7: Bezeichnet wird hier ein Mädchen.

Lev 15,33: Hier wird das Wort für eine Frau verwendet, die menstruiert.

Lev 27,4; 27,5; 27,6; 27,7: Hier wird das Wort für weibliche im Gegensatz zu männlichen Personen verwendet.

Num 31,15: Hier wird der Begriff für „Frauen" verwendet.

Ri 5,10: An dieser Stelle bedeutet es weiblicher Esel.

2 Chr 9,25: Es werden mit diesem Wort Stuten bezeichnet.

Der Gebrauch des Wortes ϑήλεια an diesen Stellen läßt den Schluß zu, daß es den biologischen Unterschied zwischen „männlich" und „weiblich" ausdrücken soll, auf Menschen wie auf Tiere bezogen.

4.3.1 Die Verwendung von ϑήλεια im griechischen Roman

Ein Blick hin zum griechischen Roman und zur Verwendung des Wortes ϑήλεια dort soll die lexikalische bzw. semantische Analyse noch vervollständigen. Die Auflistung ist dem „Lessico dei Romanziei Greci" (CONCA 1989) entnommen.

Bei Achilles Tatius heißt es:

I 16,3: ἡ ϑήλειαν ταῶνα – der weibliche Vogel.

I 17,3,4,5: mehrmals der weibliche Phönix.

Heliodor: IV 21,3: πολλαὶ δὲ γυναικῶν ... τὸ ϑῆλυ (Neutrum) καὶ οἰκεῖον ἀϑενὲς ὑστερίζουσαι τῶν ἐργῶν ἐγνώειζον: Viele Frauen (… versuchten, mit Waffen in der Hand mitzulaufen,) erkannten aber, da sie zurückblieben, daß das Weibliche von Natur aus schwach ist.

X 7,6: ... οἶϑα ὡς ἄρρενα μὲν τῷ ῾Ηλίω, ϑήλειαν δὲ τῂ Σεληναίᾳ προσαγείν ... ὁ νόμος βουλεῖα: Du weißt, daß das Gesetz vorsieht, daß der Mann dem Helios, die Frau aber der Selene geopfert wird. (Über den Phantasiestaat der Äthiopier.)

IX 19,1: το ψερεῖον το ϑῆλυ – das weibliche Opfer.

X 29,4: ἡ μητρῷ φύσις [το θυγατρός] καὶ τὸ θῆλυ (Neutrum) συμπαθές: Die mütterliche Natur … und das weibliche Geschlecht, das Verständnis hat.

Longus I 5,3: θῆλυ ’ῆν τοῦτο τὸ παιδίον: Dieses Kind war weiblich.

Xenophon Epherius II 8,2: ἵππον ... θήλειαν – ein weibliches Pferd.

Im griechisch-englisch Lexikon (LIDELL/SCOTT 1968) gibt es Hinweise dafür, daß Homer an manchen Stellen für „weiblich" θήλεια verwendete; θήλεια θέος steht dort für Göttinnen.

Herodot verwendet dieses Wort für weibliche Tiere: θήλεια κάμηλος – weibliches Kamel; θήλεια ἔλαφος – weiblicher Hirsch, Hindin.

θήλεια φόνος – Mord von Frauen.

Auch die Verwendung von θήλεια im griechischen Roman weist keine unterschiedliche Bedeutung zu seinem Gebrauch im Ersten Testament auf. Ich schließe daraus, daß θήλεια einen Zustand beschreibt, der sich von der Biologie her erklären läßt. Dies unterstreicht meiner Meinung nach die Tatsache, daß Frauen, wie auch weibliche Tiere, dann mit diesem Wort bezeichnet werden, wenn sie als biologisches Gegenteil von Männern und männlichen Tieren beschrieben werden.

4.4 Weiblich-Sein – Männlich-Sein als politische Kategorien

An dieser Stelle möchte ich die Auseinandersetzung um den Begriff des Geschlechts als Konstruktion, die soziokulturelle Interessen widerspiegelt, einfügen. Wichtige Repräsentanten und Repräsentantinnen dieses Diskurses sind Michel Foucault in seinem Werk „Sexualität und Wahrheit", Luce Irigaray mit „Speculum. Spiegel des anderen Geschlechts" (1980) sowie Judith Butler mit „Das Unbehagen der Geschlechter" (1991) und „Körper von Gewicht" (1995). Besonders aber ist die Ermöglichung einer neuen Sichtweise J. Butler zu verdanken, die sich in ihren beiden Werken in einer Schärfe und Radikalität mit dem Geschlechterdiskurs auseinandergesetzt hat, die es wieder möglich machte, männlich-weiblich neu zu denken. Ihre Idee der Auslöschung und Auflösung der Geschlechter rief Stimmen wach, die den Geschlechterdiskurs neu entfachten und den Blick wieder zurück zu den Geschlechterkategorien richteten (siehe auch Kapitel 1.4 in dieser Arbeit).

Ich gehe davon aus, daß die Kategorien „männlich" und „weiblich" politische Kategorien sind. Wenn Frauen aber mit dem anatomischen Geschlecht identifiziert werden, bedeutet dies, daß der Begriff der Frau(en) mit den angeblichen sexualisierten Merkmalen ihrer Körper verschmolzen ist. Dies impliziert die Weigerung, den Frauen jene Freiheit und Autonomie zuzugestehen, die Männer scheinbar genießen.

„Das grammatische Geschlecht (gender) ist der sprachliche Index für den politischen Gegensatz der Geschlechter (sexes). Es gibt in der Tat nur eines: das weibliche, da das männliche keine Geschlechtsidentität (gender) ist! Das männliche ist nämlich nicht das männliche, sondern das universelle."[71] Über das weibliche Geschlecht hat sich das Patriarchat seit jeher den Kopf zerbrochen, immer als das „andere", das „Gegenüber" des jeweils männlichen Standpunkts. Spätestens seit Freud und dessen Definition von Weiblichkeit ist diese festgeschrieben und gleichzeitig als männliches Projektionskonstrukt entlarvt (vgl. IRIGARAY 1980, S. 13–27): „Meine Damen, meine Herren! ... Über das Rätsel der Weiblichkeit haben die Menschen zu allen Zeiten gegrübelt ... Auch Sie werden sich von diesem Grübeln nicht ausgeschlossen haben, insofern Sie Männer sind, von den Frauen unter Ihnen erwartet man es nicht, Sie sind selbst dieses Rätsel" (FREUD 1994, S. 520). Die Minderwertigkeit des Weibes und die natürliche Unterordnung des Weiblichen ist um 1900, durch Freud wissenschaftlich untermauert, soziokulturell zu ihrem Höhepunkt gelangt. Das heißt, wann immer wir von Weiblichkeit sprechen, sind wir geprägt von diesen Wertmaßstäben und beziehen uns auf die Zuschreibungen, die das Weibliche zu dem machen, was es angeblich ist: Jungfrau, Ehefrau, Mutter und Witwe. „Wollen Sie mehr über die Weiblichkeit wissen, so befragen Sie ihre eigenen Lebenserfahrungen, oder Sie wenden sich an die Dichter, oder Sie warten, bis die Wissenschaft Ihnen tiefere und bessere Auskünfte geben kann."[72]

Christina von Braun kommt in ihrem Werk „Nicht ich" zu dem Schluß, daß Sprache und Sexualität eng miteinander verbunden sind. Die Sprache konstruiert das Geschlechtswesen. Unter dem Einfluß der Schrift wurde die Sprache immer weniger zum Mittel der Unterscheidung, dafür aber immer mehr zum Instrument der Vereinnahmung des „anderen" (Weiblichen). Im öffentlichen und schriftlichen Diskurs gibt es ein universelles Gesetz, daß das sprechende Subjekt der Mann ist, die Frau aber ist die Nachricht, die die Männer untereinander tauschen. Daraus entstand eine Sexualität, die nichts mehr mit zwei Geschlechtswesen und dem Austausch von zwei unvollständigen Ichs zu tun hat, sondern mit der phantasierten Vervollständigung des einen Geschlechts durch das andere (vgl. BRAUN, von, 1994, S. 152). „Diese Entwicklung bedeutet die Auslöschung des Sexualwesens – und zwar mit Hilfe der Sprache, deren unterscheidende Funktion aufgehoben wird“ (ebda, S. 152).

4.4.1 ἡ ϑήλεια – ein Kontrapunkt zu den herrschenden Geschlechterkategorien

> Denn nicht das Weib ist für Frauen
> ein Rätsel, sondern das, was mit
> uns geschehen ist,
> damit wir unsere Weiblichkeit als
> einen Mangel zu erleben bereit
> wurden.
> (ROHDE-DACHSER 1997, S. 39)

Möglicherweise hat sich der Autor (die Autorin) der Juditgeschichte für das Wort ϑήλεια deshalb entschieden, um damit bewußt die Geschlechterordnung in Frage zu stellen. Es wurde also keine Abwertung durch den männlichen Blick und die Geschlechtskategorien beabsichtigt, die das Weibliche in das Unbewußte, Tierische versetzen, sondern es scheint sich hier vielmehr um das Gegenüber zum Männlichen zu handeln, so wie es auch in der hebräischen Bibel am Beginn der Schöpfung verwendet wird. In Gen 1,27 heißt es:

a) Und es erschuf Elohim den Menschen als sein Bild,
b) Als Bild Elohim erschuf er ihn.
c) Männlich und weiblich erschuf er sie.[73]

Aus dem Text in Gen 1,27 geht hervor, daß das Männliche und das Weibliche gleichwertig genannt werden. Nichts läßt auf eine Über- oder Unterordnung des einen oder des anderen schließen.[74] Im Hebräischen beinhaltet das Wort „Mensch“ männlich und weiblich. Die Einheit enthält die geschlechtliche Unterscheidung, bedeutet aber keine geschlechtliche Identität.[75] Im Kontext von *sex* und *gender* bedeutet dies, daß es sich nicht um eine Unterscheidung im Sinne von *gender* handeln kann. Denn im hebräischen Wort Mensch wird keine soziokulturelle Unterscheidung von männlich und weiblich ausgedrückt, die eine Machthierarchie zwischen diesen beiden Kategorien einführt. „Gleichzeitig geschaffen, sind das männliche und weibliche Geschöpf einander weder über- noch untergeordnet. Keiner hat Macht über den andern, sondern beiden ist gleiche Macht gegeben“ (TRIBLE 1993, S. 40).

Der Rückgriff auf ϑήλεια in Jdt 9,10, 13,15 und 16,5 deutet darauf hin, daß der Autor (die Autorin) zuerst einmal eine Beziehung zur Schöpfungsgeschichte von Mann und Frau in der priesterlichen Urgeschichte von Gen 1,26–28 herstellen möchte. Aufgrund dessen läßt sich vermuten, daß die Fragestellung zur Tat Judits nicht um folgende Punkte kreisen soll: Darf eine Frau überhaupt einen Mann töten? Was ist das für eine Frau, die einen Mann tötet? Nicht die Frage, ob Jungfrau, Ehefrau, Mutter oder Witwe, ist angebracht. Vielmehr läßt sich daraus folgende Grundaussage ableiten: Etwas in dieser Geschlechterordnung stimmt nicht. So wie es jetzt ist, ist es vom Anfang her, von der Schöpfung her nicht gedacht.

Für den männlichen Leser könnte das heißen: Wie kommt es, daß Männer als Soldaten und Herrscher Frauen als sexuelle Beute nehmen können, sich Land und Herrschaft untereinander aufteilen? Darüber bestimmen, was erlaubt ist und was nicht, die Gesetze machen und überall das Sagen haben? Für die weibliche Leserschaft könnte es heißen: Wie kommt es, daß ihr im öffentlichen Leben nicht mitbestimmt, daß ihr abhängig seid von den Siegen der Krieger und Herrscher? Ihr selbst nur bange hoffend auf Sieg im Hintergrund wartet und je nach Situation zu den Glücklichen oder Unglücklichen gehört?[76]

Wollte der Autor (die Autorin) an dieser Stelle durch eine Anknüpfung an die Schöpfungsgeschichte nun daran erinnern, daß die gottgewollte Ordnung eine war, die keine Geschlechterhierarchie vorgesehen hatte, so löst sich an dieser Stelle die Differenzierung in M- und F-voice auf. Im Plan Gottes, so könnte diese Rückführung des Autors (der Autorin) auf die Schöpfungsgeschichte gedeutet werden, waren Machtverhältnisse, wie wir sie in patriarchalen Gesellschaften vorfinden, nicht mitgedacht. Eine Neuordnung von männlich und weiblich ist die Wiederherstellung eines Miteinanders, wie es die Absicht in Gottes Schöpfungsplan ursprünglich war. So wird das Wort ϑήλεια zu einem wesentlichen Zeugnis für eine Tradition einer Neuordnung der Geschlechterhierarchie im Sinne eines Rückgriffs auf den Schöpfungsauftrag.

Die Versuchung aber, Judit zur bloßen Helferin Gottes schrumpfen zu lassen, ist dem Text ebenso immanent und für die herrschende Ordnung auch naheliegender. Als Helferin Gottes, wie es sich in der Formulierung „wird der Herr durch meine Hand vollbringen" (griech. ἐν χειρὶ μου) ausdrückt, ist Judit einschätzbar. Sie ist Dienerin, Magd bzw. Werkzeug eines Herrn.

Durch welche Hand aber wird die Macht sich ausweiten? Durch Nebukadnezzar (Jdt 2,12) oder durch JHWH (Jdt 8,33, 9,9 12,4)? Welche Macht wird die Macht sein, die über Judit herrscht? Wird Judit eine Haremsdame im Hause des Holofernes (Jdt 9,13) oder Dienerin des hebräischen Gottes? JHWH erweist seine Macht, und Judit kehrt zurück auf ihren Besitz, bleibt asketisch, und kein Mann, auch wenn er sie noch so begehrt, bekommt sie zur Frau. Sie bleibt allein – auch von den Frauen separiert. Am Ende ist sie dort, wo sie am Anfang war. Holofernes, Achior und die Magd verändern sich. Judit wird neben ihrem Mann begraben.[77] Unter diesen Umständen kompensiert Judit nachträglich jede Überschreitung der zugeschriebenen Rolle. Sie schließt die Gefährlichkeit aus und nimmt die Unerträglichkeit der Tat zurück. Aus ϑήλεια wird die Witwe, wo Unordnung war, herrscht wieder Ordnung.[78] Judit hat das Haus verlassen, ist in eine männliche Welt eingetreten und hat die Grenzen ihrer Rolle überschritten. In der Rezeptionsgeschichte und in der Geschichte der Konstruktion der Geschlechter wird Judit einmal die fromme Witwe aus Betulia und ein anderes Mal die unberechenbare Frau – es kommt nur darauf an, welchem Herrn sie gerade dient,[79] das heißt, unter welchen herrschenden Prämissen ihre Geschichte erzählt wird.

4.4.2 ἡ ϑήλεια – ein Wort der alten Ordnung?

Beim ersten Lesen könnte sich ϑήλεια aber auch als M-voice präsentieren, da die Tat Judits durch die Verwendung dieses Wortes mit einem tierischen Wesen in Verbindung gebracht werden kann. Judit wird zu einer Gestalt, die aus ihrer weiblichen Rolle herausgefallenen ist. Die Tat läßt sich nicht mit dem üblichen Handeln von Frauen vereinbaren, sondern ist außerhalb des kulturell bedingten Begreifbaren von Weiblichkeit angesiedelt.

So könnte es sich für den männlichen Leser folgendermaßen darstellen: In der dreimaligen Verwendung dieser formelhaften Wendung drückt sich die Ambivalenz der Tat, die sich ins herkömmliche Ordnungssystem nicht einfügt, aus. Wo vorher noch Ironie und Anspielung auf die männliche Hybris waren, beginnt in der Festschreibung und im Lobpreis der Tat auch schon ihre Entwertung. Die Verwendung des Wortes ϑήλεια drückt diese Entwertung aus, wenn es als Ausdruck für Frauen verwendet wird, um diese als verführerische, triebhafte Wesen zu definieren. Es bestätigt die

Angst des männlichen Lesers, daß Frauen, wenn sie nicht domestiziert, wohlerzogen und in der Obhut eines Vaters oder Mannes sind, nicht einschätzbar sind und sich zu Monstern entwickeln können. Der Leser wird in seiner Gynophobie bestätigt, was sich im Text durch den Gebrauch des Wortes ἡ θήλεια bestätigt. So affirmiert ἡ θήλεια die gewohnte Sichtweise, und die alte Ordnung ist wieder hergestellt.

Die einzelnen Kommentare heben die Besonderheit des Gebrauchs dieses Wortes θήλεια an den angegebenen Stellen hervor. Morton S. Enslin (1972, S. 125) beschreibt den Gebrauch von θήλεια statt γυνή als bewußt eingesetzt, was auf den außergewöhnlichen Sieg Judits und die Schande des besiegten Feindes hindeute. T. Craven bekräftigt Enslins Standpunkt, fügt allerdings noch hinzu: „‚durch die Hand einer Frau' hebt JHWHs Erfolg nochmals hervor".[80] C. Moore meint, θήλεια werde hier anstatt γυνή, dem üblicheren Wort, verwendet, wobei θήλεια das weniger ehrenvolle Wort ist, da es ja für das weibliche Tier verwendet wird. Für einen Mann wurde es als Schmach empfunden, von einer Frau getötet zu werden.[81] E. Haag drückt es so aus: „Doch JHWH vernichtet den Feind in einer für ihn beschämenden Weise durch die Hand eines Weibes (16,5–9)" (HAAG 1963, S. 57).

Die Verwendung von θήλεια an diesen drei Stellen regt mich an, dieses Wort in seiner Doppeldeutigkeit zu lesen. Wie schon aus den Kommentaren ersichtlich wurde, führt die Verwendung dieses Begriffes an den erwähnten Stellen zu Interpretationen, die entweder die Tat Judits erhöhen oder Judit als Person durch ihre Tat abwerten.

A.-J. Levine meint in ihrem Aufsatz „Sacrifice and Salvation: Otherness and Domestication in the Book of Judith" (1992, S. 17–20), daß Judit, indem sie die „andere" bleibt und durch ihre Tat isoliert wird, für die herrschende Gesellschaft keine Gefahr darstellt. Sie bringt die sexuelle Differenz durch ihre Umkehrung der Geschlechterrolle ins Wanken und kann aus dieser Geschichte nicht einfach entfernt werden. So muß sie irgendwie domestiziert bzw. zum Mythos gemacht werden. Dieses geschieht nach Meinung Levines eben gerade durch den Gebrauch des Wortes θήλεια.[82] Judit wird zum unbewußten Werkzeug Gottes gemacht. Die Größe und der Ruhm Gottes können sich dadurch wieder voll entfalten. Judit wird als fromme Witwe, deren Geschichte die Leute erzählen, geschätzt und verehrt. Um den Status quo zu erhalten und die sexuelle Differenz zwischen Mann und Frau wieder herzustellen, die Judit durch ihre Tat unterwandert hat, muß die Tat reingewaschen werden. Alle Akteure gehen wieder an ihre Plätze, am Ende ist alles so, wie es war (vgl. LEVINE 1992, S. 26ff.). Levine übernimmt hier die Position T. Cravens und P. Skehans[83], die zu einer Abschwächung der Tat Judits und von deren Eigenständigkeit wegführt. Levines Position unterscheidet sich von der Skehans jedoch dadurch, daß es für ihn notwendig ist, die Geschlechterrollen so zu belassen, wie sie sind.

Durch die oben angeführten Positionen wird deutlich, in welcher Ambivalenz sich die einzelnen Auslegungen befinden – es verhält sich wie mit einem doppelten Boden auf einer Bühne, auf dem Judit einmal als Heilige und dann wieder als Femme fatale erscheint. An dieser Stelle lassen sich auch die Folgen für die Wirkungsgeschichte klar erkennen. Die Rollenüberschreitung Judits ist dann erlaubt, wenn sie männlich kontrolliert ist.

Die Verwendung des Wortes ἡ θήλεια an dieser Stelle löst auf jeden Fall Verwirrung aus. Es könnte auch auf das Ungezähmte, Fremde jenseits der zugeordneten Geschlechterrollen für Frauen hinweisen, aber nur domestiziert und unter der Kontrolle des männlichen Blickes, der sich perpetuiert im Gottesbild, darf Judit im von Männern definierten weiblichen Raum wirken. Das Weibliche, die Frau, gibt es nur definiert in ihrer soziokulturellen Rolle und dem ihr zugeschriebenen Raum. Sonst ist sie nicht oder ein Nichts.[84]

4.5 ἡ θήλεια – der Wortort jenseits der alten Ordnung

Die Verwendung des Wortes ἡ θήλεια weist allerdings auch auf einen Bruch im Text hin. Judit wird durch ihre Tat für ein paar Zeilen lebendig und eigenständig und mit ihr die Frauen, die sich um sie sammeln. Wie schon erwähnt, weist F. van Dijk-Hemmes darauf hin, daß Frauen als Hauptcharaktere in einem literarischen Text noch lange nicht feministisch zu interpretieren sind, denn eine Heldin wie Judit passe „perfekt in eine manngemachte Galerie von idealer Weiblichkeit“ (DIJK-HEMMES, van, 1993, S. 53). Sie wiederholt ihre Position noch einmal in ihrem Artikel „Gesegnet unter den Frauen: Debora, Judith und Maria“. Hier stellt sie fest, die Gesegnete unter den Frauen wurde verwandelt in ein attraktives Bild für Männer (DIJK-HEMMES, van, 1986, S. 141). Mich erstaunt, daß gerade Judit in diesem Falle sehr rasch abgehandelt und die in dem Buch „On Gendering Texts“ (BRENNER/DIJK-HEMMES, van, 1983) entworfene Methode von der Autorin für das Juditbuch nicht angewandt werden soll. Alternative Führerin, weder für Frauen noch für Männer,[85] ist eine Verleugnung der möglichen feministischen Perspektive, die in der Figur Judit zu finden ist. Judit als manngemachtes Konstrukt festzuschreiben, scheint mir die Wunschvorstellung einer männlichen Perspektive zu unterstreichen, die die Frau als Retterin aufmarschieren läßt, um in einem durch und durch männlichen Szenario die Ordnung der herrschenden Macht wiederherzustellen.

Im folgenden Abschnitt sollen anhand des Textes von Jdt 15,12–16,17 nach Spuren einer F-voice oder M-voice gesucht werden.

4.5.1 Judit und die tanzenden Frauen

Falls Judit keine Alternative zur herrschenden Ordnung bieten sollte, so stellt sich in Jdt 15,12–16,17 die Situation dennoch anders dar, wie die folgende Übersetzung dieses Textabschnittes unterstreicht.

Lob und Dankpreis Judits

Jdt 15,12. Und jede Frau in Israel war mitgelaufen, um sie zu sehen. Sie priesen sie und machten für sie den Reigentanz. Sie nahm den Zweig mit den Blättern in ihre Hände und gab davon den Frauen, die bei ihr waren.

13 Sie bekränzten sich mit dem Ölzweig, sie selbst und die Frauen, die mit ihr waren. Sie schritt vor dem ganzen Volk einher, indem sie den Reigentanz aller Frauen anführte. Jedermann in Israel begleitete sie mit Waffen und mit Kränzen und sie preisend in ihren Reden.

14 Und Judit begann ihr Danklied inmitten von ganz Israel, und das ganze Volk sang dieses Lob laut mit.

16,1 Judit sprach:

„Stimmt meinem Gott ein Lied an mit den Pauken,
preist meinen Herrn mit den Zimbeln.
Singt ihm Psalmen und Lobgesänge,
erhöht ihn und ruft seinen Namen an.

2 Denn Gott, der Herr, hat beendet die Kriege.
Denn in sein Lager in der Mitte seines Volkes
hat er mich befreit, aus den Händen, die mich verfolgten, gerettet.

3 Es kam Assur von den Bergen des Nordens.
Er kam zu Zehntausenden mit seiner Streitmacht.
Die Masse ihrer Truppen versperrte den Wildbach,
und seine Reiterei bedeckte die Hügel.

4 Er sagte, er werde mein Gebiet verbrennen
und meine jungen Männer mit dem breiten Schwert morden
und meine Säuglinge auf den Erdboden legen
und so meine Kinder preisgeben zur Plünderung
und meine jungen Frauen rauben.

5 Der allmächtige Herr machte sie alle zunichte
durch die Hand einer Frau.

6 Denn nicht unterlag der Mächtige durch junge Männer,
weder die Söhne der Titanen erschlugen ihn,
noch die hochgewachsenen Riesen legten sich auf ihn,
sondern Judit, die Tochter des Merari,
lähmte ihn durch die Schönheit ihres Gesichtes.
7 Sie legte ihre Witwenkleidung ab
zur Würde des bedrängten Israel,
sie salbte ihre Gesicht mit Salben
8 und band ihr Haar in die Kopfbinde,
sie nahm das linnene Kleid in der Absicht, ihn zu verführen.
9 Ihre Sandalen raubten ihm die Augen,
und ihre Schönheit nahm seine Seele gefangen.
Das Schwert durchtrennte seinen Nacken.

10 Die Perser erstarrten vor ihrem Mut,
und die Meder gerieten in Bestürzung durch ihre Kühnheit.

11 Da jubelten meine Kleinmütigen
und schrien meine Schwachen,
und sie ängstigten sich.
Sie erhoben ihre Stimme und flohen.

12 Söhne von Mädchen durchbohrten sie,
und wie Kinder von davongelaufenen Sklaven wurden sie durchbohrt.
In der Schlachtreihe meines Herrn kamen sie um.

13 Singen will ich meinem Gott ein neues Lied.
Herr, groß bist du und berühmt,
wunderbar in deiner Stärke, unübertroffen.

14 Dir soll deine ganze Schöpfung dienen,
wie du gesagt hast, und sie ist entstanden.
Du hast deinen Geist ausgesandt, und er hat erschaffen
und nicht ist einer, der sich deiner Stimme entgegenstellen kann.

15 Denn die Berge werden in ihrem Fundament mit all ihren Wassern wanken.
Die Felsen aber werden wie Wachs vor deinem Angesicht schmelzen.

Denen aber, die dich fürchten,
sehr gnädig wirst du ihnen sein.

16 Denn zu gering ist jedes Opfer, wie gut es auch immer duftet,
und zu unbedeutend ist dir alles Fett zum Brandopfer.
Aber wer den Herrn fürchtet, groß ist er für immer.

17 Wehe den Völkern, die sich gegen mein Geschlecht erheben!
Der allmächtige Herr wird sie strafen am Tag des Gerichts,
und es wird Feuer und Würmer geben über ihrem Fleisch,
und sie werden weinen vor Schmerzen in Ewigkeit.“ [86]

In Jdt 15,12–14 findet sich Judit in der Tradition großer Frauen wie Mirjam und Debora wieder (vgl. Ex 15,20 und Ri 5,1–31). Alle bisher nicht genannten und im Geschehen unsichtbar gebliebenen Frauen treten in Erscheinung. Sie bleiben stehen und handeln, wie es in diesen Herrschaftsstrukturen üblich ist. Sie empfangen die heimkehrenden Krieger mit Singen und Tanzen.[87] Die Feier gilt jetzt aber nicht Kriegern, sondern einer Frau. Und plötzlich geschieht in dieser Szenerie andeutungsweise etwas Einzigartiges und Neues. Die Frauen sind ganz unter sich und für sich – Judit nimmt die Ölzweige[88] und teilt sie aus. Judit bekränzt sich selbst und dann ihre Begleiterinnen.

Einen Moment lang ist alles anders: Die Frauen wenden sich einander zu. Sie haben sich nicht für Männer geschmückt und bewegen sich jetzt auch nicht tanzend, um die siegreichen Heimkehrer zu erfreuen und ihre Körper für spätere sexuelle Freuden anzubieten. Nein, für einen Moment scheinen sie losgelöst aus allen ihnen zugeschriebenen Rollen, befreit von allen Funktionen in ihrem sozialen Umfeld. Judit krönt sich selbst, und jede Frau wird durch Judit gekrönt. Das Bild, das wir vor uns haben, ist Ausdruck der Frauen um ihrer selbst willen. Sein dürfen, leben dürfen, ich sein dürfen, sich bewegen dürfen, tanzen dürfen, ohne durch den „anderen Blick“ gemessen zu werden, ohne definiert zu werden als …

Aber an dieser Stelle drücken die Frauen ihre Meinung nicht aus. Keine einzige Frau außer Judit wird namentlich genannt, obwohl jede einzelne Frau (πάσα γύνη Ἰσραήλ, Jdt 15,12) anwesend ist. Sie kommentieren den Sieg Judits nicht. Oder anders ausgedrückt: Es gibt keine Worte dafür. Zu Judits Sieg haben die Frauen keine Worte. Die Worte, die sie normalerweise zu solchen Anlässen verwenden, gelten siegreichen Männern. Was aber hier unter den Frauen passiert, geschieht in einem Leerraum, außerhalb der Definitionsmöglichkeit der herrschenden Ordnung, was soviel bedeuten könnte wie in einem Raum jenseits der Geschlechterrollen, für den es noch keine Sprache gibt.

Von den Männern heißt es, daß sie hinter der Frauengruppe nachgehen. Wörtlich im Text: „Und jeder in Israel begleitete sie mit Waffen und mit Kränzen.“ „Jeder Mann“ steht als Gegensatz zu „jede Frau“. Für jede Frau und jeden Mann ist hier ein Moment der Ruhe und Befreiung eingetreten. Für einen Augenblick ist es möglich, anwesend zu sein, ohne definiert zu werden. Denn auch die Männer sind aus ihrer Rolle gefallen. Nichts ist bei diesem Ereignis, wie es bis dahin war.

Bis Vers 16,5 bestimmt Judit das Geschehen. Für die übrigen Frauen allerdings ist mit Jdt 15,14 der Auftritt beendet. So scheint es, daß nach dieser wunderbaren Szene der Frauen, die wie in einem Film abgespult wurde, der Alltag wieder einkehrt. Die Frauen, die während der Zelebration so hervorstechend waren, sind als Gruppe nicht mehr handelnd anwesend. Die Überschreitung der Geschlechterrollen – oder vielleicht der Raum ohne die definierte Geschlechterrolle – hat sich wieder verflüchtigt, und der Status quo ist wieder hergestellt (vgl. LEVINE 1992, S. 27).

4.5.2 Judit stimmt ihr Loblied an

Mit Jdt 16,1 beginnt das Loblied Judits, das an die Tradition, wie Danklieder nach siegreichen Schlachten an JHWH gesungen werden, anknüpft. In Jdt 16,2 erzählt Judit den Grund ihrer Freude und ihres Triumphs:

> Jdt 16,2 … ὅτι εἰς παρεμβολὰς αὐτοῦ ἐν μέσῳ λαοῦ ἐξείλατό με ἐκ χειρὸς καταδιωκόντων με.
>
> Denn in sein Lager in der Mitte seines Volkes hat er *mich* befreit, aus den Händen, die *mich* verfolgten, gerettet.[89]

Das Problem der Deutung dieses Satzes könnte durch die Formulierung, die der Autor (die Autorin) gewählt hat, bedingt sein. Zweifelsohne handelt es sich um eine Anknüpfung an die Exodusgeschichte. Dort verspricht Gott Mose, daß er im Herzen seines Volkes wohnen werde (Ex 33,14–16).[90] Was bedeutet es aber, wenn Judit in die Mitte des Lagers befreit wird, dorthin also, wo Gott wohnt? Eine mögliche Interpretation ist, daß Judit Platz neben JHWH findet. Auch hier zeigt sich wieder ein Faden zu Mose, der Gottes Nähe erleben durfte (Ex 33,14–16). Weitere Stellen, die Gottes Wohnen inmitten des Volkes bezeugen, sind:

Dtn 23,15 ὅτι κύριος ὁ θεος σου ἐμπεριπατεῖ ἐν τῇ παρεμβολῇ σου ἐξελέσαι σε … (WEVERS 1977)

Denn der Herr wird inmitten deines Lagers wandeln, um dich zu erhalten … (Übersetzung E. G.-C.)

sowie

Num 5,3 … καὶ οὐ μιανοῦσιν τὰς παρεμβολὰς αὐτῶν, ἐν οἷς ἐγω καταγίνομαι ἐν αὐτοῖς. (WEVERS 1982)

… damit sie nicht ihr Lager verunreinigen, in dem ich mitten unter ihnen verweile. (WEVERS 1982)

Die Verwendung dieser Symbolik könnte eine beabsichtigte Anspielung des Autors (der Autorin) sein, um Judit eine zentrale Stelle im religiösen Leben Israels zukommen zu lassen, was eine Mitbeteiligung im Kult und eine Verantwortung für die Umsetzung der Gesetze JHWHs im Volk beinhaltet. Die Verknüpfung mit den Stellen in Exodus, Deuteromonium und Numeri stellt diese außergewöhnliche Rolle Judits als Vertraute Gottes in die Tradition der Auserwählten Israels.

Die formelhafte Wendung „durch die Hand einer Frau“ (ἐν χειρὶ θηλείας) beendet den Teil des Gebetes, der sich in Rhythmus, Wortwahl und Sprache von der Beschreibung des Sieges Judits über Holofernes (ab Vers 16,6) deutlich unterscheidet und abhebt. Ich stimme hier mit T. Craven überein, daß diese Verse (15,12–16,5) ein besonderes Augenmerk verlangen: Ihr spezieller und innerhalb des Dankliedes auffällig anderer Rhythmus wie auch die (im Wortsinn) eigenartige (in der Übersetzung schwer adäquat wiederzugebende) sprachliche Gestaltung sind deutliche Indizien für die Signifikanz dieser Passage (vgl. CRAVEN 1983a, S. 107).

Besonders bemerkenswert sind die Verse 16,3 und 16,4, deren Rhythmus jedoch schwer in eine adäquate Übersetzung zu bringen ist. Zwei wesentliche Punkte sind feststellbar: Diese Zeilen sind in einer poetischen Sprache verfaßt. In 16,3 wird auch in lyrischer Form die Bedrohung durch das Kriegsgeschehen beschrieben. Zuerst kommt einer, dann kommen Zehntausende, dann ist der ganze Hügel voll. Das Geschehen baut sich zu einer unüberwindbaren, immer größer werdenden Gefahr auf, und die Bedrohten wirken wie Würmer, die am Boden kriechen. Angesichts dieser Übermacht hat das Leben keinen Wert und keinen Sinn. Deutlich wird dieser Kontrast in der mütterlich-fürsorglichen Sprache, die Judit in den Mund gelegt wird, und aus dieser Perspektive kommt auch die Gegenkraft. Jeder Satz Judits wird mit καί begonnen, und Judit spricht zärtlich von „meinen jungen Männern“,

„meinen Kindern", „meinen Säuglingen" und „meinen jungen Mädchen" (Jdt 16,4).[91] Judit spricht hier wie eine Mitschöpferin.

Die Frage ist noch nicht geklärt und läßt sich auch zum heutigen Zeitpunkt nicht klären, inwieweit hier eine weisheitliche Tradition bewußt vom Autor (der Autorin) hineingenommen wurde. Die Sprache in dieser Sequenz und das Auftreten zum Schutz der Schwachen läßt jedoch darauf schließen.[92] Ebenso erinnert die gezielte Hervorhebung des Pronomens „ich" an die Tradition der Propheten und die Weisheitstexte (vgl. Spr 8,12, 14–16; SCHROER 1996, S. 64f.). So wie nach Weish 11,1 die Sophia (die göttliche Weisheit) ihren Unternehmungen einen glücklichen Fortgang durch die Hand eines heiligen Propheten verlieh, wird Gott durch die Hand Judits erneut für Israel sorgen.[93]

Da sich die Verse Jdt 16,1–5 in Rhythmus und Ausdruck stark vom übrigen Gebet unterscheiden, liegt es nahe, an dieser Textstelle eine F-voice anzunehmen. Hinweise dafür sind folgende Beobachtungen:

- Diese Verse stellen durch Form, Sprache und Kontrastierung der Welt des Krieges und der Zerstörung die Welt der Bewahrung von Leben und Schöpfung gegenüber. Und am Ende erfahren wir, daß der Herr Judits eine zärtliche, sich um ihre Kinder sorgende und ihre Schöpfung liebende Mutter ist. Ich denke, daß dies das Großartige, aber auch Verwirrende an diesen Zeilen ist. Wir erleben hier Eigenschaften von Judits Gott, die weiblich sind. Daraus läßt sich schließen, daß die Juditgestalt Züge dieses Gottesbildes in ihr Leben integriert hat.
- Die Einordnung Judits in die Reihe großer Frauen, die aktiv an der Geschichte Israels teilhatten.
- Der Hinweis auf die Zugehörigkeit zu einer Weisheitstradition.
- Die nochmalige Wiederholung der Wendung „durch die Hand einer Frau (ἐν χειρὶ θηλειά)", die hier ihre Auflösung erfährt. Welche Macht wird siegen? Die, die sich durch die Hand einer Frau offenbart, oder die des Militärs? In 16,5 offenbart sich die eigentliche Macht.

Der Hinweis auf die Zugehörigkeit zur Weisheitstradition und das Wissen um dieselbe lassen die Vermutung zu, daß es um eine göttliche Ordnung geht, die außerhalb der gewachsenen Strukturen, die dem Männlichen die Vorherrschaft zugesprochen haben, zu suchen ist (vgl. ELDER 1991, S. 54; auch NICKELSBURG 1981, S. 105).

Jdt 16,6–10 schildert noch einmal in pointierter Form, stilistisch der Erzählweise des Buches angepaßt, aber sprachlich verdichtet, das Handeln

Judits. Die Verführungstat Judits wird symbolisch in dem Satz „Ihre Sandalen raubten ihm die Augen, und ihre Schönheit nahm seine Seele gefangen“ ausgedrückt. Im Vordergrund stehen für den männlichen Leser die Verführung und das erotische Bild Judits. Gerade an dieser Stelle möchte der Autor (die Autorin) voyeuristisches, lüsternes Wunschdenken befriedigen und legt es geradezu darauf an, vorgefaßte Meinungen über Frauen und ihr berechnendes, trügerisches Wesen zu bestätigen. Judit wird für den männlichen Blick zum begehrten Sexualwesen und der betörte Mann zum Opfer (Jdt 16,7–9). Es ist nicht verwunderlich, daß Kommentatoren diese Stelle als Herzstück dieser Sequenz sehen.[94] Durch eine solche Auslegung wird der Leser zwangsläufig zum Voyeur gemacht.

Jdt 16,11 knüpft noch einmal an die Ausdrucksweise in Jdt 16,4 an. Oder anders ausgedrückt: Wir hören noch einmal die Stimme von Jdt 16,4.

> Jdt 16,11: Da jubelten meine Kleinmütigen
> und schrien meine Schwachen,
> und sie ängstigten sich.
> Sie erhoben ihre Stimme und flohen.

M. S. Enslin (1972, S. 172f.) ist der Meinung, daß diese Verse etwas verunglückt seien, da sich das Subjekt ändert. T. Craven (1983a, S. 108) interpretiert diese Verse als Transformation von Judits Angst bei ihrem Kampf. C. Moore faßt die Meinung vieler Kommentatoren folgendermaßen zusammen: Aufgrund der Sprache und des Inhalts haben diese Verse, wie 16,3–4, mit dem Buch Judit eigentlich nichts zu tun: „Es war vielmehr eine schon bestehende Hymne von gemeinschaftlicher Danksagung, möglicherweise in einer örtlichen Synagoge benutzt, die vom Autor Judits angepaßt und übergenommen wurde“ (MOORE 1985, S. 254. Übersetzung E. G.-C.).

Im Gegensatz dazu meint J. Levison: „Der Psalm selbst ist überdies das Lied einer Frau – begonnen, wenn die Frauen versammelt sind (15,12)“ (LEVISON 1995, S. 468. Übersetzung E. G.-C.).

Ich meine, diese Verse gehören noch zu Jdt 16,4, und beide stehen miteinander in einem Zusammenhang. In dieser Einordnung erscheinen sie logischer und knüpfen an die F-voice in Jdt 15,12–16,5 an. Diese Verse eingeschlossen, erleben wir an dieser Stelle die Zelebration einer Frauentradition. Die immer wieder zum Schweigen gebrachte Stimme von Frauen, selbst wenn diese eine Führungsrolle innehatten, erhebt sich mit Judit wieder und wird erneuert. Die kunstvoll gestaltete Darstellung des Gottesbildes in

Jdt 16,4, die am Ende Judits Kraft und Macht erklärt, eröffnet eine neue Perspektive.

Mir scheint diese Stelle ein wichtiger Beweis dafür zu sein, wie sich die Ambivalenz, die sich um die Juditgestalt rankt, durch den Text zieht. Auf der einen Seite begegnet uns eine selbständige Frauengestalt, die gekennzeichnet ist durch eigenständiges Handeln, das sich in ihrer Theologie, in ihrer ökonomischen Unabhängigkeit, in ihrer Klugheit und in ihrer Unantastbarkeit als Frau ausdrückt. Gleichzeitig aber wird sie durch patriarchale Zurechtweisung entmächtigt. Es ist der gekonnte Wechsel des Autors (der Autorin), der im Text selbst eine Auslegung provoziert, die den Leser zum Voyeurismus verführt. Dies scheint mir mit ein Grund dafür zu sein, daß Judit so lange der Frauenwelt als Identifikationsfigur verloren gegangen ist bzw. daß sie zu diesem Männerkonstrukt geworden ist, das sie bis heute für viele darstellt.

In der Komposition von Jdt 15,12 bis 16,17 bietet sich meiner Meinung nach ein Wechselspiel zwischen F-voice und M-voice dar. Durch die Verwendung einer anderen Ausdrucksweise in Jdt 16,4 und 16,11 bleibt auch in den Lobpreishymnen die Spannung zwischen der herrschenden und der zum Schweigen gebrachten Stimme aufrecht.

4.6 Nimmt Pseudo Philo eine „feministische" Anleihe bei Judit?

An dieser Stelle möchte ich die Weiterverarbeitung einiger Motive aus dem Buch Judit, die gleichzeitig auch ein interessanter Deutungsversuch von Judit ist, durch Pseudo Philo in seiner Erzählung von Jael darstellen.

Pseudo Philo[95] erzählt die Geschichte der hebräischen Bibel von der Erschaffung Adams und Evas bis zum Tod von König Saul. Besondere Aufmerksamkeit durch den Autor erfährt das Buch Richter. Aber auch einige Traditionen, die im Umfeld des hebräischen Kanons zu finden sind, werden von ihm mitreflektiert. Eine Absicht des Verfassers ist unübersehbar: Er möchte Fragen, die der biblische Text ausgelassen hat oder die im Text offengeblieben sind, für seine Leserschaft interpretieren bzw. aktualisieren.[96] Der Hauptakteur bei Pseudo Philo ist Gott, die Beispiele von guten Anführern und Anführerinnen in Israel sollen als Vorbilder dienen, den Willen Gottes zu erkennen und danach zu handeln. Die Interpretation der Geschichte Siseras ist innerhalb des Debora-Zyklus im Hinblick auf die Geschlechterrollen und die bewußte Verflechtung von der Tat Jaels und der Juditgeschichte von Interesse. „Man braucht kaum ein feministischer Gelehrter zu sein, um die Bedeutung von Geschlechterrollen in dieser Erzählung zu erkennen. Pseudo Philo wertet typischerweise die Rolle von weiblichen Charakteren auf und legt ihnen oft die bedeutendsten theologischen Erklärungen in den Mund.“[97]

Siseras Ende „durch die Hand einer Frau“ wird interpretiert als die Strafe dafür, daß er die israelischen Frauen in Kriegsgefangenschaft führen will. Die Absicht, Israel zu besiegen, die Aufteilung der Kriegsbeute unter seinen Dienern und das Vorhaben, die schönen Frauen zu Konkubinen zu machen, bewirken Gottes Gericht!

Mit der Verknüpfung der Geschichte von Jael und Judit dürfte der Autor beabsichtigt haben, den gemeinsamen theologischen Leitfaden zu unterstreichen, der beide Frauengestalten verbindet. Dies erzielt er dadurch, daß er die Rollen der beiden Frauen im Handeln und Wirken als eigenständige und autonome Persönlichkeiten für die Leserschaft begreifbar und schätzenswert macht. Wichtig dabei ist ihm, daß dieses Handeln im Einklang mit JHWH steht bzw. von diesem sogar gewollt ist.

> Und als Sisera, auf dem Pferd sitzend, geflohen war, um seine Seele zu retten, schmückte sich Jael, die Gemahlin des Cineus, mit ihrem Geschmeide und ging hinaus ihm entgegen. Die Frau aber war sehr wohlgestaltet. Und als sie ihn sah, sprach sie zu ihm: „Geh hinein und erquicke dich, und du sollst schlafen, und gegen den Abend werde ich mit dir meine Knechte schicken. Ich weiß nämlich, daß du meiner eingedenk sein wirst und mir den Gegendienst erstatten wirst.“ Und da Sisera hineinging und als er die auf dem Bett verstreuten Rosen sah, sprach er: „Wenn ich gerettet werde, werde ich zu meiner Mutter gehen, und Jael wird meine Frau sein.“ Und danach dürstete Sisera und sprach zu Jael: „Reiche mir ein wenig Wasser, denn ich bin erschlafft, und es brennt meine Seele von der Flamme, die ich in den Gestirnen sah.“ Da sprach Jael zu ihm: „Ruhe ein wenig, und dann magst du trinken.“ Und als Sisera eingeschlafen war, ging Jael fort zu dem Vieh und molk von ihm Milch. Und als sie molk, sprach sie: „Siehe, jetzt sollst du eingedenk sein, Herr, daß du teiltest jeden Stamm und (jedes) Geschlecht der Erde. Hast du nicht allein Israel erwählt und es nicht den Tieren ähnlich gemacht außer … dem Widder, der vorangeht und Anführer der Herde (ist)? Und darum hab acht und sieh, weil Sisera dachte und sprach: ‚Ich will losgehen und bestrafen die Herde des Allmächtigen.‘ Und siehe, ich will nehmen von der Milch dieses Viehes, dem du dein Volk ähnlich gemacht hast, und gehen und ihn tränken. Und wenn er getrunken hat, möge er erschlaffen und danach will ich ihn töten. Dies aber soll das Zeichen sein, das du mir schaffen wirst, Herr, daß, wenn

Sisera schläft und ich hineingegangen bin und wenn er aufwacht, er mich sogleich bitten wird, indem er sagt: ‚Tränke mich mit Wasser‘; (so) weiß ich, daß mein Gebet erhört ist.“ Und Jael kehrte zurück, und als sie hineinging, wachte Sisera auf und sprach zu ihr: „Tränke mich, denn ich brenne und meine Seele erhitzt sich sehr.“ Da nahm Jael Wein und mischte ihn mit Milch und gab ihm zu trinken. Und jener trank und schlief ein. Jael aber nahm einen Pfahl in ihre linke Hand, näherte sich ihm und sprach: „Wenn der Herr dieses Zeichen mit mir tut, weiß ich, daß Sisera in meine Hände fallen wird. Siehe, ich werfe ihn auf die Erde von dem Bett, in dem er schläft, und es wird geschehen, daß, wenn er (es) nicht merken wird, ich weiß, daß er übergeben ist.“ Und Jael nahm Sisera und stieß ihn vom Bett auf die Erde. Jener aber merkte (es) nicht, weil er sehr erschlafft war. Da sprach Jael: „Stärke in mir heute meinen Arm, wegen dir und wegen deines Volkes und wegen derer, die auf dich hoffen.“ Und Jael nahm den Pfahl und setzte ihn auf seine Schläfe und trieb (ihn) durch mit Hilfe des Hammers. Und da Sisera starb, sprach er zu Jael: „Siehe, Schmerz hat mich gepackt, Jael, und ich sterbe wie ein Weib.“ Da sprach Jael zu ihm: „Geh (und) rühme dich bei deinem Vater in der Unterwelt, und du sollst sagen, daß du in die Hände eines Weibes gefallen bist.“ Und sie tat es und tötete ihn und legte seinen Leichnam hin, bis Barak zurückkehrte. Die Mutter Siseras aber hieß Themech, die zu ihren Freundinnen schickte und sprach: „Kommt und laßt uns zusammen hinausgehen meinem Sohn entgegen, und ihr werdet die Töchter der Hebräer sehen, die mein Sohn für sich herführen wird zu Konkubinen.“ Barak aber, zurückgekehrt von der Verfolgung Siseras, war sehr betrübt, weil er ihn nicht gefunden hatte. Ihm entgegen ging Jael heraus und sprach: „Komm, geh herein, von Gott Gesegneter, und ich werde dir deinen Feind übergeben, den verfolgend du dich abgemüht hast.“ Da ging Barak hinein und fand den toten Sisera und sprach: „Gelobt (sei) der Herr, der seinen Geist gesandt und gesprochen hat: ‚In die Hand eines Weibes wird Sisera übergeben werden.‘“ Und nachdem er das gesagt hatte, hieb er das Haupt des Sisera ab und schickte es seiner Mutter und richtete an sie aus, indem er sprach: „Nimm deinen Sohn, von dem du hofftest, daß er mit Beute komme.“

(DIETZFELBINGER 1979, S. 191ff.)

Der Autor verändert die Geschichte soweit, daß sie religiös und moralisch anders als im Ursprungstext aufzufassen ist. Um Jael mehr Farbe zu geben, holt er sich Anregungen aus dem Buch Judit. Meines Erachtens schafft er in der Person Jaels einen Archetypen, den er als Beispiel für die Handlungsmöglichkeiten von Frauen unter den herrschenden Lebensbedingungen modelliert, um so den Männern vor Augen zu führen, daß sie sich irren, wenn sie Frauen nur als Beute und Eroberungsgut ansehen. Pseudo Philo läßt Debora in Kapitel 30,7 sagen: „... eure Väter sind gestorben. Denn Gott, der ihnen den Bund gemacht hat, ist Leben.“ Als Antwort auf diese Aussage führt Jael vor, wie Rettung aussieht, und Pseudo Philo teilt dadurch seiner Leserschaft mit: Die Zeit der Väter ist vorbei, die Frauen sind es, die jetzt in das politische und militärische Geschehen eingreifen (vgl. BURNETTE-BLESCH 1998, S. 63). Dieses Eingreifen hat zur Folge, daß Frauen nicht mehr Kriegsbeute werden und nicht mehr ausgeliefert werden können. Der Schluß, in dem die Mutter Siseras, eine typische Vertreterin der Frau im Patriarchat, von den „neuen Frauen“ eines besseren belehrt wird, unterstreicht das nochmals.

Die Weiterverwendung des Motivs der eigenmächtig handelnden Frau, die dies auch im Auftrag JHWHs versteht, scheint mir der rote Faden zur Frauentradition zu sein, die der Autor (die Autorin) von Judit so kunstvoll verarbeitet hat. Es scheint logisch, daß Pseudo Philo und der Autor (die Autorin) des Juditbuchs in einer ähnlichen theologischen Tradition stehen, wobei Pseudo Philo ganz eindeutig das herrschende Geschlechterverhältnis kritisiert und dies deutlicher betreibt, als es in den kanonisierten biblischen Texten praktiziert wird.[98]

5 Zu Abfassung und Ursprung des Buches Judit

Über die Abfassung und Datierung des Buches werden bis heute Diskussionen geführt, wobei unterschiedliche Positionen den wissenschaftlichen Diskurs bestimmen. Der erste wichtige Punkt in der Auseinandersetzung ist die Frage, ob das Original in Hebräisch oder Griechisch verfaßt worden ist. Je nach Standpunkt können daraus verschiedene Schlüsse gezogen werden. Faktum ist, daß wir das Juditbuch als apokryphe Schrift in griechischer Sprache verfaßt in der Septuaginta vorfinden. Viele Wissenschaftler gehen allerdings davon aus, daß das Original in Hebräisch verfaßt wurde. E. Zenger nimmt drei Textformen an: Eine griechische, ein verlorengegangenes hebräisches Original und Übersetzungen aus einem nicht bekannten aramäischen Text, die in Latein erhalten sind. 1991 tendiert er noch eher dazu, ein griechisches Original anzunehmen, bleibt aber dabei, an einem verlorenen hebräischen Original festzuhalten (ZENGER 1991, S. 404). In seinen Ausführungen 1996 bezieht er sich eindeutig auf ein griechisches Original. C. Moore hingegen argumentiert quasi paradoxerweise für eine hebräische Vorlage, auch wenn keine solche in Hebräisch oder Aramäisch in Qumran gefunden wurde.[99] Auf Moores Argumentationsführung möchte ich später noch genauer Bezug nehmen.

T. Craven spricht sich in ihrem Buch „Artistry and Faith in the Book of Judith“ für eine alleinige griechische Version aus. Zu diesem Schluß kommt sie in einer ausführlichen Text- und Strukturanalyse, was nicht ausschließt, daß der (die) Verfasser(in) die Geschichte nach dem Schema einer klassischen jüdischen Tradition konzipierte.[100] Mark Caponigro argumentiert ebenfalls für einen Ursprung in griechischer Sprache, da er Zusammenhänge zwischen einer Erzählung von Herodot und dem Buch Judit aufzeigen kann (CAPONIGRO 1992, S. 47ff.).

Noch kontroversieller verläuft die Auseinandersetzung um die Abfassungszeit des Buches, die in sich selbst die Frage beantwortet, ob es in Hebräisch oder Griechisch geschrieben worden ist. Drei Hauptströmungen prägen den Diskurs:

1. Die Geschichte hat ihren Ursprung in der Perserzeit.[101]
2. Es liegt eine Zweistufenkomposition vor, die in der Perserzeit geschrieben und in der hellenistischen Zeit wieder aufgenommen wurde. Vertreter

dieser Richtung ist unter anderen G. Nickelsburg (vgl. NICKELSBURG 1984, S. 51).

3. Es wurde in der späten hasmonäischen oder der frühen römischen Periode verfaßt.[102]

Der Zusammenhang zwischen der Aufnahme in den hebräischen Kanon und dem Abfassungsdatum des Buches Judit ist Thema des Artikels von C. Moore „Why wasn't the Book of Judith Included in the Hebrew Bible?“. Moore sieht darin eine Möglichkeit, ein Abfassungsdatum ableiten zu können (vgl. MOORE 1992, S. 61f.; 1985, S. 66f.). Der Ausgangspunkt seiner Überlegungen ist folgende Tatsache: „Daß die Juden Esther akzeptierten, aber Judit ablehnten, wird sehr verwirrend, wenn man erkennt, daß Judit offensichtlich ein religiöses Buch ist, während Esther, zumindest an seiner Oberfläche, das nicht ist …“ (MOORE 1992, S. 61. Übersetzung E. G.-C.).

Eine Erklärung dafür könnte sein, daß zur Zeit, als am „Konzil von Jamnia“[103] der hebräische Kanon festgelegt wurde, das Buch Judit noch nicht abgefaßt war. Man nimmt heute an, daß die Hagiographien im 1. Jahrhundert v. Chr., wenn nicht im 2. Jahrhundert v. Chr. kanonisiert wurden, also vor dem angenommenen Datum des „Konzils von Jamnia“.[104]

Eine frühere Theorie, die besagt, daß Schriften, die in griechischer Sprache verfaßt worden sind, aus diesem Grunde nicht in den Kanon aufgenommen wurden, hat sich durch die Funde am Toten Meer überholt.[105] Argumente dieser Art liefern also keinen Beweis für den Ausschluß des Buches Judit.

Wenn man davon ausgeht, daß das Buch Judit im 2. Jahrhundert komponiert worden war, gibt es eigentlich keinen Grund, weshalb es nicht in den Kanon hätte aufgenommen werden sollen (vgl. MOORE 1992, S. 65). Logisch erscheinen allerdings Datierungen in die Zeit zwischen 107 bis 76 vor Christus. Wenn dieses hasmonäische Datum stimmt, wäre es laut C. Moore zu spät für die Aufnahme in den Kanon geschrieben worden (ebda). Für diese Abfassungszeit läßt sich auch Adolfo Roitmans These verwenden, die besagt, daß für den Autor (die Autorin) des Buches Judit die in der hellenistischen und römischen Periode übliche Historiographie ein oftmals benutztes Stilmittel ist. A. Roitman beweist dies anhand von Jdt 5,6. Dort beschreibt Achior den Ursprung Israels folgendermaßen: „Dies Volk ist ein Nachkomme der Chaldäer“. Es stellt sich die Frage, warum Achior den ethnischen Ursprung Israels so ausdrücklich betont (vgl. ROITMAN 1994, S. 262).

Eine mögliche Antwort ist, so Roitman, daß der Autor (die Autorin) Judits sich nicht an die übliche biblische Tradition, Geschichtszusammenhänge zu eröffnen, hält, sondern durch Achior die ethnographische Darstellungsweise, die sich in der hellenistischen Geschichtsschreibung durchsetzt, anwendet (vgl. ebda). Das Interesse des Autors (der Autorin) scheint es gewesen zu sein, in Achior einen Gegenpol zu Holofernes zu schaffen: „... in den Mund des prosemitischen Achior legte er die chaldäische/apologetische Version des Ursprungs Israels, wohingegen er in den Mund des verhaßten Holofernes die ägyptisch/antisemitische Version legte“ (ebda, S. 263. Übersetzung E. G.-C.).

In der griechischen und römischen Geschichtsschreibung war es üblich, ethnographische Bereiche und historische Überblicke über fremde Völker zu verändern (ebda, S. 251). Die Griechen und Römer erwähnten die Besonderheiten und Eigenheiten von den Nationalitäten, die sie eroberten, je nachdem, ob sie die Nationen wegen ihres Ursprungs preisen oder aber beschämen wollten.[106] Adolfo Roitman (1994, S. 253) meint, daß der Autor (die Autorin) von dieser Tradition beeinflußt war und er (sie) deshalb Achior die Worte in den Mund legte, die Herkunft des jüdischen Volkes zu beschreiben. Dies ist ein weiterer Hinweis für die Abfassung im Zeitraum von 107 bis 76 v. Chr. (und deutet auch auf einen Autor [eine Autorin] griechischer Herkunft hin).

C. Moore, der in seinem Artikel mit großartiger Ironie die Widersprüche in diesem Kontext zusammengetragen hat, merkt noch einen wichtigen Aspekt an, der für den Ausschluß aus dem Kanon sprechen könnte: Kritik am Inhalt des Buches mag es wohl auch gewesen sein, die die Aufnahme verhinderte – die Frage der geschichtlichen Echtheit, diese scheinbar willkürliche Mixtur von historischen Fakten „oder die profeministische Haltung war einfach zu radikal für die Männer, die den hebräischen Kanon festlegten“ (MOORE 1992, S. 65; vgl. auch CRAVEN 1983a, S. 117. Übersetzung E. G.-C.).

Deutlich wird in der Auseinandersetzung um die Abfassungszeit und die Originalsprache des Buches, daß das Buch Judit eine kontroversielle Geschichte ist, die die Menschen, die mit ihr in Berührung kamen, in alter Zeit wie in der Moderne bewegte, unterschiedliche Standpunkte einzunehmen. In diesem Sinne möchte ich nochmals Carey Moore zitieren, der feststellt: „... die Kritiker des Buches haben oft genauso viel über sich selbst und ihre Zeit ausgesagt wie über die Geschichte selbst“ (MOORE 1992, S. 65. Übersetzung E. G.-C.).

Die genannten Diskussionspunkte zur Abfassung und Datierung des Buches Judit scheinen mir insgesamt zu einer Schwächung und Verharmlosung der Gesamtkomposition zu führen und dem vermutlich beabsichtigten Ziel der Erzählung entgegenzuwirken. Was sich in der inneren Logik der Geschichte abspielt, spiegelt sich allerdings in dem wissenschaftlichen Streit um Datierung und Kompositionsgeschichte wider.

6 Hat das Buch Judit doch eine Schwester im griechischen Roman?

Wenn hier ein neuerlicher Versuch unternommen wird, das Buch Judit mit dem griechischen Roman zu vergleichen, wobei in Betracht gezogen wird, daß die Erzählung Züge trägt, die auch in griechischen Romanen zu finden sind, mag sich bei manchem Leser/bei mancher Leserin sogleich Ablehnung einstellen.

Im Rahmen der Forschung zu Judit wurde ein Vergleich mit dem griechischen Roman von vornherein als zweifelhaft betrachtet, da ja, wie im vorigen Kapitel aufgezeigt, ein Großteil der Wissenschaftler an der Originalsprache Hebräisch festhielt. Umgekehrt war es genauso: Untersuchungen zum griechischen Roman vernachlässigten das Buch Judit als Forschungsgegenstand.[107] Könnte man doch meinen, Vergleiche mit dem griechischen Roman wären von vornherein für das Buch Judit als Abwertung zu sehen. Zwei neuere Studien, die sich mit dem griechischen Roman beschäftigen, schaffen jedoch eine neue Perspektive auch in der Auseinandersetzung um das Buch Judit. Bei diesen Werken handelt es sich um Brigitte Eggers „Women in the Greek Novel“ (1990) und Richard Pervos Aufsatz „Aseneth and her Sisters“ (1991).

6.1 Der jüdische Roman

Typisch für den jüdische Roman ist, daß es eine Hauptfigur gibt, die allerdings zum Teil innerhalb der jüdischen Geschichte unwichtig oder gar unbekannt war (vgl. WILLS 1994, S. 223ff.). Man kann die jüdische Romanliteratur in drei Gruppen teilen:

1. Nationale Heldenromane, die Abenteuergeschichten erzählen, in denen die Schicksale der Protagonisten der vergangenen jüdischen Geschichte ausgebreitet wurden (also jener Helden aus der hebräischen Geschichte ca. 1200 bis 100 v. Chr., die im hebräischen Kanon aufgenommen wurden und dort auch vorkommen, wie David, Saul, Josef).
2. Romane, die Hauptfiguren haben, die unwichtig oder manchmal auch unbekannt in der jüdischen Geschichte waren, wie z. B. eben Ester, Daniel, Tobit oder Judit, die diesen Büchern auch den Namen geben; oder Ase-

neth, Josephs Frau, in „Joseph und Aseneth“. Historische Fakten werden eingebaut, um Atmosphäre zu vermitteln, aber nicht, um Geschichte darzustellen. Es ist nicht ganz eindeutig, wie man diese Texte zu verstehen hat, aber man kann sie als erfundene Geschichten, als Satiren oder Parodien ansehen (ebda, S. 224).

3. Historische Romane, in denen geschichtliche Figuren in den Mittelpunkt gestellt sind.

Judit zählt zweifellos zu der Form im jüdischen Roman, die vom historischen Standpunkt aus fiktiv ist und auch gewisse Züge einer Parodie in sich trägt. Die Absicht, die die Autoren und Autorinnen des jüdischen und des griechischen Romans mit ihren Werken verfolgten, ist nicht ganz klar feststellbar, wird aber deutlicher, wenn man sich die Leserschaft, an die ein solches Werk gerichtet war, vorstellt. Ich möchte einige Punkte, die Brigitte Egger (1990, S. 1–66) für den griechischen Roman herausgefunden hat, auf die Juditerzählung anwenden.

6.2 Der griechische Roman – triviale Frauenliteratur?

Das Interesse der Wissenschaft für den griechischen Roman regte sich um die Mitte des 19. Jahrhunderts. Hier begann sich die Meinung durchzusetzen: „Die griechisch-erotische Erzählkunst sei ganz vorzüglich für Frauen bestimmt“ (ROHDE, zitiert nach EGGER 1990, S. 3). Was im weiteren bedeutete, daß der griechische Roman eine dekadente Gattung sei.[108] Frauenromane zeichnen sich durch zwei Merkmale aus:

- Frauen sind die Heldinnen und Hauptfiguren.
- Hauptthema ist die Liebe.

Das Liebesthema aber galt als trivial und wurde der Volksliteratur zugeordnet. Diese wiederum wurde als Massenliteratur[109] bezeichnet und hatte einen geringen Stellenwert innerhalb der Literatur. Erst die moderne Wissenschaft um 1968 nahm Abschied davon, den griechischen Roman als Massenliteratur zu sehen, und begann, sich wieder für diesen zu interessieren. Möglicherweise war dieser Umstand der Abwertung des griechischen Romans innerhalb der wissenschaftlichen Forschung mit dafür verantwortlich, daß der jüdische Roman auf keinen Fall mit einer solch trivialen Gattung verglichen werden sollte. Männliche Wissenschaft beschäftigt sich nicht mit einem Gegenstand, der per se als verweiblicht und trivial abgeschrieben ist.

Mit dem erneuten Interesse der Wissenschaft am griechischen Roman erfolgte dessen Rehabilitierung aufgrund der folgenden These: Er zeichne sich durch ein hohes Niveau aus, das Frauen und Kinder, die keine hohen Bildungschancen hätten, von vornherein ausschloß (vgl. EGGER 1990, S. 14). Man kann es drehen und wenden, wie man will, Frauen bleiben verbunden mit dem, was als einfach und trivial bezeichnet wird.

Ein weiteres Motiv, den griechischen Roman nunmehr von Frauen fernzuhalten und dessen Eignung für Frauen so vehement zu bestreiten, mag wohl auch damit zusammenhängen, daß viele weibliche Figuren, die darin vorkommen, nicht dem üblichen Bild der Frau entsprechen, da sie dominant, bestimmend und eigenwillig sind. Diese Frauen sind keine Typen, mit denen sich die normale Frau identifizieren kann und soll. Deshalb ist es besser, sie liest diese Romane gar nicht.

Ein Argument dafür, daß solche Texte nicht frauenorientiert sind bzw. von Frauen geschrieben sein können, liegt in der Behauptung, daß solche Figuren einer männlichen Phantasie entspringen und diese nichts mit der Frauenrealität zu tun haben. Diese Argumentationsweise erinnert an S. D. Goitein, der meint, daß es sich um Männerphantasien handle, wenn Bücher Frauen als Heldinnen in den Mittelpunkt stellen, da die Glorifikation von Frauen eher von Männern betrieben werde (vgl. GOITEIN 1998, S. 4). Es stellt sich jedoch die Frage, warum Frauen sich nicht an solchen Stereotypen orientieren sollen.[110] Frauen abzusprechen, sich so etwas überhaupt ausdenken zu können, scheint mir eine männliche Wunschvorstellung zu sein (vgl. STANDHARTINGER 1995, S. 59–76)! Frauen sollen von vornherein soweit domestiziert sein, daß sie gar nicht auf die Idee kommen, sich solche weiblichen Figuren vorzustellen oder gar als literarische Heldinnen selbst zu erschaffen.

Monika Hellmann stellt ein Beispiel für eine solche Denkweise dar. In ihrem Buch „Judit – Eine Frau im Spannungsfeld von Autonomie und göttlicher Führung“ stellt sie die Frage: „Muß wirklich jede biblische Frauengestalt einen Ansatz für weibliches Selbstbewußtsein und Tatkraft – noch dazu im Sinne modernen Autonomieverständnisses – hergeben?“ (HELLMANN 1992, S. 158). Dies ist auch eine Möglichkeit, mit der Ambivalenz in den Texten zurechtzukommen. Bevor die Konsequenzen, die sich durch die Herauslösung aus der männlichen Ordnung und deren Wunschphantasien ergeben, überdacht werden, soll lieber alles beim alten bleiben. Die vorschnelle Annahme, es handle sich um männliche Phantasie und Wunschvorstellungen, sowie die Aufforderung, doch nicht nach Autonomie zu suchen, sind zwei Seiten ein und derselben Medaille, die darauf abzielen, andauernd Konstrukte über Weiblichkeit zu erschaffen, die die herrschende Ordnung nicht in Frage stellen oder gar gefährden.

So fährt M. Hellmann (ebda) fort: „Ist es nicht redlicher, von einem alttestamentlichen Buch enttäuscht zu sein, da es jene gesuchten frühen Anzeichen für weibliche Selbständigkeit (im patriarchalen Umfeld) vermissen läßt und somit seine Geschichtlichkeit zu akzeptieren." Der Zustimmung vieler Männer und Theologen ist sich Hellmann bei solchen Aussagen sicher. Die Zuhörerschaft kann beruhigt nach Hause gehen. Solche Frauentypen sind eben doch keine Identifikationsfiguren für Frauen, und es kann alles so bleiben, wie es ist.

Die Argumentationsführung um die Frauentypen im griechischen Roman scheint mir einem ähnlichen Prozeß zu unterliegen. Das Thema wird immer zum Nachteil der Frauen abgehandelt. Werden sie als mitbeteiligt und als Hauptakteurinnen angenommen, wird das Genre abgewertet. Wird es aber für Männer wieder bedeutsam und interessant, entsinnt man sich plötzlich, daß Frauen zu jener Zeit ja gar nicht einmal befähigt waren, den Roman selbst zu lesen. Jüngsten Untersuchungen zufolge stimmen Argumente nicht, die Frauen unterstellen, es wäre ihnen unmöglich gewesen, solche Romane zu lesen oder gar zu schreiben, da es ihnen an Bildung mangelte. In der hellenistischen Periode gab es eine Weiterentwicklung der Bildungschancen für Frauen,[111] wie ja auch Judit als eine gebildete Frau im Sinne der hellenistischen Bildung gezeichnet ist (vgl. ELDER 1991, S. 162). Ebenso gibt es Zeugnisse dafür, die bis in die Spätantike hinein belegen, daß griechische Frauen das Judentum als attraktive Religion empfanden und sich jüdischen Gemeinschaften anschlossen (vgl. STANDHARTINGER 1995, S.74).

Eine Möglichkeit für Frauen, in dem männlich dominierten Feld der literarischen Produktion Fuß zu fassen, war es, männliche Namen als Pseudonym zu gebrauchen und Themen so aufzubereiten, daß sie für das männliche Lesepublikum spannend und attraktiv genug waren.[112] R. Pervo (1991, S. 145) streicht in seiner Untersuchung über Frauen im jüdischen und griechischen Roman hervor, daß hier Qualitäten zu finden sind, die ohne Zweifel als „feministisch" bezeichnet werden können, werden doch Frauen ziemlich positiv und unabhängig dargestellt. Was diesen Vergleich von Pervo nun so interessant und nützlich für meine Arbeit macht, ist die Parallelität der Argumente, die um den griechischen Roman kreisen, und jener um den Judittext.

6.3 Die zentralen Themen und Figuren im griechischen Roman

Dem jüdischen und griechischen Roman gemeinsam ist die „Lovestory“, die als Warnung für die männliche Leserschaft gedeutet werden kann. Dahinter könnte als Moral der Geschichte stehen: „Männer sollen sich vor starken, verführerischen Frauen hüten.“ Diese Erzählungen sollen also als Erziehungsgeschichten für die männliche Leserschaft wirken. Die Protagonistinnen zeichnen sich durch unglaubliche Schönheit aus, die einer überirdischen Erscheinung gleichkommt, wodurch Männer ihren Kopf verlieren (vgl. PERVO 1991, S. 148). Die Frauen reisen herum, sie sind aber auch durch Keuschheit und absolute Treue zu nur einem Mann charakterisiert. Hierin werden allerdings wieder die klassischen Geschlechterrollen bekräftigt. Mit B. Egger (1990, S. 365) möchte ich übereinstimmen, daß wir es mit einem emotionalen Gynozentrismus zu tun haben, der praktisch aber ein Androzentrismus ist. Die Gegenspielerinnen der Titelheldinnen sind die bösen Frauen. Diese zeichnen sich durch ihr sexuell unabhängiges Verhalten, durch ihre Aggressivität und durch ihren Eigenwillen aus. Sie verletzten alle üblichen moralischen Sitten, denen Frauen unterliegen. Sie erscheinen uns aus heutiger Sich im Roman meist als interessantere Figuren als die eigentlichen Heldinnen (PERVO 1991, S. 147).

Allen diesen Geschichten ist folgender Aufbau gemeinsam: Die Heldin und der Held müssen eine weite Reise zurücklegen, auf der sie beide getrennt werden. Dabei haben sie jeweils schwere Herausforderungen und Prüfungen zu bestehen. Die Heldin muß ihre Keuschheit bewahren und sich vor möglichen Vergewaltigungen schützen.[113] Den Schutz vor Vergewaltigung bietet ihr die erotische Allmacht, deren sie sich aber nicht bewußt ist. Bewußt übt ihre Sexualität nur die Antiheldin aus, vor der wiederum der Held sich schützen muß. Das Gemeinsame der Heldin und der Antiheldin ist die Erotik, die Hauptunterscheidung liegt aber in der Gestaltung der sexuellen Begegnung. Die Heldin bleibt keusch und sexuell treu. Die Antiheldin wird sexuell aktiv. Nach all diesen Abenteuern treffen sich der Held und die keusche Heldin wieder. Sie sind nun endlich vereinigt und können nach

Hause zurückkehren, wo die Hochzeit gefeiert wird. Die Heldin bewegt sich in der sozial oberen Schicht, durch die Vereinigung mit dem Helden erlebt sie eine weitere Aufwertung ihres sozialen Standes.[114]

Die männlichen Figuren sind weitaus zahlreicher als die weiblichen. Innerhalb der Frauenschar haben wir es nur mit ein paar Typen zu tun, die sich stereotyp in den einzelnen Romanen wiederholen. Es handelt sich dabei um:

- Die Hauptfigur.
- Die Gegenspielerin, die der Antityp zum gewünschten weiblichen Rollenverhalten ist. Man könnte sie auch den Antityp des Weiblichen in einer dominant männlichen Gesellschaft bezeichnen.
- Die Vertraute oder Freundin, die im Normalfall eine Sklavin ist.
- Die Mutter.[115]

Dabei ist wichtig zu beachten, daß die drei anderen Rollen immer in Relation zur Protagonistin, also zur Hauptfigur zu sehen sind.

6.3.1 Die Heldin

Die Heldin wird zu Beginn der Erzählung als Hauptattraktion eingeführt. Sie besticht durch außergewöhnliche Schönheit.[116] Geprägt wird ihre Rolle durch die Begegnung mit der männlichen Hauptfigur. Familiäre Beziehungen der Helden spielen eine nur kleine bis gar keine Rolle. Fest steht allerdings ihre Herkunft aus einer hohen sozialen Schicht. Auf den Reisen, die unsere Heldin unternimmt, verlieren die Männer, die ihr begegnen, allesamt den Kopf. Aufgabe der Heldin ist es, ihnen zu widerstehen und ihre Jungfernschaft zu erhalten, was soviel bedeutet, wie schlau und stark genug zu sein, nicht vergewaltigt zu werden.[117] Die Heldin hat niemanden, der sie beschützt, allein durch ihre erotische Allmacht kann sie unbeschadet bestehen. Diese Allmacht aber ist zweischneidig. Sie bringt sie einerseits in unendliche Gefahren, andererseits beherrscht sie damit aber die männliche Szene. Am Ende ihrer Abenteuer wird sie Ehefrau des Helden und gewinnt weiter an Ansehen.

6.3.2 Die Antiheldin

Diese verkörpert das bedrohlich Weibliche, wie die Hexe im Märchen oder der Schatten in der Psychoanalyse. Sie vereint Mütterliches, Mörderisches und Erotisches in sich. In manchen Teilen des Romans ist diese Person spannender als die Heldin und dominiert streckenweise die Erzählung. Die Heldin tritt in den Hintergrund – nichtsdestotrotz muß die Antiheldin zum Schluß ihrer Rolle gerecht werden und zugunsten der Hauptheldin abtreten.[118] Neben einer für den Leser und die Leserin sympathischen Antiheldin gibt es aber auch das Gegenteil: diejenige, die alles Böse in sich hat und vom unsympathischen Charakter bis zur Horrorfigur gezeichnet ist. Arsake in Heliodors „An Ethiopian Story"[119] ist so eine Gestalt, sie bekommt auch die Bezeichnung Biest.[120]

Gemeinsame Merkmale dieser Antiheldinnen sind, daß sie fast so schön wie die Heldinnen, gewöhnlich aber älter (sie müssen ihrer Schönheit schon mit Kosmetik nachhelfen) und nicht mehr sexuell unerfahren, also nicht jungfräulich sind. Oftmals sind sie sogar verheiratet oder eben verwitwet, manchmal auch verführende Stiefmutter.[121] Die Verfasser der früheren Romane beschreiben die Antiheldin noch ironisch und erzählen die erotischen Szenen durchaus in anziehendem Stil. Die späteren Autoren charakterisieren sie als verderblich und schlecht bis hin zu mörderisch. Das spielerische Element in der Erotik der Antiheldin, wie bei Charition oder Xenophon (datiert in das erste Jahrhundert v. Chr.), wird bei Heliodor (im dritten Jahrhundert n. Chr.) als mörderisch beschrieben.[122]

So entwickelt sich im Lauf der Zeit eine Tendenz, die Gegensätze zwischen der keuschen Heldin und der sexuell aktiven Antiheldin zu verschärfen und letztere moralisch zu verwerfen.[123]

6.3.3 Die Vertraute

Diese spielt eine geringe Rolle. Freundschaft zwischen Frauen ist nicht von Bedeutung, da ja die Frauen nur um die männliche Hauptrolle zu kreisen haben und von diesem Standpunkt aus beschrieben werden. Die Vertrauenspersonen sind Sklavinnen oder Dienerinnen, die aufgrund ihres sozialen Hintergrundes nicht zu Rivalinnen werden können (vgl. EGGER 1990, S. 97). Da stellt sich die Frage: Können Frauen nur dann Vertraute werden, wenn sie aus dem Konkurrenzkampf um den Mann herausfallen? Ein Parallelbeispiel auf der männlichen Seite sind die Eunuchen. Diese müssen sogar körperlich davon befreit sein, um als Diener eines Herrn keine Konkurrenz im sexuellen Kampf um Frauen sein zu können. Bagoas, der Leibdiener des Holofernes, ist auch Eunuch. Im griechischen Roman ist jedoch Freundschaft zwischen Männern möglich und auch immer wieder Thema.[124]

6.4 Parallelen zwischen Chariklea, Arsake und Judit

„Die Abenteuer der schönen Chariklea“ von Heliodor, datiert ins 3. Jahrhundert n. Chr. und somit einer der jüngsten unter den griechischen Romanen,[125] erzählt von der Heldin Chariklea, die wiederum eine Ausnahme unter den Protagonistinnen im griechischen Roman bildet (EGGER 1990, S. 281). Die Heldin Chariklea zeichnet sich durch ihre besondere Lebensart aus. Sie verbindet die Ausübung des Priesterinnenamtes mit philosophischem Denken und wählt den Status der „Jungfrau“ als politisches Mittel (vgl. ebda). In der gesamten Erzählung bleibt Chariklea autonom und frei von den Einschränkungen, die ein normales Frauenleben mit sich bringt. Es ist ihre Jungfräulichkeit, die ihr dies ermöglicht. „Sie sieht ihre Identität in der Unabhängigkeit vom Mann und fürchtet, diese in der Heirat zu verlieren, daher kämpft sie gegen ihre eigene aufkommende Sexualität. Für sie bedeutet Jungfräulichkeit Kontrolle über ihr eigenes Leben“ (EGGER 1990, S. 283. Übersetzung E. G.-C.).

Dies ist in der Antike kein fremdes Motiv (vgl. BURRUS 1986; auch ELDER 1991, S. 39–59). Bei Chariklea aber bedeutet es noch mehr. Ihr wird es dadurch möglich, am öffentlichen Leben teilzunehmen, am Ritual, beim Philosophieren, beim Jagen und im Kriegsgeschehen. B. Egger (1990, S. 284) unterstreicht, daß sie die einzige unter den Heldinnen des griechischen Romans ist (soweit er uns erhalten ist), die in die Typologie der Jungfrau einzuordnen ist. In diesem Sinne ist in Chariklea eine Figur gestaltet, die in ihrem Frausein Judit gleicht. Sie ist unabhängig, mutig, eigenständig, ihr Schicksal bestimmend, durch Gebet und Askese ist sie mit dem Göttlichen verbunden. Chariklea gleicht dem Bild einer jugendlichen Judit! Jungfräulichkeit und Jugend sind in der Geschichte der Antike zusammengehörige Vorstellungen.

Die Gegenspielerin Charikleas ist Arsake. Sie trägt alle Züge der erfahrenen, sich ihrer Sexualität bewußten Frau, und sie nimmt ebenfalls am politischen Leben teil – sie verliert allerdings ihr Leben im Lauf der Geschichte. Arsake ist die Gemahlin des Oroondates, des ersten Statthalters von Syene, und die Schwester des Großkönigs. Ihr steht eine alte treue Dienerin namens Kybele zur Seite. Diese weiß von allem, was ihre Herrin tut, und ist bereit, für sie auch alle Mittel anzuwenden, wenn es darum geht, ihr in Liebe entflammtes Herz zu beruhigen. Arsake wird geschildert als die begehrende Frau, die mit allen Mitteln den Helden sexuell erobern möchte. Männliche

Diener in diesem Umfeld der Frauen sind Eunuchen. In dieser Geschichte begegnen wir auch einem Eunuchen namens Bagoas, der die rechte Hand des Statthalters, des Gemahls von Arsake, ist. Dieser wird zur Bewachung von Chariklea verwendet.[126]

Judit trägt in sich die Züge einer Chariklea und einer Arsake mit ihrer Dienerin Kybele. Im griechischen Roman sind diese beiden Frauentypen als Gegenspielerinnen dargestellt. Dem Autor (der Autorin) der Juditgeschichte ist es gelungen, eine Figur zu erschaffen, die beide Aspekte in sich vereint. Die Weiterführung dieses Themas im griechischen Roman, abgesehen vom Unterschied, daß das Buch Judit eine religiöse Schrift ist, scheint mir ein Hinweis dafür zu sein, daß Erzählungen von starken, eigenständigen und autonomen Frauen in der Zeit um 100 v. Chr. bis zum Ende des 4. Jahrhunderts n. Chr. häufiger vorkamen, als es die Forschung bis jetzt ans Tageslicht gebracht hat.

Mit Judit ist eine Frauengestalt geschaffen worden, die eine Verdichtung von Unabhängigkeit und Eigenständigkeit in ihrer Theologie und ihrem politischen Handeln in sich birgt. Die Spaltung der Frauencharaktere im griechischen Roman in Heldin und Antiheldin mag eine literarische Antwort auf die Tatsache sein, daß es Frauen gab, die eigenständig und unabhängig lebten und wirkten. Nehmen wir an, der Autor von Chariklea kannte die Juditgeschichte und ließ sich von ihr inspirieren; dann liegt es nahe zu vermuten, daß eine Frauengestalt wie Judit zu beängstigend war, um sie zu übernehmen, die deshalb einerseits in eine fast überirdisch gute, andererseits in eine gefährliche, ja fast dämonische Gestalt aufgespalten werden mußte.

Der Roman „Die Abenteuer der schönen Chariklea" gehört zu den späteren griechischen Romanen, bei denen sich eine Tendenz feststellen läßt, Frauengestalten überzeichneter darzustellen, als es noch in den früheren Romanen zu finden ist. Die Heldin bekommt übermenschliche Attribute und Züge, während die Antiheldin das Exempel eines trügerischen und mörderischen Wesens darstellt (PERVO 1991, S. 147). Dies scheint mir in besagtem Roman sehr deutlich das Konzept des Autors zu sein.

6.5 Die Macht der Witwen – ein Vergleich von Judit und Melite

Melite ist die Antiheldin in Achilles Tatius' „Leucippe und Clitophon". Sie wird als außergewöhnlich schöne Frau beschrieben, ein lebendiges Kunstwerk, sehr reich und noch jung. Melite handelt aus großer Freiheit heraus. Sie ist weder an einen Ehemann – er starb kurz zuvor bei einer Seefahrt – noch an die Eltern gebunden; sie bestimmt über ihr eigenes Leben und reist frei herum. Sie ist auch die Vorsteherin über ihr eigenes Haus, das sie selbst verwaltet. Sie ist sexuell unabhängig und entscheidet selbst darüber, wie sie ihre Sexualität lebt. Sie wird zwar nicht als schlechte Frau dargestellt, aber ihr Trachten nach dem Helden, um ihn zum Geschlechtspartner zu bekommen, macht sie moralisch verwerflich.[127] Melite wendet alle Mittel an, um den Helden zu beeindrucken. Sie schmückt sich und macht sich schön, indem sie sich schminkt.

An dieser Stelle möchte ich nicht unerwähnt lassen, daß in der hellenistischen Zeit offensichtlich eine intensive Diskussion über die Rolle der Frau im Gange gewesen sein muß. Dies läßt sich durch zahlreiche Schriften, in denen darüber philosophiert wird, wie die Frauen sich zu verhalten hätten, wie sie sich anziehen sollten usw., belegen.[128] Wichtige Punkte dieser Verhaltensregeln sind: Die Frau soll im Inneren des Hauses bleiben, ihre Keuschheit bewahren, den Mann lieben und fürchten, auch wenn er die eheliche Treue mißachtet. Weiters wird sie eindringlich davor gewarnt, sich zu schminken (vgl. STANDHARTINGER 1995, S. 63).

In einem Ratgeber für junge Frauen heißt es: „Was aber den Körper angeht, so soll die harmonische Frau ihn in natürlichem Maße mit Kleidung und Nahrung versehen; sie soll sich baden, die Haare frisieren und Gold und Edelsteine tragen, soweit dies dem Schmuck dient. Frauen, die nur das Beste und Teuerste essen und trinken, die Kleidung und Schmuck tragen, wie er unter Frauen gang und gäbe ist, sind nämlich schon zum Fehltritt bereit: sie sind zu jeder Schlechtigkeit fähig und werden immer das Falsche tun, nicht nur, wo es um die eheliche Treue geht."[129]

Einige Jahrhunderte später schreibt Hieronymus: „Die gute Witwe bemalt sich ihr Gesicht nicht mit Rouge und weißem Lidschatten, sie hüllt sich nicht in seidenes Gewand; sie trägt keine glitzernden Juwelen, es hängen keine roten Korallen von ihren Ohren. Denn diese genießt es, aus der Herrschaft ihres Mannes entkommen zu sein und schaut sich nicht um einen neuen Mann, dem sie nicht zu dienen bereit ist, wie es Gott angeordnet hat, sondern den sie beherrschen will. Damit ködert sie arme Männer, Ehemänner nur per Namen, die geduldig auch Rivalen ertragen müssen, und wenn sie aufmucken, können sie auf der Stelle hinausgeworfen werden" (PERVO 1991, S. 156. Übersetzung E. G.-C.).

Solche Texte und Aussagen zeugen von der Angst vor Frauen, die eigenständig und unabhängig handeln, und überführen deren Autoren als Verfechter einer patriarchalen Ordnung. Sie lassen aber auch darauf schließen, daß sich viele Frauen offensichtlich nicht so verhielten, wie es in den Texten gewünscht wurde![130] Durch Bildung, Landbesitz und Reichtum unabhängig und eigenständig zu leben, war für Frauen in der hellenistischen Zeit möglich geworden, und der Witwenstand war bestens dafür geeignet, diese Eigenständigkeit zu begünstigen (vgl. ELDER 1991, S. 22; POMEROY 1985, S. 188–207).

Judit hat viel gemeinsam mit Melite. Sie ist reich, schön und klug. Sie ist unabhängig und verwaltet ihr Erbgut. Vermutlich ist sie auch jung, da aus ihrer Ehe bis zum Zeitpunkt ihrer Witwenschaft noch keine Kinder hervorgegangen sind (und da es für die Geschichte auch wichtig ist, daß Judit eine junge Frau ist, haben doch besonders junge Frauen eine solche Anziehungskraft auf Männer – vom männlichen Betrachter aus gesprochen). Judit agiert wie eine dieser Witwen, die Hieronymus als Negativbeispiel beschreibt.[131] Sie vereint in sich die Züge der Heldin im griechischen Roman[132] und die Züge der Antiheldin Melite. Was sie am Ende der Geschichte von Melite unterscheidet, ist, daß sie zu ihres Ehemannes Haus zurückkehrt und die Witwe bleibt, die sie war, und somit an Manasse, ihren Ehemann, gebunden bleibt. Am Anfang und am Ende der Geschichte ist Judit das, was sich, vom männlichen Standpunkt aus betrachtet, für eine Frau und Witwe geziemt. „Die harmonische Frau kann man sich nicht anders denken als voller Klugheit und Besonnenheit, denn ausgesprochen verständig muß sie sein, um Vollkommenheit zu erlangen. Nur dann wird sie gerecht, tapfer (wörtlich: männlich) und einsichtig sein. Sich mit ihrer Bescheidenheit schmücken und leeres Denken und Reden verabscheuen. Diese Eigenschaften haben die schönste Wirkung auf die Frau selbst, ihren Mann, ihre Kinder und ihr Haus, oft aber für eine ganze Stadt – es kann ja sein, daß sie über Städte oder Völker herrscht, wie wir es bei einer Königin sehen" (POMEROY 1985, S. 203f.).

Melites Zurechtweisung und Bestrafung geschieht dadurch, daß sie den ersehnten Geliebten nicht zum Ehemann bekommt, Judits Einordnung passiert durch die Rückkehr in ihr Haus und die Bestattung neben ihrem Mann. Judit setzt noch eine Tat, bevor sie endgültig als Statue in die Geschichte eingeht. Sie verteilt ihren Besitz und läßt ihre Magd frei. Mit ihrem Tod geht sie in das öffentliche Gedächtnis und auch in die kollektive Erinnerung ein. „Und jedesmal, wenn ihre Geschichte erzählt wird, wird diese Frau die festgefahrenen Geschlechterideologien Betulias und des Lesers/der Leserin sowohl verstärken als auch herausfordern" (LEVINE 1992, S. 28. Übersetzung E. G.-C.).

Einen Charakter wie Judit kann man sich eigentlich in einem idealen antiken Roman nicht vorstellen. In diesem gibt es keinen Ort für eine Witwe, die ein eigenständiges und gutes Leben führt, ohne am Ende der Geschichte dafür bestraft und verteufelt zu werden (vgl. PERVO 1991, S. 158). Um eine Frau im griechischen Roman zu finden, die ihre Unabhängigkeit bis zum Schluß durchhält, muß man sich Melite zuwenden oder Heliodorus' Arsake zum Vorbild nehmen, die ein Modell für weibliche sexuelle Aggression darstellt.[133] Der antike Roman hatte zwar Raum für männermordende Witwen, aber nicht in der Hauptrolle (vgl. ebda, S. 159). Judit verkörpert beides. Sie ist eine Heldin, die mit den Attributen der Antiheldin ausgestattet ist.

6.6 Resümee des Vergleichs von Judit mit Frauengestalten im griechischen Roman

Folgende Erkenntnis kann der Vergleich von Judit mit Frauengestalten im griechischen Roman bringen: Judit bleibt eine Herausforderung an ihre Leserschaft, weil sie die herrschende Ordnung provoziert. Sie vereinigt im Gegensatz zu den Heldinnen des griechischen Romans zwei Aspekte von Weiblichkeit in sich, die im griechischen Roman zwischen Heldin und Antiheldin aufgespalten sind. Sie ist einerseits schön und keusch, und kein anderer Mann außer ihr verstorbener Ehemann findet Platz an ihrer Seite; sie bleibt Manasses Frau bis zum Tod. Andererseits aber bedient sie sich wie die Antiheldin ihrer Schönheit und Klugheit, um ihren Plan zu realisieren und in aggressiver Weise ihren Sieg zu erlangen.

Ich möchte mich abschließend R. Pervos Meinung anschließen und folgende Punkte unterstreichen:

Judit ist im Vergleich mit den Frauengestalten im griechischen Roman eine ganzheitlich gestaltete Person.

Judit bedeutet eine Herausforderung an die herrschende Ordnung, die so weit führt, daß so mancher Leser und so manche Leserin sich kaum damit zufrieden geben kann, dieses Werk als Ausnahme beiseite zu schieben (was ja bedeuten würde, es handle sich um ein einzigartiges, besonderes Werk, das deshalb keinen Wert für die Allgemeinheit hat).

Der griechische Roman – hier schließt sich Pervo der Meinung Brigitte Eggers an – zeigt Frauen (aber auch Männer) in den Rollen, die von ihnen erwartet wurden, und die letztendlich diese Erwartungen erfüllen mußten. Im Gegensatz dazu wird im Buch Judit beschrieben, was viele Frauen wirklich wollten: „Aseneth und Judith stellen eine Herausforderung an die etablierte Ordnung dar, eine Herausforderung, bei der zumindest einige Leser kaum damit zufrieden gewesen sein dürften, sie als Ausnahmen wegzuwischen. Die romantischen Romane zeigten nach Eggers überzeugender Analyse Frauen (und Männern), was Frauen zu wollen hatten. Die jüdischen Romane andererseits beschreiben viel genauer das, was ich annehme, daß viele Frauen wirklich wollten" (PERVO 1991, S. 160. Übersetzung von E. G.-C.).

Der Versuch, das Buch Judit als einen frommen jüdischen Roman zu domestizieren und somit überleben zu lassen,[134] hat dort funktioniert, wo Judit als Werkzeug Gottes gedeutet wurde. Ab dem 16. Jahrhundert beginnt in der westlichen Kulturgeschichte jener Prozeß, der die Szene der Judit bei der Köpfung des Holofernes zum zentralen Thema macht und somit auch die „Antiheldin" ins Zentrum stellt. Damit wird ein Bild Judits gezeichnet, in dem sie nicht mehr domestiziert und als Werkzeug Gottes erscheint: Die verdammungswürdige, getriebene Frau rückt in den Mittelpunkt. Wie sich die Spaltung des Weiblichen im griechischen Roman in Heldin und Antiheldin verfolgen läßt, so läßt sich diese Tendenz ebenfalls auf die Interpretationsgeschichte des Buches Judit übertragen. Jetzt ist es an der Zeit, solche Spaltungen über Bord zu werfen und die Geschichte nicht nur als eine fromme Erzählung zu lesen, sondern als eine Geschichte über die Klugheit einer Frau und das Überschreiten der Geschlechterrollen (vgl. WILLS 1994, S. 233). Diese Sichtweise wird heute von vielen Autoren und Autorinnen angenommen.[135]

Es ist nicht von Bedeutung, mit Gewißheit sagen zu können, das Buch Judit stamme aus dem Umfeld des griechischen Romans. Bedeutend ist aber, daß es im Wirkungsfeld einer Kultur entstanden ist, die Möglichkeiten unterschiedlicher Frauenrollen anbot, welche den Frauen Identifikationsmöglichkeiten gaben, auch wenn diese eher Wunschvorstellungen oder Fiktionen glichen. Durch den Vergleich mit dem griechischen Roman läßt sich feststellen, daß um die Zeit der Abfassung des Buches Judit Bildungsmöglichkeiten, ökonomische Unabhängigkeit von Frauen und auch die Möglichkeit zu politischer Aktivität bestanden. Wenn es sich auch eher um ein Phänomen in der gesellschaftlichen Oberschicht handelte, so deutet doch alles darauf hin, daß es ein Zeitraum war, in dem die Geschlechterrollen flexibler waren. Unter diesem Einfluß mag der Autor (die Autorin) gestanden haben. Die Erzählkunst des jüdischen ebenso wie des griechischen Romans wird ihm (ihr) bekannt gewesen sein; dennoch war das Publikum, für das das Buch Judit verfaßt worden war, die gläubige jüdische Gesellschaft. Nehmen wir an, wir können von einer Autorin sprechen, so könnte es sich um eine Frau handeln, die aus einer jüdischen Tradition stammte und hellenistisch gebildet war. Ihre Absicht war es vielleicht, die weibliche Stimme Gottes in Erinnerung zu rufen. Was sich auf der weltlichen Ebene darbot, nämlich der Aufbruch für Frauen, sollte in die religiöse Sprache übersetzt werden und daran erinnern, daß JHWH von Anbeginn der Schöpfung Frauen und Männer gleichwertig erschaffen hat und daß die Verhältnisse, so wie sie sich entwikkelt hatten, nicht Gottes Wille waren.

Insofern könnte Judit auch eine für Frauen geschaffene Figur gewesen sein, nämlich eine, die ihnen ihre Würde und ihre Rechte zurückgab und sie an ihre Mitverantwortung in Gottes Schöpfung erinnerte. Daß dies viel Kraft, Mut und Solidarität der Frauen untereinander benötigt, zeigt das Beispiel der Erzählung selbst. Es ist der Abschied aus der Opferrolle und das Übernehmen von Mitverantwortung an sozialen Prozessen und historischen Bedingungen. So kreuzen sich die Umbrüche, die sich auf der weltlichen Ebene vollziehen, mit der Rückbesinnung und Reflexion der Herrschaftsstrukturen im Buche Judit. Die Konsequenzen treffen Männer und Frauen allerdings unterschiedlich. Die Autorin hat jeden Satz in der Ausgestaltung der Geschichte beabsichtigt und bewußt gesetzt.[136]

Das Buch Judit ist ein revolutionäres Werk, das den Leser/die Leserin nicht mit einer fertigen Lösung entläßt. Denn am Ende angekommen, muß er/sie wieder von vorne beginnen. Auf die Frage P. Milnes: „Also was sollen wir nun mit Judit machen“[137] möchte ich antworten: Lesen und lesen und wieder lesen. Ich stelle mir vor, was es bewirken könnte, wenn die Geschichte von Judit in Liturgie und öffentlichem Leben einen Platz bekäme; wenn aus Judits Sicht die Erinnerung an Vergewaltigung und Kriegszerstörung als Skandal von Frauen für Frauen abgehandelt wird; wenn Judit als Befreiungsfigur gefeiert wird, deren Geschichte immer wieder und wieder im Ritual erzählt wird.

Abbildung 1 (links):

Botticelli,
Der erschlagene Holofernes

Abbildung 2 (rechts):

Botticelli,
Judit kehrt nach Betulien zurück

Abbildung 3: Lucas Cranach: Judit

Abbildung 4: Lucas Cranach: Salome

Abbildung 5:

Christofano Allori:
Judit
mit dem Kopf des Holofernes

(1613, Florenz, Palazzo Pitti)

Abbildung 6 (oben):
Byzantinische Kunst – das heilige Gesicht

Abbildung 7 (links)
Giovanni Mauro della Rovere:
Veronika zeigt das heilige Gesicht

Abbildung 8
(rechts oben):

Hendrik Goltzius,
Judith

Abbildung 9 (rechts unten):

Benvenuto Cellini,
Perseus mit dem
Haupt der Medusa

Abbildung 10 (links):

Donatello,
Judit und Holofernes

Abbildung 11:

Artemisia Gentileschi,
Judit tötet Holofernes

(1612–1613, Neapel)

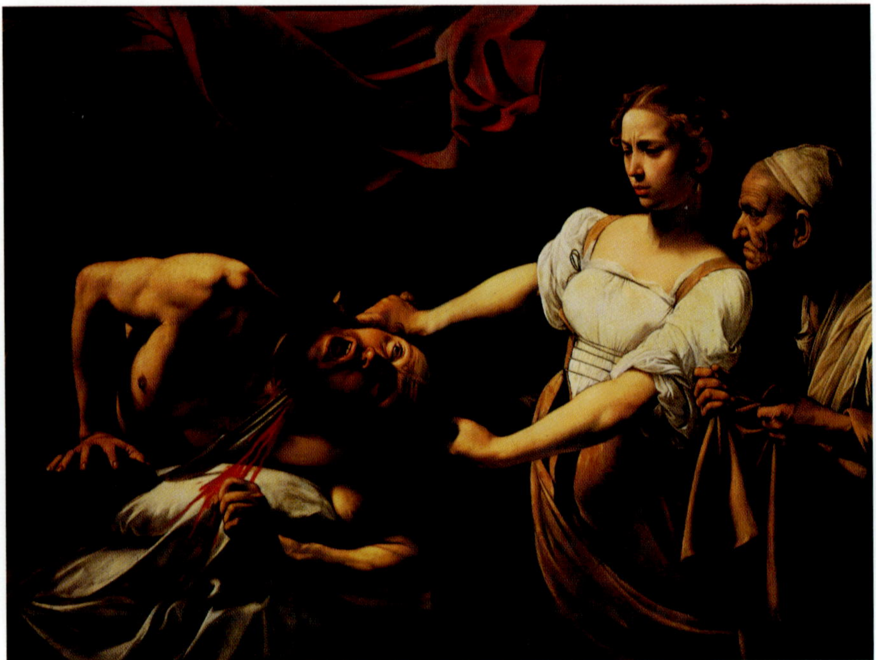

Abbildung 12 (oben):

Caravaggio,
Judit köpft Holofernes

(1598– 1599, Rom, Galleria Nazionale)

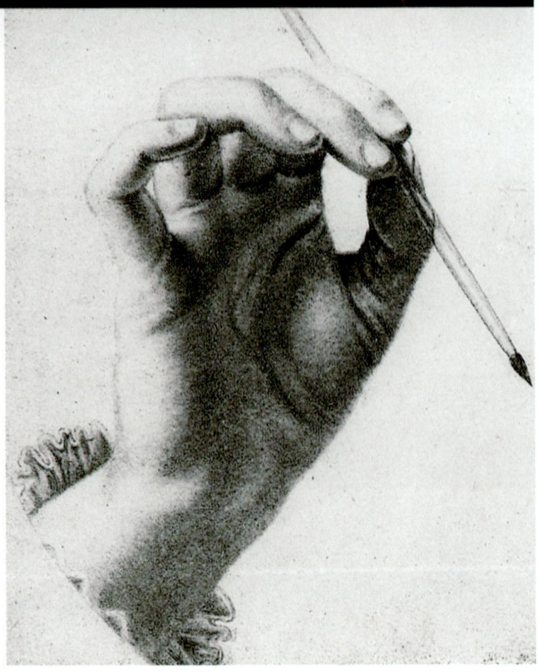

Abbildung 13 (rechts):

Pierre Dumonstier le Neveu, Zeichnung der Hand von Artemisia Gentileschi mit Pinsel

(1625, London, Trustees of the British Museum)

Abbildung 14:

Artemisia Gentileschi,
Judit tötet Holofernes

(1620, Florenz, Uffizien)

Abbildung 15:

Artemisia Gentileschi
Judit und ihre Magd

(1625, Detroit)

Abbildung 16:

Artemisia Gentileschi
Judit und ihre Magd

(1613–1614, Florenz, Palazzo Pitti)

Abbildung 17: Artemisia Gentileschi, Selbstportrait als Allegorie des Malens
(1630, London, Kensington Palace)

Abbildung 18:

Minna Antova,
Flug der Nike

(1991, Wien, 110 x 37 cm)

Abbildung 19:

Minna Antova,
Spiel Antithetisch

(1991, Wien, 110 x 94 cm)

Abbildung 20:

Minna Antova,
Einhorns Rendezvous

(1991, Wien, 136 x 46 cm)

Abbildung 21 (oben):

Minna Antova,
Von ferne einen Nachtvogel umfangen

(1991, Wien, 71 x 95 cm)

Abbildung 22 (links unten):

Minna Antova, Die Vollstreckerin

(1991, Wien, 40 x 30 cm)

Abbildung 23
(rechts unten):

Minna Antova,
Du hast mein Herz am
Bandl

*(1991, Wien,
95 x 36 cm)*

Abbildung 24
(oben rechts):

Giorgione,
Judit

*(1500–1504,
Leningrad)*

Abbildung 25
(links unten):

Minna Antova,
Sacre corps
contre l'amour

*(Doppelbild,
1991, Wien,
135,5 cm x 35,5
cm, 56 x 47 cm)*

Abbildung 26 (links):

Minna Antova,
Heimatlose im Ornament

*(1991, Wien,
145 x 145 cm)*

Abbildung 27 (unten):

Minna Antova,
Kronen – Ein – Fall

*(Triptychon, 1992, Wien,
50 x 200 cm,
40 x 200 cm,
55 x 200 cm)*

7 Kopfschnitte – Die Spiegelung im Schwert

7.1 Solidarität mit dem Opfer

Solidarität mit Holofernes

Kurz nur
Stunden Minuten Sekunden.
Vielleicht wäre er Fischer geworden.
Am Tiber.
Vielleicht desertiert
Totalverweigerer im Lager des Nebukadnezzar.
Ein Kuß mag ihn verändert haben.
Kurz nur
Vielleicht Sekunden. Judit achtet diese nicht.
Auch sie ist dem Schwert verfallen.

Hebbels Diskriminierung
Literaten Komplott.
Im Zweifelsfall für die Utopie
Wenn es auch schwer fällt.
Das Unwahrscheinliche
Ein Kuß mag ihn verändert haben.
Judit auf den Golan Höhen.
Tatsächlich.
Der Weg ist das Ziel.
Das Bild der Malerin
Solidarität mit Holofernes.
Ein anders Farbfeld.[138]

Üben Frauen Gewalt gegen Männer aus, so bedeutet das nicht weiblichen Sieg. Das Bild der Frau mit dem Schwert wird ins Gegenteil gekehrt und dient zur Rechtfertigung von Männergewalt gegen Frauen. Das Bild der bewaffneten Frau, welches mit Judit in die westliche Kunst Einzug gehalten hat,[139] könnte den Eindruck einer Waffengleichheit zwischen den Geschlechtern erwecken, die das reale Machtverhältnis verschleiert.

Die andere Seite der Bilder aber suggeriert eine besondere Gefährlichkeit der Frau, sobald sie eine Waffe – das Herrschaftssymbol, das nur Männern zusteht – in die Hand bekommt. Sogleich wird ihr unterstellt, sie kämpfe mit zweierlei Waffen, so daß sie doppelt gefährlich scheint. Denn sie besitzt ja von vornherein schon die Waffen der Frau,[140] nämlich Schönheit, Täuschung, Hinterlist und Verführung und ihre sexuellen Reize.[141]

Das vom Mann von außen auf die Frau Projizierte, nämlich Schönheit, sexuelle Anziehung, Anmut und Verführungskraft, wird jetzt gegen sie gemünzt: Die Frau wird schuldig, da sie den Mann mit ihren „Waffen" knechtet und ihn abhängig macht. Der Mann wird zum Opfer und Judit zur gnadenlosen, hartherzigen Unperson.

Dieter Schrage faßt dies in seinem Gedicht mit den Zeilen: „Ein Kuß mag ihn verändert haben/ Kurz nur/ Vielleicht Sekunden. Judit achtet diese nicht./ Auch sie ist dem Schwert verfallen" zusammen. Der Mann wird also Opfer der Frau.[142] Wie anders hört sich das bei Siegen unter Männern an. David ist selbstverständlich der Sieger über Goliath. Niemand von den Männern wird den armen Goliath bemitleiden. Von David springt keine Bedrohung auf alle übrigen Männer über. Aus dem Kampf zwischen Männern gehen nur Sieger hervor, von den Besiegten wird nicht mehr gesprochen.

So wurde am 28. April 1504 in Florenz der Beschluß gefaßt, die „Mann-Enthaupterin" Judit, von Donatello geschaffen und bis dahin Wahrzeichen von Florenz, gegen den „Mann-Enthaupter" David auszutauschen. Die Begründung der Stadtväter lautete: „Die Judit ist ein todbringendes Symbol, und das ist nicht gut, weil unsere Abzeichen das Kreuz und die Lilie sind, ferner weil es nicht gut ist, daß eine Frau einen Mann tötet" (HOFMANN 1986, S. 209; vgl. auch HAMMER-TUGENDHAT 1997, S. 360; GEORGEN 1984, S. 119). Zu bedenken ist, daß dieser Geschichte die Besiegung der Stadt Florenz durch die Stadt Pisa vorausging und die Signoria[143] es daher plötzlich als Schande empfand, eine männermordende Frau als öffentliches Symbol für ihre Stadt zu haben.

Daß Männer durch ihresgleichen gemordet werden, ist etwas Normales. Es wird zum Kult, zur schicksalhaften Gesetzmäßigkeit. Es ist ehrenvoll, für Vaterland und Ehre zu sterben (vgl. THEWELEIT 1987, S. 47–64). Im Kampf der Männer untereinander sind Frauen nicht zu sehen. Erst im 19. Jahrhundert tauchen in der Bildenden Kunst Frauen an den Rändern der Bilder auf, weinend mit Kindern am Arm. Sie sind Opfer und Zuschauerinnen bei dem Geschehen, das sie nicht beeinflussen können.

Solidarität mit Holofernes ist die Antwort der Künstler auf Judits Tat, Solidarität mit Holofernes ist die Antwort der Literaten, und Solidarität mit Holofernes ist die Antwort Sigmund Freuds.

7.2 Die Antwort der Künstler

Judit und Holofernes waren in der westlichen Kunstgeschichte oft gemalte und dargestellte Subjekte. Frühmittelalterliche Stiche, Fresken und Handschriften[144] gaben die gesamte Szene der Enthauptung wieder und erzählten gleichsam in Bildern die Geschichte.[145] In der mittelalterlichen Darstellung von Judit wird die religiöse Botschaft der Geschichte betont. Es ist die wundersame Macht der Schwachheit über die Stärke, die durch Gottes Arm vollbracht wird (vgl. GARRARD 1989, S. 282, STONE 1992, S. 75–78). Auch in den mittelalterlichen und spätmittelalterlichen Bibeln wird meist der gesamte Juditzyklus narrativ dargestellt.

In der christlichen Typologie wird Judit mit Maria gleichgesetzt, beide sind Jungfrauen, die durch ihre Frömmigkeit und Tugend eine Erlösungstat begehen.[146] „Die Jungfrau in Waffen ist auch in der Symbolik unserer Kultur eine fest verankerte, von der Norm abweichende Erscheinung … Von Jeanne d'Arc bis zu den Heldinnen im Fernsehen und in den Kinderbüchern, zu Comicfiguren wie Wonder Woman und zu Teela aus dem Fantasyspielzeug ‚Masters of the Universe' wurde die subversive Macht geharnischter Jungfrauen genützt, um auf der Seite der Guten gegen das Böse Wunder zu wirken … so erstrahlen ihre finsteren Antriebe im hellsten Licht, wenn sie auf die richtige Seite überlaufen. Ihre siegverheißenden Kräfte geraten damit unter die Kontrolle der Mächte des Guten" (WARNER 1989, S. 211).

Als sexuell Tugendhafte ist Judit tragbar und soll ein abschreckendes Beispiel für Lust und Sinnlichkeit abgeben. Die Tugend siegt über die Wollust.[147] Es läßt sich feststellen, daß in den Ländern der Gegenreformation an dem Konzept der Verbindung von Judit und Maria festgehalten wurde. Doch die Reformation läßt es nicht zu, diese Verbindung weiter aufrecht zu erhalten (vgl. CONZEN 1982, S. 25–35). Obwohl Luther die apokryphe Geschichte aus seiner Bibel entfernte, veröffentlichte er in seiner deutschen Übersetzung eine Vorrede zum Buch Judit:

> Wenn man die Geschichte Judith könnte aus bewähreten, gewissen Historien beweisen, so wäre es ein edel fein Buch, das auch billig in den Biblien sein sollte.

> Aber es will sich schwerlich reimen mit den Historien der heiligen Schrift, sonderlich mit Jeremia und Esra, welche anzeigen, wie Jerusalem und das ganze Land verstöret gewesen und darnach kümmerlich wieder erbauet worden sind, zu der Zeit der Perser Monarchie, welche alles Land inne hatten umher.
>
> …
>
> Etliche wollen, es sei keine Geschichte, sondern ein geistlich schön Gedicht eines heiligen geistreichen Manns, der darinnen habe wollen malen und abbilden des ganzen jüdischen Volkes Glück und Sieg wieder alle seine Feinde, von Gott allezeit wunderbarlich verliehen.
>
> …
>
> Darum ist's ein fein, gut, heilig, nützlich Buch, uns Christen wohl zu lesen. Denn die Worte, welche die Personen hier reden, soll man verstehen, als rede sie ein geistlicher, heiliger Poet oder Prophet aus dem heiligen Geist, der solche Personen vorstellet in seinem Spiel und durch sie uns prediget. Und also gehöret auf dies Buch die Weisheit Philos, welche die Tyrannen schilt und Gottes Hilfe preiset, die er seinem Volk erzeiget, als ein Lied auf solches Spiel; welches desselben Buchs wohl mag ein gemein Exempel heißen.
>
> (Zitiert nach BORNKAMM 1983, S. 147ff.)

Durch die Aufnahme Judits in die Vorreden Martin Luthers zur Bibel blieb deren Handeln auch in der reformierten Kirche im Gedächtnis, wobei ihre Tugendhaftigkeit und Gottestreue in den Mittelpunkt gerückt wurden.

Die jungfräulich dargestellte Judit erstarrt zur Ikone oder wird als Allegorie eingesetzt – somit findet sie in der religiösen Typologie ihren Platz. Gleichzeitig mit diesem Prozeß rückt die Enthauptungsszene als solche langsam in den Mittelpunkt.[148] Abbildung 1 und 2 zeigen exemplarisch die ab diesem Zeitpunkt übliche Darstellungsweise des Themas.

Judit bekommt einen Platz in den sogenannten „Weiberlisten“[149], die im 16. und 17. Jahrhundert die Künstler zu Darstellungen der „gefährlichen Frauen“ inspirieren. Sie steht hier erstmals neben Salome und gilt von nun an als „Kopfabschneiderin“.[150] Ab diesem Zeitpunkt sind die Schranken gefallen, und die Künstler beginnen sich mit Holofernes zu identifizieren; Judit wird zum Monster, zur Mannmörderin und Holofernes zum Opfer der Liebe.[151]

In diesem fatalen Zusammenspiel von Judit und Salome, das durch die Weiberlisten Thema der Maler wird, wird für den Mann die Identifikation mit dem Opfer ermöglicht. Holofernes' Kopf ist nun plötzlich ein Kopf neben Johannes dem Täufer. „Kopfabschlagen“ wird zu einem sakralen Mord.[152] Von nun ab gibt es eine Fülle von Judit-und-Holofernes-Darstellungen, auf denen der Kopf des Holofernes dem des Johannes des Täufers ähnelt.

Lucas Cranach der Ältere stellt in seinen beiden Bildern die Verbindung zwischen Judit und Salome eindeutig her (siehe Abbildung 3 und 4). Die Identifikation von Holofernes mit Johannes ist unbestreitbar, zu unterscheiden sind sie nur durch die unterschiedlichen Attribute: Johannesschüssel und Schwert. Die Darstellungsweise der abgeschlagenen Köpfe ähnelt einander unübersehbar: Der geopferte „heilige“ Mann klagt an.

Ein weiteres Motiv verstärkt diese Überlegungen. Johannes der Täufer, der Vorläufer des Messias, des Gottessohnes, von dem der Evangelist Johannes sagt, „Joh. 1,32 Nach mir kommt einer, der mir voraus ist, weil er vor mir war“, endet genauso wie Jesus in der Passion. Jesus stirbt am Kreuz, Johannes wird geköpft. In der byzantinischen Kunst ist uns das heilige Gesicht (Kopf) von Jesus, dem Auferstandenen, als Ikone bekannt (siehe Abbildung 6). Somit ergibt sich eine ikonographische Linie von Jesus über Johannes den Täufer bis zu Holofernes, der nun paradoxerweise zum Märtyrer für die christliche Religion wird.[153]

In der Legende vom Schweißtuch der Veronika begegnet uns dieser abgeschnittene Kopf wieder,[154] jetzt eingeschrieben in das Leinentuch einer Frau, die Jesus damit das Gesicht vom Schweiß befreit hatte (siehe Abbildung 7). In Abbildung 7 sehen wir den Kopf freischwebend im Schoß der Frau. Diese hält stehend das Tuch und zeigt es der ganzen Welt. Gleichzeitig stellt uns dieses Bild die Szene so dar, daß der Eindruck entsteht, die Frau bilde das Kreuz, an das der Träger dieses Hauptes geschlagen worden ist. Die Präsentation des Kopfes, der dem Betrachter direkt ins Gesicht blickt, löst zweifelsohne Erinnerungen an das heilige Gesicht aus. Die Passion wird gegenwärtig und zieht den Betrachter in Bann. Das Grauenhafte der Tat kann auf die Frau projiziert werden, die zu solchen Taten fähig ist. Die Vermischung der Passion Jesu, der sein Leben hingab für die vielen – denn „eine größere Liebe hat niemand als die, daß er sein Leben für seine Freunde hingibt“ (Johannesevangelium 15,13) –, mit dem „Liebesbegehren“ des Holofernes führt zur fatalen Verwechslung von Liebe und Tod im Sinne der christlichen Opferung. Letztendlich wird in den Augen des Betrachters Holofernes zu dem, der sich aus Liebe geopfert hat (siehe Abbildung 5).

Christofano Allori malt sich selbst als Holofernes und die Geliebte, die ihn verschmäht hat, als Judit, die seinen Kopf in der Hand hält (siehe Abbildung 5). „Die Vorstellung Judits als eine Frau, die die Macht der Liebe benutzt, um den Fall ihres Liebhabers herbeizuführen, spiegelt sich in Christofano Alloris Darstellung der Heldin, die den Kopf des Holofernes hält, wider" (FRIEDMAN 1986/87, S. 240. Übersetzung E. G.-C.).

Der italienische Maler verliebte sich in eine Frau, die für ihre Schönheit berühmt war und „La Mazzafirra" genannt wurde. Aus Liebe gab er sein ganzes Geld für sie aus; als es zu Streitereien kam, drückte er sein Leiden in dem Bild aus, indem er seine Geliebte als Judit darstellte. Ebenso porträtierte er in der alten Dienerin die Mutter seiner Geliebten. Das Gesicht Judits in Alloris Bild zeigt eine kalte, berechnende Person, die kein Herz hat, während andererseits der abgeschlagene Kopf des Holofernes uns das leidende Bild des zum Opfer gewordenen Mannes präsentiert (vgl. FRIEDMAN 1986/87, S. 240). Das Bild Alloris zeigt deutlich die Tendenz der Maler, in den Juditdarstellungen ihre persönlichen Geschichten mit Frauen zu dokumentieren. Allori folgt in seiner Abbildung der Tradition Michelangelos in dessen Enthauptungsszene des Holofernes in der Sixtinischen Kapelle und der Darstellung Caravaggios „David mit dem Kopf des Goliath", wobei David den jungen Liebhaber des Malers darstellt (vgl. ebda).

Ein weiterer Aspekt, der in den Juditabbildungen zur Wirkung kommt, ist das Wiederauftauchen der Medusa. Wenn Bagoas seinen Satz in Jdt 14,18 spricht: „Denn seht, Holofernes liegt am Boden und der Kopf fehlt ihm", scheint der Akt, den Perseus einst in der Enthauptung der Medusa vollzogen hat, nämlich die Rettung des Mannes vor dem tödlichen Blick, aufgehoben zu sein.[155]

Abbildungen, in denen Judit den Kopf des Holofernes präsentiert, in Pose und Haltung dem Perseus, der das Haupt der Medusa zeigt, gleichend, regen den Betrachter zum Vergleich zwischen Judit und Perseus beziehungsweise Holofernes und Medusa an. Mary Garrard vergleicht das Bild Judits von Hendrik Goltzius (Abbildung 8) mit dem Perseus von Cellini (Abbildung 9) und beschreibt dies folgendermaßen: „… wo Judit den Kopf in einer triumphalen Geste zeigt, was an Cellinis Perseus erinnert (der selbst wiederum von Donatellos Judit inspiriert war). Dieses Vorzeigen des Kopfes wird später in breiterem Kontext gesehen, der Judits Rolle als zivile Heldin betont …" (GARRARD 1989, S. 287. Übersetzung von E. G.-C.).

In bezug auf Goltzius' Bild meint Mieke Bal (1994, S. 8) hingegen, Garrard übersehe, daß Judit in diesem Bild eher erstaunt auf diesen Kopf schaue! Ihr Gesicht unterscheide sich deutlich von dem des Opfers, das auf wundersame Weise zu lächeln scheint.

Donatellos Judit läßt sich, auch wenn sie ursprünglich vom Erschaffer anders gedacht war,[156] ebenfalls in diese Art der Perseus-Medusa-Symbolik einreihen, implizierte doch die Darstellung zunehmend Aspekte des Geschlechterkampfes (siehe Abbildung 10).

Medusa wird neben Judit gestellt und mit ihr vermischt. Judit wird zu Medusa. So lösen die Darstellung Goltzius' und anderer, die das Medusenthema mit dem Judittema vermischen, die Frage aus: Wer köpft wen? Wird Judit zur Medusa, muß Perseus sich wieder auf den Weg machen und Medusa besiegen. Medusa wird erst dann besiegt, wenn Perseus ihrem Blick begegnen kann, blickt aber der geköpfte Holofernes seinem Betrachter ins Gesicht, wie Medusa Perseus, so kommt das dem tödlichen Blick gleich. In diesen Darstellungen findet somit eine Verkehrung des ursprünglichen Mythos statt. Medusa, das Monster, wechselt also das Geschlecht. Das geköpfte Haupt des Holofernes wird zum Medusenhaupt und der Betrachter zu Perseus (vgl. BAL 1994, S. 6f.).

Solidarität mit dem Opfer läßt den männlichen Maler sowie den Betrachter in seiner Konfusion rasch nach einer Ideologie suchen, die Frauen in Monster verwandelt.[157] Der befreiende Akt in Judits Tat als eine Möglichkeit des Neubeginns, der sich dadurch auszeichnet, daß sich das eine Geschlecht nicht mehr vor dem anderen fürchten müßte, bleibt aus. Der Kampf beginnt erneut. Durch diese Transformation reproduzieren alle Juditdarstellungen, die Männer erschaffen, die Sicht des männlichen Opfers.

7.3 Die Antwort der Literaten

Für viele Literaten war die Geschichte von Judit ein beliebter Stoff (vgl. LEY 1989; PURDIE 1972). Ich beschränke mich in dieser Arbeit auf Friedrich Hebbel und seine Bedeutung für die Bearbeitung des Juditstoffes im 19. Jahrhundert sowie für Sigmund Freud und sein Umfeld. Friedrich Hebbels Juditdrama ist gleichsam der Kulminationspunkt für alle weiteren Dramen, die im ausgehenden 19. und 20. Jahrhundert geschrieben worden sind (vgl. ELDER 1991, S. 378ff.).

Für meine Arbeit ist mir jener Aspekt von besonderer Bedeutung, daß Hebbel durch den Anblick eines Gemäldes der den Kopf des Holofernes haltenden Judit inspiriert wurde, sein Stück zu schreiben (vgl. HEBBEL 1984, S. 77f.; JACOBUS 1992, S. 75). Bei diesem Bild, einem Gemälde von Frans de Vrient (1716–1770), handelt es sich offenbar um eine Judit, die den Kopf als Trophäe hochhält, vermutlich in der Weise, die an das Medusenhaupt erinnert.[158] Nachdem das Stück fertiggeschrieben und auch schon mehrmals aufgeführt worden war, sah Hebbel in Paris Horace Vernets Gemälde von Judit und war davon tief beeindruckt, weil er darin sich und die Komposition seines Stückes vollends wiederfinden konnte. „Ich verweilte lange vor dem Bilde. Könnte ich Französisch und Horace Vernet Deutsch, so würde ich ihn aufsuchen, er hat in seinem Bilde dieselben Motive ausgedrückt, die ich in der Tragödie in Bewegung setzte“ (aus den Briefen F. Hebbels, zitiert nach JACOBUS 1992, S. 75).

Anzunehmen ist, daß Hebbels Lesart des Bildes von seinem Zeitgenossen Heinrich Heine beeinflußt ist, der sich mit Holofernes identifiziert und dessen „Liebestod“ in fast zärtlichen Worten beschreibt: „Er schläft so gutmütig in der Nachwonne seiner Beseeligung; er schnarcht vielleicht oder, wie Luise sagt, er schläft laut; seine Lippen bewegen sich noch, als wenn sie küßten; er lag noch eben im Schoße des Glücks; und trunken von Glück und gewiß auch von Wein, ohne Zwischenspiel von Qual und Krankheit, sendet ihn der Tod, durch seinen schönsten Engel, in die weiße Nacht der ewigen Vernichtung, welch ein beneidenswertes Ende! Wenn ich einst sterben soll, ihr Götter, laßt mich sterben wie Holofernes“ (HEINE, zitiert nach JACOBUS 1992, S. 77).

In diesem Beispiel spinnt sich die Opfertheorie weiter, die Sigmund Freud später aufgreift, um seine Kastrationstheorie zu entwickeln. Hebbel und Heine setzen für Freud das Beispiel, in dem zu der Identifikation mit dem Opfer noch der süße Schmerz der Lust hinzukommt. Judit wird bei Heine folgendermaßen beschrieben: „Ihr Kopf ist wunderbar anmutig und unheimlich liebenswürdig; schwarze Locken, wie kurze Schlangen, die nicht herabflattern, sondern sich bäumen, furchtbar graziös.“[159]

Hebbel (1984, S. 62, S. 67) läßt seine Judit zu Holofernes sagen: „Lerne das Weib achten! Es steht vor dir, um dich zu ermorden! Und es sagt dir das!“ Und nach der Tat sagt Judit zum enthaupteten Holofernes: „Ha, Holofernes, achtest du mich jetzt?“ Diese Frage stellt Judit an einen Leichnam!

Was aber heißt diese Frage, gestellt an das männliche Publikum, die Betrachter der Bilder, die Theaterbesucher, wenn jeder Mann sich mit Holofernes identifiziert? In der Position des Opfers kann die Frage nicht gehört werden – das Opfer ist tot. Warum stellt Judit diese Frage an einen Toten, dessen blutender Kopf, den sie ihm mit dem Schwert abgeschlagen hat, vor ihr liegt? Warum erlangt Judit durch diese Tötung nicht ihre Selbstachtung, sondern das genaue Gegenteil? Nach Hebbels Juditkonzeption hat Judit nicht Holofernes getroffen, sondern sich selbst, indem sie sich als Frau ausgelöscht hat und sich nur noch den Tod wünscht: „So sollt ihr mich töten, wenn ich's begehre“ (ebda, S. 76). Judit bekommt am Ende ihrer Tat nicht ihre Selbstachtung zurück, sondern möchte selbst wie Holofernes ausgelöscht werden (vgl. TREUSCH-DIETER 1997, S. 205ff.).

7.4 Sigmund Freuds Antwort auf Friedrich Hebbel und Heinrich Heine

Es liegt nahe, Friedrich Hebbels Juditdrama und Heinrich Heines Beschreibung von Horace Vernets Judit als Beweislieferanten für Sigmund Freuds Schrift „Das Tabu der Virginität“ zu identifizieren, nimmt er doch in eben dieser Studie Bezug auf sie (vgl. JACOBUS 1992, S. 62–89). Der Aufsatz beginnt mit der Verdeutlichung des hohen Wertes der Virginität, den zivilisierte Gesellschaften dieser zuerkennen, und dem Verweis auf das Tabu in bezug auf Virginität, das „primitive“ Gesellschaften veranlaßte und veranlaßt,[160] Verbote und Deflorationsrituale einzurichten. Freuds wesentliches Interesse an diesen Studien ist es, die Differenz herauszuarbeiten, die das Weibliche für den Mann symbolisiert. Der Mann wird durch den Sexualakt mit dem Weiblichen in einer Form konfrontiert, die ihm durch die Andersartigkeit und Fremdheit und in weiterer Folge Feindseligkeit der Frau Angst bereitet.[161] Die Gefahr der Kastration, der sich der Mann durch den Penisneid der Frau ausgesetzt sieht, ist am deutlichsten durch die Defloration zu verstehen.[162]

Die Geschichte von Judit und Holofernes in der Interpretation durch Hebbel und Heine benützt Freud für seine Beweisführung. „Judit ist eine jener Frauen, deren Virginität durch ein Tabu geschützt ist. Ihr erster Mann wurde in der Brautnacht durch eine rätselhafte Angst gelähmt und wagte es nie mehr, sie zu berühren. ‚Meine Schönheit ist die der Tollkirsche‘, sagt sie. ‚Ihr Genuß bringt Wahnsinn und Tod.‘ Als der assyrische Feldherr ihre Stadt bedrängt, faßt sie den Plan, ihn durch ihre Schönheit zu verführen und zu verderben, verwendet so ein patriotisches Motiv zur Verdeckung eines sexuellen. Nach der Defloration durch den gewaltigen, sich seiner Stärke und Rücksichtslosigkeit rühmenden Mann, findet sie in ihrer Empörung die

Kraft, ihm den Kopf abzuschlagen, und wird so zur Befreierin des Volkes“ (FREUD 1989, S. 226).

Freud findet darin seine Bestätigung, daß Köpfen ein symbolischer Akt für Kastrieren ist. Judit dient somit als Beweis für den heimlichen Wunsch der Frau, den Mann, der sie defloriert hat, zu köpfen. Auch wenn die Geschichte im Original der Bibel anders erzählt werde, so Freud, habe das Feingespür des Dichters das uralte Motiv aufgespürt, das der eigentliche Kern dieser Erzählung sei.[163] Somit wäre nach Freud das Rätsel „Weib“ gelöst, die Schriftsteller und Maler haben es ihm bewiesen: Die Frau ist ein böses Raubtier, eine Hexe und unersättlich in ihrer Gier.[164] Auf eine solche Weise abgehandelt, ist die Ordnung des Mannes wiederhergestellt, auf diese Weise ist das Opfer gerächt!

Hebbel (1984, S. 48) läßt seinen Holofernes, als er Judit das erste Mal sieht, sagen: „Ist's einem nicht, solange man sie anschaut, als ob man ein köstlich Bad nähme? Man wird das, was man sieht!

Die narzißtische Spiegelung des Holofernes in Judit gleicht der Spiegelung Judits in Holofernes Schwert. „Ist dir nicht, wenn du einen Mann siehst, als sähst du, was du sein möchtest, sein solltest?“ (HEBBEL 1984, S. 27). Die Gegenseitigkeit ihrer Blicke versetzt sie jeweils in das Auge des Begehrens des anderen, wobei das Begehren des Holofernes die Einverleibung (das heißt die Auflösung der Identität) Judits und das Begehren Judits das Schwert, laut Freud der Phallus des Mannes, ist (FREUD 1989, S. 226).

Hebbel (1984, S. 20) läßt Ephraim, der in Judit verliebt ist, dies so ausdrücken: „Judith, du bist so mutig, daß du aufhörst, schön zu sein; … Siehst du dies Messer …“ Judit antwortet darauf: „Es ist so blank, daß ich mein eigens Bild darin erblicken kann.“

Die Verwirrung darüber, welches Geschlecht tötet und welches töten darf, ist komplett. Das Schwert wird zum Symbol der Ganzheit. Eine Ganzheit, die nur durch den Preis der Auslöschung des anderen möglich wird. Die unbewußte Angst des Mannes vor der Frau, die aus der Defloration resultiert (vgl. FREUD 1989, S. 223, S. 227f.), drückt Hebbel in seinem Stück deutlich aus, indem seine Judit die Kraft zur Tötung des Holofernes erst nach ihrer Defloration durch Holofernes, den sie aufgrund derselben aber lieben muß, bekommt. „Und nun ich mich bezahlt machen will für die Vernichtung, die ich in seinen Armen empfand, nun ich mich rächen will für den rohen Griff in meine Menschheit hinein … Für ein Mädchen gibt es keinen größeren Moment als den, wo es aufhört, eines zu sein …“ (HEBBEL 1984, S. 64f.).

Das blitzende Schwert des Holofernes, in dem sich Judit wiedererkennt, gibt ihr die Illusion der Ganzheit.

Freuds Verwirrung angesichts der Figur Judits, die ihn veranlaßte, über das Tabu der Virginität zu schreiben, ist unverkennbar. Judit lieferte ihm endlich die Möglichkeit der Festschreibung einer Theorie, nach deren Beweis seit Jahrhunderten gesucht worden war, um das Rätsel „Weib" zu lösen. Insofern bringt Freud die Diskussion nur zu einem Schlußpunkt.[165] Judit selbst aber entkräftet diese wieder „als eine Gestalt, die am schneidenden Rand der Erkenntnis steht" (BAL 1994, S. 13. Übersetzung E. G.-C.). Die schon im Originaltext zugrunde liegenden Phänomene der Ambivalenz und Vieldeutigkeit lassen sich in jeder Form der Weiterverarbeitung, sei es auf literarische Weise oder in Form einer bildlichen Darstellung, feststellen.[166]

Für Freud bietet die Juditgeschichte, interpretiert durch Hebbel, die Möglichkeit eines Beweises für die Gefahr, die dem Mann durch die Frau droht. Ebenso liefert sie die Erklärung der Feindseligkeit des „Weibes", die diese – heimlich oder offen – dem Mann gegenüber an den Tag legt, da „das Weib anders ist als der Mann, ewig unverständlich und geheimnisvoll, fremdartig und darum feindselig erscheint" (FREUD 1989, S. 219). Aber so, wie oben beschrieben, ist es (das Weib) eben doch wieder nicht: Es nimmt das Schwert und tötet wie ein Mann. Was ist das Weib nun, Mann oder doch noch etwas ganz anderes?

Die Geschlechterkonfusion im ausklingenden 19. Jahrhundert mag dazu beigetragen haben, daß die Festschreibung des Weiblichen in den psychoanalytischen Theorien Freuds, wie in zahlreichen anderen Schriften aus dieser Zeit,[167] große Bedeutung gewann, um eine Ordnung, die zu wanken begann, aufrecht zu erhalten. Die Frauenemanzipation erfaßte alle Länder Europas vor Ausbruch des Ersten Weltkrieges. Die Frau, die bis dahin als subordiniertes Wesen gesehen wurde, die definierte Nummer zwei des menschlichen Geschlechts, wird zur Gegnerin des Mannes. Die aber aus den vorgeschriebenen Rollen ausbrechende Frau wird zur absoluten Bedrohung des Mannes und zur Herausforderin des herrschenden Gesellschaftsbildes (vgl. HATZ 1972, S. 187). Die Umdeutungen biblischer Frauengestalten, etwa wie neben Judit auch Eva, Delila und Salome, „sind Beweis für die Unwandelbarkeit der Frau, für die unveränderte Art ihres Wirkens und Wesens, sie bestätigen des Mannes Überzeugung von ihrer ungezügelten Triebhaftigkeit" (ebda, S. 190).

Zu diesen Aussagen fügt sich trefflich die Beziehung zwischen Sigmund Freud und Lou Andreas-Salomé, die in den Augen Freuds eine solche Emanzipierte war.[168] Von ihrem Biographen Rudolph Binion wird sie als „ein schlimmer Fall von Judith“ gesehen, die ihren infantilen Vaterkomplex nicht überwinden konnte – diesen aber auslebte, indem sie unbedingt einen eigenen Standpunkt gegenüber Freud beziehen mußte (vgl. JACOBUS 1992, S. 88f.). Ausschlaggebend für eine solche Interpretation ihres Biographen war ihr Aufsatz mit dem Titel „Was daraus folgt, daß es nicht die Frau gewesen ist, die den Vater tot geschlagen hat“. Die Töchter bleiben nach Andreas-Salomé von der Urschuld der Söhne frei, da die Mutterkonkurrenz für sie nie so bedeutsam werden kann, denn diese ist „für beide Geschlechter der Schoß, dem sie entstiegen, doch darum noch nicht das Gesetz, das ihr weiteres Leben regelt“ (ANDREAS-SALOMÉ 1928, S. 35). Der Mutterschoß ist noch ein Ort der Ungeteiltheit und des wahren Selbst. Das Selbst wird erst durch die Welt draußen zerteilt. Das Leibliche zieht den Grenzstrich für unseren Narzißmus und ist gleichzeitig auch der Bindestrich, der uns zu diesem Narzißmus berechtigt. Das Töten des Vaters trifft das Männliche zutiefst selbst, da es das eigene Zukunftsbild ausgelöscht hat. Die Frau ist von all dem nicht betroffen.

„In Freuds Terminologie hieße das: Im Weibe muß der Inzestwunsch nicht ganz so total überwunden sein wie im Manne, wie ja auch die Kastrationsdrohung am Weibe sinnlos wird“ (ebda, S. 27). Hier widerspricht Andreas-Salomé eindeutig Freuds Kastrationstheorie und verschärft dies noch mit der Aussage: „… es (das weibliche Geschlecht) hat eben seine Gesetzlichkeit und Ordnung anderswo“ (ebda, S. 28).

An ihren eigenen Grenzen begegnen einander die Geschlechter, wenn sie sich voll entfalten: „Dies ist aber um deswillen so, weil, wo jedes Geschlecht sich voll auswirkt, es an die Grenzen des andern gelangt: es schafft sich zurande, indem es über sich hinausschafft in das menschlich Wesentliche, das, in treibender Sonderung, doch allem einheitlich zugrunde liegt“ (ebda).

Ursprünglich war das Weibliche durch die Mutterschaft und das, was man nicht erklären konnte, geachtet; die Kränkung der Frau geschah erst später. In ihren weiteren Ausführungen bezieht sich Andreas-Salomé auf den Schöpfungsbericht und weist darauf hin, daß Gott Mann und Frau gleichberechtigt und gleichwürdig erschaffen hat. Erst im Zuge der Unterordnung der Frau in der Ehe als ordnungsschaffender Institution wurde damit begonnen, das Weibliche zu domestizieren – „… das schimmernde

Mittelding zwischen Dirne und Madonna wandelt sich in die würdige Gattin" (ebda, S. 29).

Die Defloration, als Privileg von Priestern und Königen, beschreibt sie als Vorrecht und nennt sie in einem Atemzug mit der Versklavung durch den Menschen und dem daraus entstandenen Penisneid[169] – der aus der Erfahrung der Vorherrschaft des einen Geschlechts entstand und nicht aus einer Mangelerfahrung, wie es Freud interpretiert. Eine Frau, die so denkt, wird zur Mittäterin und beginnt den Vater totzuschlagen.

Andreas-Salomé folgert daraus, daß die Geschlechter einander einen größtmöglichen Spielraum lassen sollten, in dem sie sich ausweiten und vertiefen könnten und füreinander einfühlsames Verständnis entwickeln sollten, „anstatt des üblichen und üblen Eheideals fast gewaltsamer Ausschließlichkeit" (ebda, S. 30). Sie spielt hier auf die klare Rollentrennung an, die die Frau dem Haus, dem Herd und den Kindern zuordnet und den Mann hingegen für den Kampf, die Arbeit und das Herrschen bestimmt.

Am Schluß des Aufsatzes nimmt sie das vorweg, was Christiane Olivier in „Iokastes Kindern"[170] später aufgreift, indem sie fordert, daß Männer pflegen und Frauen auch leiten sollten. Andreas-Salomé endet ihren Aufsatz mit der Einführung des Begriffs „Vaterwitwe": „... denn auch des Mannes echteste Verehrung, ja Vergöttlichung des Weiblichen ist ja eine übertragene – sie geht über die Vaterwitwe."[171]

In den Ausführungen Andreas-Salomés zur Konstruktion der Geschlechter findet sich meiner Meinung nach etwas wieder, was auch im Originaltext der Juditgeschichte zu entdecken ist. Sie stellt sich nicht gegen Freud, sondern bedient sich seiner Sprache und spielt mit seinen Symbolen, indem sie diese analysiert und eine eigenständige Position dazu einnimmt. Sie unterwandert somit schon zu seinen Lebzeiten Freuds Aussagen, ohne das gleiche Schicksal zu erleiden wie Kollegen und Kolleginnen von ihr, die Freud deshalb aus seiner Gesellschaft ausschloß. Um den Ausspruch ihres Biographen, sie sei eine Judit, zu korrigieren, möchte ich diesen folgendermaßen modifizieren: Sie widerspricht und korrigiert Freud im gleichen Sinne, wie Judit das herrschende System unterwandert und korrigiert. Die Aufarbeitung der Geschichte von Sigmund Freud und Lou Andreas-Salomé im Hinblick auf die Geschlechterdiskussion steht allerdings bis heute noch aus.

Die Gleichsetzung des Biographen von Lou Andreas-Salomé mit Judit bedeutet, ihr Denken in die Schranken zu weisen und sie unter die Frauen einzureihen, die – eine typisch männliche Sichtweise – nur aus Neid und

Konkurrenz mit den Männern streiten. Eine freie Frau, vor allem die sexuell befreite, die sich weder durch Vorschriften einschränken läßt, noch vor der Stärke des Mannes zurückschreckt, wird im Bewußtsein des Mannes zum Ungeheuer, zur Femme fatale (vgl. HATZ 1972, S. 191).

So wird die Geschichte von Judit und Holofernes im 19. Jahrhundert schlichtweg umgedeutet. In den Vordergrund rückt die Bedrohung des Mannes durch das selbstsichere „Weib", „denn in dieser Darstellung bleibt im Kampf der aufeinandertreffenden Prinzipien das Weib – das die Bibel und der Mann zur Unterordnung bestimmte – die Siegerin über den Mann" (ebda, S. 203).

8 Bildschnitte – Der Pinsel ist ihr Schwert

Zwei Antworten auf Judit und Holofernes aus weiblicher Sicht

> Was wir Kommenden zeigen wollen, das ist,
> wie in den Augen des Weibes sich die Schöpfung spiegelt,
> und daß es sich lohnt, von ihnen abgespiegelt zu werden …
> (Vally Wygodzinski, Malerin, 1886, zitiert nach STOLZENWALD 1991, S. 103)

8.1 Artemisia Gentileschi in ihrer Zeit

Die Lebensgeschichte Artemisia Gentileschis wie auch ihre künstlerische Bedeutung und Einzigartigkeit sind zeitgleich, mehr als 300 Jahre nach ihrem Ableben, wieder in das Bewußtsein der Kunstgeschichte gerückt. Bis dahin wurde ihr außer in beiläufigen Erwähnungen von Kunsthistorikern, daß sie die Tochter des berühmten Orazio Gentileschi und durch Caravaggio beeinflußt sei, keine weitere Aufmerksamkeit geschenkt.[172] Mehr als ihre Kunst fand ihre Lebensgeschichte das Interesse der Kunstkritiker (vgl. WACHENFELD 1992, S. 9).

Das Zusammenwirken der Emanzipationsbewegung der 70er Jahre und die Entdeckung und Übersetzung der Prozeßakten[173] betreffend Artemisia Gentileschi ermöglichte es erstmals in der Geschichte, die Malerin wiederzufinden und ihr den Platz einzuräumen, der ihr gebührt. Der Amerikanerin Mary Garrard ist es zu verdanken, daß wir ein ausgezeichnetes Werk über diese Künstlerin und ihre Zeit übermittelt bekommen haben.[174] Die Biographie ist eingebettet in das Umfeld, das die Künstlerin umgibt. Wir befinden uns in Rom am Ende des 16., Anfang des 17. Jahrhunderts, das Leben der Künstler und deren künstlerische Arbeit in dieser Stadt werden beleuchtet. Das große Verdienst M. Garrards für die feministische Forschung ist es, daß sie den stark auf den Zusammenhang von Artemisia Gentileschis Leben und Werk gerichteten Blick auf eine allgemeine Analyse des kulturellen Umfeldes lenkte. Nur dadurch war es ihr möglich, die Bedeutung und die Möglichkeiten des künstlerischen Arbeitens einer Frau in dieser Zeit tiefschürfend zu erschließen (vgl. GARRARD 1989, S. 113–138). Indem sie aufzeigt, daß es ein feministisches Bewußtsein immer schon gegeben hat – denn „Feminismus ist nicht einzig ein modernes Phänomen, es hat Geschichte" (ebda, S. 143. Übersetzung E. G.-C.) –, gelingt es ihr, Artemisia Gentileschi aus der Einsamkeit eines einzigartigen Genies, das dadurch wieder von allen anderen Frauen abgesondert werden kann, zu befreien.[175] Garrard zeigt beide Phänomene, die es zur Zeit Gentileschis festzustellen gab, nämlich *Feminismus* und einen ausgeprägten *Antifeminismus*, auf.[176] Sie weist nach, daß gerade Frauen, die im öffentlichen Leben präsent waren, einer starken Frauenfeindlichkeit ausgesetzt waren. Erinnert sei an die *querelle des femmes*, innerhalb derer über Frauen reflektiert wurde, die als *femmes fortes* bezeichnet wurden, da sie Heldentaten vollbrachten (vgl. GARRARD 1989, S. 144). Die bereits erwähnten Weiberlisten sind eine Antwort auf diese Macht der starken Frauen, die zur gefährlichen Macht gegen Männer wird, sie sind bereits als Gegenbilder und Warnung vor solchen Frauen konzipiert worden.[177]

Ein Einblick in Artemisia Gentileschis Biographie soll ihre Position in diesem Umfeld berücksichtigen und die Rolle und Wirkung ihrer Juditbilder verdeutlichen.

8.2 Kurze Darstellung der Biographie Artemisia Gentileschis

Artemisia Gentileschi wurde am 8. Juli 1593 als erstes Kind von Orazio Gentileschi und Prudentia Montone in Rom geboren. Ihre Mutter verstarb, als sie elf Jahre alt war. Fünf Brüder soll sie noch gehabt haben, von denen zwei angeblich in frühem Alter verstorben sind. Ihre Kindheit und Jugend verbrachte sie im römischen Künstlerviertel in der Nähe der Porta del Popolo. Ihr Vater unterhielt dort eine eigene Werkstatt, war er doch in Rom ein angesehener Maler.[178] Das Interesse an A. Gentileschis Kunst entstand eng verknüpft mit jenem an ihrer Biographie, nachdem im Jahre 1981 die Gerichtsprotokolle ihrer Vergewaltigung, die ihr diesen Akten zufolge durch Agostino Tassi, einen Maler und Freund ihres Vaters, widerfuhr, übersetzt und veröffentlicht worden waren.[179] Diese Protokolle sind ein einzigartiges Zeugnis des Stellenwerts der Sexualität in dieser Zeit und der Abhängigkeit von Frauen davon, ob sie ihrer Jungfernschaft vor der Eheschließung beraubt worden sind oder nicht. Von Artemisia Gentileschi wird uns berichtet, daß besagter Agostino Tassi sie vergewaltigte, der ihr daraufhin die Ehe versprach, und daß sie unter diesen Bedingungen weiteren sexuellen Kontakt miteinander hatten. Eine Nachbarin, ihre Vertraute und Freundin, soll als Kupplerin tätig gewesen sein.[180] Während Tassi alles bestreitet, bleibt Gentileschi auch unter Anlegung der Daumenschraube[181] bei ihrer Aussage. Über den Ausgang des Prozesses wird nicht weiter berichtet. Zu vermuten ist, daß der Täter bald aus dem Gefängnis freikam und weiterhin als Maler tätig war. Orazio Gentileschi soll auch danach mit ihm zusammengearbeitet haben (vgl. WACHENFELD 1992, S. 23). Artemisia Gentileschi wurde einen Monat später nach Florenz verheiratet. Noch während des Prozesses entstand in Rom ihr erstes Juditbild. Weiters wissen wir von ihr, daß sie zwei Töchter hatte, relativ schnell wieder ohne Ehemann lebte, in Florenz als einzige Frau die Akademie für Künste besuchte, danach wieder eine Zeitlang in Rom lebte und ihre letzten Lebensjahre in Neapel verbrachte, wohin sich die Hochblüte des künstlerischen Lebens in dieser Zeit verlagert hatte. Ebenfalls gibt es Zeugnisse davon, daß sie in London arbeitete: 1638 bis 1641 hielt sie sich am Hof Karls I. und Königin Henrietta Marias von England auf. Sie arbeitete dort mit ihrem Vater zusammen, der dort auch verstarb (vgl. GARRARD 1989, S. 110–121). Ihre letzten Jahre verbrachte sie ausschließlich in Neapel. Sie war eine angesehene Künstlerin und konnte auch von ihrer Kunst leben. Auch der Ruf, sie male wie ein Mann, ereilte sie zu Lebzeiten. Kurz nach ihrem Tod allerdings wurden ihr stereotype weibliche Attribute zugesprochen (ebda, S. 137). Dies zeigt sich etwa an dem Schmähgedicht, das ihr zwei Künstlerkollegen, nachdem sie gestorben war, widmeten:

> Epitaph XXXIX Artemisia Gentilesca:
> Ich habe Porträts gemalt von Diesem und Jenem,
> Habe mir so unendliche Verdienste in der Welt erworben;
> Den Pinsel habe ich gegen den Meißel getauscht
> Und meinem Ehemann die Hörner gehauen
> Epitaph XL über dasselbige Sujet:
> Von Herzen freizügig war ich immer lockende Beute
> Für die, die mich in dieser verblendeten Welt sehen konnten,
> Aber jetzt, verborgen unter diesem Marmor,
> Bin ich lockende Beute der Würmer geworden.[182]

Grotesker- und doch auch bezeichnenderweise sind es gerade diese Zeilen gewesen, die in die verschiedenen Sprachen übersetzt worden sind und zum

Andenken an die Künstlerin dienten. Aufgrund des Gerichtsprozesses über ihre Vergewaltigung wurde ihr jahrhundertelang eine schlechte Moral nachgesagt. „Noch 1969 behauptet der Kunstschriftsteller John Canaday in seinem populären Buch ‚Lives of the Painters', A. Gentileschi habe bis zu ihrem Tode … eine dauerhafte Begeisterung für die Kunst der Liebe gezeigt" (zitiert nach HAGEN 1988, S. 72ff.).

Möglicherweise waren es ihre Frauendarstellungen, welche zum ersten Mal in der Kunstgeschichte mutige Heldinnen[183] präsentieren, die die männlichen Kunsthistoriker zu verschrecken vermochten. Nur als eine durch ihre Lebensgeschichte „Geschädigte" oder als verkommenes „Weib" konnte sie eingeordnet und verharmlost bzw. durch Abwertung unschädlich gemacht werden.

8.3 Die Juditdarstellungen der Artemisia Gentileschi

In Artemisia Gentileschis Gesamtwerk haben fünf Juditdarstellungen überlebt. Offenbar gab diese Gestalt die größtmögliche Eigenidentifikation für die Künstlerin ab.[184] Abgesehen davon, daß Orazio Gentileschi und Caravaggio, beide künstlerische Vorbilder für Artemisia, ebenfalls Juditdarstellungen malten, war dieses Thema eines, das viele Maler beschäftigte. Weiters ist hervorzuheben, daß sich das Werk Artemisias dadurch auszeichnet, daß sie sich vor allem mit Frauengestalten aus dem Ersten Testament beschäftigte. Allein die Auswahl, die sie dabei traf, wäre eine eigene Arbeit wert! Ich möchte mich hier aber auf ihre Juditdarstellungen beschränken.

Es wäre zu einfach, diese Darstellungen als alleinigen Racheakt für ihre Vergewaltigung zu interpretieren[185] und zu meinen, daß Rachegelüste und Aggression der Frau aufgrund der Defloration nur durch die Geburt eines Kindes oder durch die Schaffung eines Werkes gemildert werden könnten: „Artemisia Gentileschi hat auf wunderbare Weise diesen Aspekt des weiblichen Werkes dargelegt, der darin besteht, die phallische Macht des vergewaltigenden Mannes ebenso wie die Passivität der empfangenden Deflorierten durch das Hervorbringen … eines Gemäldes zu bekämpfen. Die spektakulärste ihrer Realisationen ist genau ihre Darstellung nicht der Vergewaltigungsszene, die Artemisia selbst erlebt hatte, sondern im Gegenteil, jene der Enthauptung eines Mannes durch die legendäre Judit" (KRISTEVA 1998, S. 85, Übersetzung Brigitte Spreitzer; vgl. auch JACOBUS 1992, S. 85).

Mary Garrard argumentiert gegen eine solche Interpretationsweise folgendermaßen: „Die Offenkundigkeit für diese Interpretation liegt gleichermaßen im Bild der Henker-Heldin – für einige vermutlich ein Selbstporträt der Künstlerin – und in einer Gleichstellung, die sowohl biblisch als auch freudianisch ist, zwischen Enthauptung und Kastration: die gerechte Bestrafung für Vergewaltigung in einer Aug-um-Aug-Tradition“ (GARRARD 1989, S. 278. Übersetzung E. G.-C.).

Abgesehen davon, daß es in dieser Zeit üblich war, eigene Erfahrungen in die Darstellungen einzubringen, so denke ich – und ich schließe mich hierin der Meinung M. Garrards an –, daß es eine Vereinfachung ist, die Juditdarstellung, die in den Jahren 1612–1613, also während bzw. kurz nach dem fürchterlichen Prozeß entstanden ist, ausschließlich als Akt der Rache für die Vergewaltigung zu sehen.

Im Film „Artemisia“, 1997 von Agnès Merlet gedreht, wird die Geschichte von Artemisia und Tassi als Liebesgeschichte dargestellt, die einzig und allein der Vater aus Angst, seine Tochter zu verlieren, zerstört. Während des Prozesses wird im Film die Juditdarstellung von 1612/13 gezeigt, und ein Verteidiger Tassis sagt sinngemäß: Agostino Tassi ist Holofernes, der von einer Judit (die Artemisia ist) aufs grausamste vernichtet wird. Die Stimmung, die der Film hinterläßt, fügt sich wunderbar in die festgefahrene Schiene des männlichen Opfers und der unter der unglücklichen Liebe leidenden Frau, die durch die Erfahrung der Defloration zur Rächerin und Männerenthaupterin wird. Ich finde es schade, wenn ein Film nicht mehr als Grundaussage zu vermitteln vermag. Viele Menschen, die den Zugang zu Artemisia Gentileschi und ihrer Juditdarstellung nur über diesen Film haben, erfahren somit nur diese über Jahrhunderte vermittelte Interpretation.

Ich erinnere an dieser Stelle daran, daß auch die biblische Judit Dinas gedenkt, deren Schicksal jenem Artemisias ähnlicher ist als ihrem eigenen. So wie Dina ein Spielball männlicher Mächte wurde, wurde dies auch Artemisia in ihrem Prozeß. Die biblische Judit jedoch handelt aus dem befreienden Aspekt heraus, der das weibliche Schicksal, stigmatisiert durch das Geschlecht *weiblich*, sexuell ausgeliefert und fremdbestimmt, in den Blick nimmt und *ein für alle Mal* diese entwürdigende Situation beendet! Bei Artemisias Juditdarstellung von 1612–1613 (siehe Abbildung 11) handelt es sich um das Veranschaulichen einer Konfrontation zwischen den Geschlechtern von einem weiblichen Standpunkt aus! Und das ist das Einzigartige, das Artemisia schuf und das seinesgleichen bis zum 20. Jahrhundert sucht (vgl. GARRARD 1989, S. 279).

Die Brutalität des Bildes als solche kann es nicht sein, die schockiert; denn diese findet man allerorts in der Bildenden Kunst dieser Zeit. Aber der in der Gesellschaft nicht legitimierte Mord einer Frau an einem Mann löst den Schock und das Grausen aus. Keine Juditdarstellung geriet derartig in den Verruf von makaberer Blutrünstigkeit und löste solches Entsetzen aus wie das Gemälde von Artemisia Gentileschi, geschaffen 1620, das sich heute in den Uffizien in Florenz befindet (siehe Abbildung 14). Anna Johnson, eine Kunsthistorikerin des vorigen Jahrhunderts, nennt es „dieses fürchterliche Bild. Ein Beweis ihres Genies und dessen gräßlicher Irreführung" (zitiert nach GREER 1980, S. 189). Bereits die großherzogliche Auftraggeberin der Medici soll das Gemälde in den hintersten Raum ihrer Gemächer verbannt haben.[186]

In der Darstellung Artemisia Gentileschis ist Holofernes nicht mehr der orientalische Machthaber und Tyrann, der seinen Tod verdient, nein, hier wird Holofernes zum „Mann" schlechthin, und Judit und ihre Dienerin werden für den Mann zu den Akteurinnen des gefürchtetsten Komplotts auf Erden: Frauen, die ihr Schicksal bestimmen (vgl. GARRARD 1989, S. 279).

Es ist sehr wohl legitim, in diesem Bild einen psychischen Akt der Befreiung als Ausagieren der Verletzung, die ihr selbst geschah, zu sehen, sofern dies nicht dazu benutzt wird, das Kunstwerk in seiner Gesamtheit zu schmälern. In Artemisia Gentileschis Judit begegnet uns die Gestalt, die als Heldin und Verteidigerin ihrer Leute handelt.

Die biblische Judit schimmert hier durch, die von einer inneren Gewißheit und Spiritualität getragen ist. Eine Frau, die ihre Tat als einzig möglichen Ausweg vor schrecklichen Kriegshandlungen setzt, die viele Menschen vor dem sicheren Tod rettet und unzählige Frauen und Mädchen ihres Volkes vor Vergewaltigung und Schändung bewahrt. Zweifelsohne hatte Artemisia Caravaggios Juditdarstellung (siehe Abbildung 12) vor Augen, der in seiner Darstellung Judit als eine Figur zeichnet, der es vor ihrer Tat ekelt. Das mörderische Komplott zeichnet er in seiner Komposition mit der Symbolik Jungfrau–alte Frau.[187]

Mieke Bal meint, daß sich Artemisia Gentileschis Darstellung durch die deutliche Veranschaulichung der Blutspuren, die auch zu Judit hinfließen, das Durcheinander der sechs Arme und die Entschlossenheit der beiden

Frauen, diesen Auftrag zu erledigen, deutlich von jener Caravaggios unterscheidet. „Die Verwirrung unterstreicht die Ähnlichkeit zwischen den drei Haupttätigkeiten im Leben von Frauen entsprechend der Tradition, zu der Judit gehört: Leben geben, Leben nehmen und, dazwischen, harte Arbeit" (BAL 1994, S. 18. Übersetzung E. G.-C.).

Das Töten wird als Schwerarbeit der beiden dargestellt, als eine Aufgabe, die erfüllt werden muß. Vielleicht kommt diese Entschlossenheit der beiden Frauen auch daher, daß Artemisia Gentileschi durch ihre Lebenserfahrung hatte erkennen müssen, daß sie ihren Weg als Künstlerin und auch als Frau alleine gehen muß. Es hat für mich den Anschein, als drücke dieser Prozeß in ihren Juditdarstellungen folgendes aus: sich lösen vom männlichen Blick und aus der Bevormundung durch den Mann, sei es als Tochter, als Geliebte oder als Künstlerin. Dies scheint mir nach der Erfahrung mit Agostino Tassi[188] und durch die Auseinandersetzung mit Judit gelungen zu sein. Gisela Breitling (1980, S. 193f.) beschreibt dies mit folgenden treffenden Worten: „Artemisia Gentileschis Bilder verweisen auf eine andere Art der Auseinandersetzung. Sie vermitteln den Akt der Ermordung in seiner ganzen Grausamkeit, zeigen die Tragweite des Entschlusses und seiner Ausführung. Mir ist kein Bild bekannt, in dem das Töten als so schwere und fürchterliche Arbeit dargestellt ist. Die Künstlerin begnügt sich nicht mit einer ästhetischen stillebenhaften Zurschaustellung weiblicher List, die die Frau in ihrer Gefährlichkeit sexuell attraktiv macht, sie läßt keine Abhängigkeit vom männlichen Betrachter oder dessen Urteil erkennen."

Das Licht fällt auf die konzentrierten Gesichter und die tätigen Arme und Hände der Frauen, die nicht zögern, und es scheint so, als ob sie nichts von ihrem Entschluß abhalten könnte. Im Unterschied zu den Juditdarstellungen anderer Künstler ist die Magd gleichberechtigt an Judits Seite. Frauensolidarität als Notwendigkeit, um sich wehren zu können, so könnte die Botschaft lauten. Am deutlichsten ist dies da zu erkennen, wo die beiden rechten Hände der Frauen in einem Knoten wie zu einer einzigen Schwerthand verschmelzen.[189] Die Darstellung von 1620 (siehe Abbildung 14) verdichtet meiner Meinung nach die frühere in der Aussagekraft, was Geschlossenheit, Konzentration und Solidarität der beiden Frauen anlangt. M. Garrard (1989, S. 305) faßt die Juditdarstellung von Florenz als eine Replik der noch in Rom entstandenen auf. Sie meint weiters, daß die drei Juditdarstellungen (Neapel, Florenz und Detroit) möglicherweise die vom männlichen Stereotyp unabhängigsten unter allen geschaffenen Juditbildern sind. Die Judit und die Magd der Künstlerin sind vermutlich auch die am meisten entwickelten Heldinnen, die in der Kunst existieren (vgl. GARRARD 1989, S. 305).

Artemisia gestaltete nicht, wie man vermuten würde, Judit als ihr Selbstportrait, sondern die Magd. Durch diese Darstellungsweise kommt der Dienerin eine ganz wichtige Rolle zu. Auffallend in all ihren Juditdarstellungen ist auch, daß die beiden Frauen immer gemeinsam handeln, und zwar in jeder Szene vor, während und nach der Enthauptung.

Diese beeindruckende Darstellung weiblicher Solidarität in einer Situation, die in das Herz der herrschenden Ordnung trifft, erscheint umso erstaunlicher, als dies nicht Artemisia Gentileschis Lebenserfahrung entsprach. Sie war ohne Mutter und Schwester groß geworden, und ihre vertraute Freundin Tuzia stellte sich während des Prozesses in Rom gegen sie und erwies sich als Intrigantin. Liegt darin die Erkenntnis Artemisias, daß Frauen ihre Pläne nur dann erfolgreich umsetzen können, wenn sie einander unterstützen (siehe Abbildung 15 und 16)? „Die bedeutende Rolle, die die Magd in dem Gemälde spielt, wie eine unterstützende Adjutantin für eine einsame Frau, könnte sehr wohl als eine umgekehrte Wiederholung – eine nette Wiedergutmachung – von Artemisias persönlicher Isolation während der Erfahrung der Vergewaltigung und ihrem Verrat durch eine ältere Frau, Tuzia, verstanden werden“ (GARRARD 1989, S. 312. Übersetzung E. G.-C.). Die beiden Darstellungen, die Judit und ihre Magd in der gespannten Ruhe nach der Enthauptung zeigen, vermitteln in wunderbarer Weise die durch diese Tat entstandene Gemeinsamkeit der beiden Frauen.

An dem Selbstportrait, das 1630 entstand (siehe Abbildung 17), läßt sich – wie erwähnt – feststellen, daß das Gesicht der Magd dem Antlitz der Artemisia ähnelt. Ein Grund dafür, daß Artemisia sich nicht mit Judit, sondern mit deren Magd identifiziert, mag sein, daß Judit (noch) zu ich-ferne war.[190]

Ist aber nicht genau dies das Großartige an diesen Bildern: Judit als das Symbol für Kraft und Stärke, ein Vorbild dafür, nicht das Opfer männlicher Gewalt zu werden, bleibt unangetastet – jede Frau, so wie Artemisia, muß (soll) sich an die Seite Judits stellen, um von ihr Selbstbewußtsein zu bekommen. Könnte das der Gedanke von Artemisia gewesen sein: Magd (Schülerin) von Judit zu werden heißt, bei ihr in die Lehre zu gehen oder Judit als die starke Schwester in sich selbst wiederzuentdecken?[191]

Das große Verdienst Artemisia Gentileschis ist es, daß sie eine Judit schuf, die eine reife, sexuell erfahrene Frau darstellt, die nicht den Schönheitsidealen der männlichen Künstlerkollegen entsprach. Verwunderlich ist dies umso mehr, als sie selbst in dieser Zeit ihrer Schaffensperiode noch eine junge Frau etwa im Alter von zwanzig Jahren war. Es ist ihr gelungen, einen der ganz seltenen weiblichen Charaktere zu erschaffen, der mit den Stereotypen „Mädchen", „heilige Jungfrau" und „alte Frau", wie sie ihre Künstlerkollegen üblicherweise darzustellen pflegten, nichts gemeinsam hat. Diese Judit kommt der biblischen nahe, deren Sexualität zur Überlistung und Besiegung des Holofernes zwar eingesetzt worden ist, aber in der Darstellung Artemisia Gentileschis für den voyeuristischen Blick des Betrachters nicht sichtbar gemacht wird (vgl. GARRARD 1989, S. 323). „Der Charakter, den sie geschaffen hat – weder schön noch jungfräulich noch verführerisch – ist nichts weniger als eine reintegrierte weibliche Heldin, nicht länger gespalten in Heilige und Sünderin, Maria oder Eva, ‚gut' oder ‚böse'" (ebda, S. 320. Übersetzung E. G.-C.).

Hier stellt sich die Subjektwerdung des Weiblichen dar, in dem die Frau selbst den Schnitt setzt, um aus der Abhängigkeit von der definierten Herrschaft loszukommen. Nichts mehr erwarten, nichts mehr wollen und nichts mehr glauben, was aus dem verlockenden Mund der herrschenden Macht kommt. Es ist die radikalste Form der Subjektwerdung, aber vermutlich auch die einzig mögliche![192]

Judit wird in Artemisia Gentileschis Bildern das erste Mal in der Kunstgeschichte als Frau und geistige Figur einer Botschaft geschaffen, die jenseits einer patriarchalen Weltordnung liegt, die das Individuelle überschreitet, da sie weder als Rächerin noch als Siegerin dargestellt ist, sondern tut, was getan werden muß. Hier spinnt sich wieder der Faden zur biblischen Judit, deren Botschaft an die Frauen jene sein könnte, die Artemisia Gentileschi in ihren Juditbildern dargestellt hat. Sie reiht sich hiermit in die Traditionslinie jener Frauen ein, denen sich die biblische Judit verbunden fühlt, wenn sie zu ihrer Tat schreitet. Sie begleitet Judit als Dienerin und Freundin bei ihrer schweren Arbeit. Hier beginnt die biblische Judit zu leben und steigt aus ihrem patriarchalen Grab heraus.

Artemisia Gentileschi bringt die F-voice (vgl. Kapitel 4), die im Originaltext der Bibel zu finden ist, in ihrem künstlerischen Ausdruck auf den Punkt und gibt in ihren Bildern folgende Antwort: Judit bietet eine Alternative zur Erschaffung der Geschlechter in der Ursprungsgeschichte – der Schnitt, das Trennen, die Enthauptung ist die Wiederherstellung des einen Geschlechts, das bis dahin nur verstümmelt, vereinnahmt und modelliert durch das andere existierte. Hier könnte die Geschichte sich neu ordnen. Artemisia Gentileschi bringt in ihren Bildern die weibliche Seite der biblischen Judit zum Sprechen.[193]

Ihr Selbstportrait (siehe Abbildung 17) setzt einen weiteren Kontrapunkt zur Malerei ihrer Zeit und zeigt somit deutlich, wie genau sich Artemisia Gentileschi mit der Tradition der Malerei auseinandersetzte und wie weitgehend ihre Arbeit immer eine Antwort aus weiblicher Sicht war. In diesem ungewöhnlichen Bildnis stellt sie sich einerseits selbst als Allegorie der Malerei dar, die in der Tradition der Künste immer weiblich dargestellt wurde. Denn das Abzubildende, das Dekorative, das Weibliche, die Muse diente aus dem Blickwinkel des Mannes als Allegorie des Malens und wurde als Verzierung und Verschönerung an den Bildrändern bzw. Gemälden in der Gestalt von Frauen dargestellt![194] Dies ist als ein zutiefst subversiver Akt zu sehen: Frauen bzw. weibliche Gestalten dienten zwar als Allegorien der Kunst, aber die reale Frau wurde aus der Kunst verdrängt. Artemisia Gentileschi realisiert bzw. verlebendigt die Allegorie: Der Frau wird die Macht des schöpferischen Tuns zurückgegeben. Sinnbild der Malerei und Malerin zugleich – so stellt sich Artemisia dar.

In Artemisias Bild sind Malerin, Modell und Konzept ein und dasselbe. Der Spiegel, in den sie blickt, spiegelt sie selbst wider – sie erblickt sich selbst und wird zum Subjekt. „Raffiniert bricht sie mit der traditionell üblichen Rolle von Frauen als dienendem Modell oder inspirierender Muse, sie selbst ist Muse und inspirierte Künstlerin" (STOLZENWALD 1991, S. 47). Somit hat sie dem männlichen Künstler einiges voraus. Die Worte der Frau Vernunft aus Christine de Pizans „Stadt der Frauen" (1990, S. 41) fügen sich gut zu der Darstellung: „Und weil es mir obliegt, allen ihre eigen Pflichten und Verwirrungen in aller Deutlichkeit zu zeigen, sie ihnen theoretisch und praktisch vor Augen zu führen, siehst du mich statt eines Szepters diesen funkelnden Spiegel in meiner Rechten halten. Und wisse: niemand, welches Wesen auch immer, spiegelt sich darin, ohne zu einer klaren Erkenntnis seiner selbst zu gelangen."

Artemisia Gentileschi, die selbstbewußte Künstlerin, gibt den Frauengestalten, die begehrte Objekte der Künstler waren und sind, in ihren Werken eine eigene Identität und macht sie zu eigenständig handelnden Gestalten. Ihr Selbstportrait setzt gleichsam eine „freche" Pointe über ihr Gesamtwerk und verläßt auch damit wieder die üblichen Schemata.

Auch in der Zeichnung der Hand Artemisia Gentileschis von Pierre Dumonstier le Neveu, „bewaffnet" mit einem Pinsel (siehe Abbildung 13), ist trefflich das wiedergegeben, was diese Künstlerin mit ihrem Pinsel geschaffen hat. Diese Hand mit dem Pinsel, der einem Pfeil gleicht, löst beim Betrachten das Gefühl aus, man könnte durchbohrt werden. Artemisia Gentileschis Wirken als Malerin, so würde ich sagen, war höchst politisch und damit gefährlich für die herrschende Macht.

An den Schluß meiner Ausführungen über Artemisia Gentileschi möchte ich J. Kristevas Beschreibung ihres Selbstportraits stellen: „Das Selbstportrait Artemisias stellt eine Frau von großzügiger, ausladender Gestalt dar, die ihr Gesicht vom Beobachter wegdreht und sich unauffällig von drei Blickwinkeln zeigt; dem Brennpunkt unserer Blicke erlegt sie nichts auf als einen robusten rechten Arm mit einer Hand, die nachdrücklich mit einem Pinsel bewaffnet ist. Mächtiger, kraftvoller als der Arm von Judit, der das Messer hält, enthüllt dieser kurze und muskulöse Arm einer beinahe zwergenhaften Frau die völlige Abwesenheit von Narzißmus, einen Geist, der sich völlig in Arbeit verwandelt hat. Der Kopf der Artemisia ist in ihrer Hand, er ist nichts als die Quelle ihres Arms, er bewegt sich auf das Gemälde zu, das wir nicht sehen, der Akt des Malens selbst ist eine Enthauptung“ (KRISTEVA 1998, S. 100. Übersetzung Brigitte Spreitzer).

8.4 Die Vollstreckerin – zum Juditzyklus von Minna Antova

In Minna Antovas Zyklus „Revolte im Ornament“ kommt der Name Judits nie vor. Judit wird zur Frau schlechthin, die sich endlich erhebt und den Strich zieht, der längst schon gezogen sein sollte. Wir stehen an der Kante der Zeit, die Uhr ist abgelaufen. Lange genug blieb die Revolte im Ornament aus. Das Weibliche als Muse, als Allegorie des Malens, als Spiegel des Mannes steigt endgültig heraus aus jedem Rahmen, aus jedem Bild und schreitet zur Tat. Die Sprache ist direkt und eindeutig und die Seite, auf der die Künstlerin steht, offensichtlich auch. „Für Minna Antova, der Malerin des Judith-und-Holoferneszyklus ‚Revolte im Ornament‘, ist es offensichtlich klar, auf welcher Seite sie in diesem Aufeinanderprallen der Geschlechter, der Kulturen und der Welten, vor allem aber auch der Farben, es ist ja Malerei, steht. Naturgemäß auf der Seite Judiths“ (SCHRAGE 1993, S. 4). So klar, wie es für den männlichen Betrachter zu sein scheint, ist dies alles allerdings nicht, wenn man die Bilder liest.

Minna Antova ist die zweite Malerin in der Geschichte, die sich mit dem Juditmythos in einer Weise auseinandergesetzt hat, die den Rahmen der bisherigen Deutungen sprengt, und in diesem Sinne auch in Verbindung mit Artemisia Genteleschi gebracht werden kann.[195] Einzigartig ist bei M. Antova aber die Darlegung in einem konzeptuellen Zyklus, worin die Künstlerin an die ersten Darstellungen in der westlichen Rezeptionsgeschichte anknüpft.

Bei lebenden Künstlerinnen ist es nicht üblich, Ereignisse aus dem Leben für ihr Schaffen verantwortlich zu machen. Dies geschieht immer posthum und wird dann für oder gegen das Schaffen der Künstlerin verwendet. Die Suche nach biographischen Ursachen möchte ich bei M. Antova unterlassen, die Tatsache aber, daß bis heute gerade auf dem Gebiet der Bildenden Kunst die männliche Dominanz besonders deutlich und einschneidend sichtbar ist, will ich als ein mögliches Motiv für die Themenwahl der Malerin annehmen. M. Antova beschrieb das in einem Interview folgendermaßen: „Wir haben in Österreich auf den Kunsthochschulen keine einzige Ordentliche Professorin im Bereich Bildender Kunst! ... Das System ist recht undurchlässig, und von all jenen Künstlerinnen, die es gegeben hat, wurden (und werden noch immer) nur sehr wenige durchgelassen. Am ehesten dann, wenn eine Frau bereit ist, sich dem Logos zu unterwerfen.“[196]

Die Spannung zwischen Mythos und Logos prägt Minna Antovas Werk. Wer mit dem Mythos allerdings nichts anfangen kann, dem ist die Möglichkeit gegeben, die Bilder auch ganz formal zu betrachten: „‚Revolte im Ornament‘, kräftiges Blau, sehr viel warmes Rot, leuchtendes Gelb und hin und wieder ein weißer Kontrastfleck. Bilder, die nach den BetrachterInnen greifen, sie nicht mehr loslassen, ob diese nun den Geschichten vom Kampf der Geschlechter zuschauen oder nur das Spiel der Formen und Farben genießen“ (RUDEE 1992, S. 125).

Indem Antova den Kern des Mythos fleischlich werden läßt oder, anders ausgedrückt, dekonstruiert und dabei in die Tiefen des Geschlechterkampfes steigt, indem die Geschichte von Judit und Holofernes gleichsam als verdichtete Materialisierung der Geschlechterrollen erscheint, werden die Betrachter und Betrachterinnen des Opfer-Täter-Schemas enthoben. In diesem Zyklus gibt es keine Schuldzuweisung, sondern Verstrickung. Großartig bewegt sich die Künstlerin „im viel- und hochbesetzten Raum der biblischen Legende und deren ikonischen Realisierungen, besonders im Zeitalter der Renaissance und des Barocks ... Die Bilder zu Judith sind keine ‚azione sacra‘ mehr, aber auch keine Gotteslästerung“ (FLAKER 1991, S. 28).

Die Höhe und Breite der Bilder sprechen für sich, wie in Stein gehauene Figuren. Jedes Bild erweckt die Phantasie einer Figur, die in sich die gesamte Geschichte trägt. Die Abwechslung zwischen einem Blick aus der Nähe und dem aus der Ferne schafft in der Fixierung des Blicks den Kreuzungspunkt zwischen Längsachse und Querachse, Assoziationen, wie „krumm in die Höhe zu steigen, und dann die Katharsis in einer Horizontalen zu erleben“ (ebda, S. 28), drängen sich auf. Oder aber die Betroffenheit, ausgelöst durch das Gefühl, daß der Betrachter/die Betrachterin zugleich auch ein Teil des Prozesses ist, macht diese Bilder so anziehend, aber auch trotz aller Leichtigkeit in den spielerischen Elementen so schmerzhaft.

Minna Antova (1991, S. 13) beschreibt ihre Herangehensweise an die Geschichte Judits folgendermaßen: „Die ferne Bruchlinie einer in Oppositionen zu denken gewohnten patriarchalen Welt, mit nahen, verinnerlichten Versatzstücken von Mythen, in Polychromie durch die Jahrhunderte verschmolzen. Klingende kontrastierende Farben, im Grau(en) gefesselt, zum dekorativ-starren Ornament des abendländischen Sieges von Logos über Mythos. Darin bewegt sich Judith, die, außerhalb der Zeit verstoßene Auserwählte, der Spur der Erinnerung folgend, als Mittlerin zwischen Tag und Nacht. Zur steinernen Heldin erhöht, erstarrt zum Denk-Mal im realen Handlungsmythos.“

So setzt auch der Beginn ihres Juditzyklus eine Anknüpfung an den Mythos: der „Flug der Nike“, so lautet der Titel des Bildes (siehe Abbildung 18). Von wo kommt sie? Taucht sie gerade auf, oder stürzt sie ab? Dies ist nicht klar ersichtlich. Der Bezug zur später auftauchenden Judit ist das Rot, dort, wo eigentlich ihr Kopf sein sollte. Nike, blutenden Hauptes – oder enthauptete Nike? Das Bild vereint in sich die Nähe und die Distanz zum Kommenden. Der Flügel Nikes, der sich in dem großen Flügel, der die Breite und die Mitte ausfüllt, spiegelt, könnte auch ein Vorhang sein, der sich nun lüftet. Ein Vorhang, der aufgezogen werden kann, um ein Geheimnis zu lüften. Der Mythos ist unter uns!

Gehen wir den Spuren des Rot nach, den roten Strichen, die am rechten Rand entlang an das untere Bildende führen, fallen wir gleichsam in das nächste Bild: „Spiel Antithetisch“ (siehe Abbildung 19). Es führt uns zurück oder nach vor. Auf jeden Fall geleitet es uns auf die Bühne des Geschlechterkampfes, also mitten in das Geschehen.

Die Heftigkeit des Hineinfallens trifft den Betrachter/die Betrachterin unvermutet und schonungslos. In diesem Bild gibt es keine Rückzugsmöglichkeit.

Das Rot verdichtet sich zu einer Gestalt, die massiv und kraftvoll auf einen winzigen weißen Kopf trifft. Dieser weiße Kopf, der zärtlich berührt und gehalten wird von zwei Händen, die aus dem Blau-Grau auftauchen, wirkt eingeschnürt und skeptisch. Hinter dem weißen, maskenartigen Kopf läßt sich ein Rot erahnen, das mit dem Rot, aus dem das schwarze Gegenüber geboren worden zu sein scheint, korrespondiert. Die Hände gehören zu diesem schwarzen Kopf. Rot bedeutet in der Farbwahl Antovas immer Wärme, Leben und Energie. In diesem Bild ist es der Lebensstrom, mit dem das weiße Gesicht durch die Berührung mit den Händen in Kontakt kommt. Eine andere Assoziation führt zu dem Gedanken, daß diese Hand mit dem Kopf spielt. Aber was geschieht mit dem Gegenüber? Die Begegnung mit dem weißen Gesicht könnte es selbst hart und versteinert machen. Mann und Frau begegnen einander. Judit und Holofernes; Erstarrtes und Lebendiges. Das Leben entläßt endgültig das Weibliche in die patriarchale Ordnung. Das Grau und das Weiß deuten auf Kälte und Starrheit hin.

Die Farbe Blau stellt den Raum dar, in dem sich die ganze Szene abspielt. Die orangegelben Striche im Hintergrund verheißen nichts Gutes. Sie könnten die Blitze eines drohenden Unwetters sein oder auch das glühende Band darstellen, an dem die beiden hängen und an dem sie wie elektrisiert erstarrt sind. Das Bild stellt die beiden in einer Nähe dar, die in ihrer Bedrohlichkeit und Dynamik auf den Betrachter/die Betrachterin überspringt. Es könnte aber auch ein Zusammenstoß sein – und die Gewalt dieses Zusammenstoßes läßt in diesem Bild noch die Frage offen, was die Folge aus dieser gewaltsamen Begegnung wohl sein könnte.

Das nächste Bild, „Einhorns Rendezvous" (siehe Abbildung 20), löst die fast unerträglich gewordene Spannung auf. Hier bietet sich ein Blick von oben auf die Geschichte der Menschen. Durch die notwendige Einbettung des Geschehens in ein größeres Ganzes ermöglicht Antova die Distanzierung. Das Bild ist färbiger gestaltet und führt am rechten Rand einen neue Farbe ein: ein Grün, das etwas Giftiges an sich hat!

Das Bild wirkt wie eine symmetrische Landschaft, die das rote, auf blauem Hintergrund schwebende Einhorn als zentralen Mittelpunkt hat. Die Künstlerin greift hier das Symbol des Einhorns auf, das von alters her als Fabelwesen in der Mythologie zu finden ist (vgl. BEER 1972). Die Wahl der Farbe, nämlich rot – das Einhorn ist im Mythos immer weiß –, deutet darauf hin, daß sich mit dem Motiv ein weiteres vermischt. Beim genaueren Hinsehen sind zwei Körper zu erkennen, die ineinander verkeilt sind. Das

Einhorn, das im Mythos immer unschuldig ist und nur von einer Jungfrau gefangen werden kann, wird in der mittelalterlichen Ikonographie als Symbol für Christus gedeutet, und die Jungfrau wird mit Maria gleichgesetzt (vgl. ebda, S. 95–100). Mit seinem Horn, das wie ein Messer oder vielleicht treffender wie ein Schwert wirkt und den Anschein erweckt, als ob es im Begriff sei, systematisch das zu zerschneiden, was sich ihm in den Weg stellt, erscheint es auf den ersten Blick einsam und verlassen. Es sind aber zwei Körper, die sich lieben oder miteinander kämpfen, wie der Titel „Einhorns Rendezvous" verrät. Die Intensität der ineinander verschlungenen Körper weckt einerseits die Assoziation von zwei Körpern, die miteinander ringen, andererseits zeigt das Schwert (das Horn) auf Gestalten hin, die wie Tierschädel übereinandergelagert sind; eine kleine weiße Maske und drei winzige Finger in Blau stellen den Opferpriester dar, den Repräsentanten einer alten Ordnung. Die beiden Verkeilten kämpfen um ihr Leben, sie sind aber abgeschnitten von der alten Ordnung. Insofern das Einhorn ein Fabelwesen ist und symbolisch auf das verweist, was außerirdisch und nicht greifbar ist, entsteht beim Betrachten das Gefühl, mit der Unmöglichkeit einer Liebesbegegnung konfrontiert zu sein. Liebe ist genauso ein Mythos wie die Geschichte des Einhorns, beides ist außerirdisch und nicht erreichbar. In diesem Bild drückt sich die Unmöglichkeit einer unbeschwerten Begegnung zwischen einem Mann und einer Frau aus.

Das Bild gibt einen Einblick in die tieferen Schichten der Welt, denn der Geschlechterkampf zieht sich durch viele Zeiten. Das Schwert oder das Horn oder auch der Phallus dominiert das Bild, obwohl es im Vergleich zum gesamten winzig und fast lächerlich wirkt. Eine rote Spur führt das Gelb an den unteren Rand des Bildes. Das Rot wirkt wie zerschnitten. Ist es das schwarze Messer des Einhorns, das seine Folgen zeigt? Gebrochenes Rot, zerschnittenes Leben, einst noch ungebrochen, nach dem Rendezvous mit dem Einhorn zerschnitten.

Das nächste Bild (Abbildung 21) führt wieder direkt hinein in das Geschehen und gibt Einblick, wie der Kampf weitergeht. In diesem Bild mit dem Titel „Von ferne einen Nachtvogel umfangen" begegnet uns ein Gerippe, in roter Farbe gemalt, das sich anschickt, sein Opfer zu suchen. Aber nichts ist hier auf den ersten Blick zu erkennen. Das Gerippe birgt in sich zwei Körper, die hoffnungslos ineinander verkeilt sind. Es sind Hände und zwei Schädel zu erkennen, oben liegt sie und unten er. Die Geschlechter fliegen ineinander verkeilt durch das All, das heißt durch die Zeiten der Geschichte. Das

Grün am linken unteren Bildrand könnte eine Liebesspielwiese darstellen, auf der die ineinander Verkeilten mittels eines Fallschirms, der auch als ‚Falldämpfer' wirken könnte, landen können. Dieses Bild ist die Nahaufnahme von „Einhorns Rendezvous" und nimmt den Betrachter/die Betrachterin mitten in das Geschehen hinein. Im Zuge des Kampfes sind die beiden Geschlechter schier unzertrennlich miteinander verbunden.

Rechts unten eine Schnecke – oder die Doppelspirale? Es könnte sich um das verwundete Weibliche handeln, das wachsamen Auges sich davor hütet, vollkommen ausgehöhlt zu werden; das sorgsam in Sicherheit gebrachte Innere der Frau, die Seele, die sich zurückgezogen hat. Die Verkettung und Verkeilung ist nicht zu verhindern.

Rechts oben trifft der rote Kopf des Gerippes wie eine augenlose Maske auf den weißen Kopf, der an die Maske des Mannes aus dem Bild „Spiel Antithetisch" erinnert. Oder anders gesagt, es stellt sich hier die Weiterführung des Geschlechterkampfes dar. Das rote Gerippe wirkt auch wie ein Kämpfer in seiner Rüstung, der nur ein ausgehöhltes Gegenüber zu lieben imstande ist. Verbunden sind die beiden durch ein Grün, das andeutungsweise an den Liebesort einer idyllischen Wiese erinnert, wobei dieses Grün in sich etwas Schauderhaftes birgt – die Idylle täuscht. Das einzig Kompakte sind die angedeuteten Masken, als Reminiszenz an das Bild „Spiel Antithetisch", in dem eine erste Annäherung stattfand. Die Landung auf der Wiese, das Inbesitznehmen des weiblichen Körpers, ist der Beginn der Zerstörung. Die Körper haben sich entzogen oder sind im Begriff zu zerfallen. Die Seele jedenfalls kehrt zurück in die fossile Zeit, zurück zu ihrer Weisheit. Deutet sich hier das Kraftholen für den nächsten Schlag an? Die Rückbesinnung auf eine uralte Kraft, zu sich selbst zu finden, bietet die Möglichkeit, einen eigenen Standpunkt zu beziehen. Angesichts dieser Schnecke wirkt das Gerippe unbeweglich und steif. Dieses Bild läßt offen, ob die Katastrophe dahinter liegt oder davor. Es ist dunkelblaue Nacht, die in sich die Erinnerung an das Grün des Tages trägt. Leben, Liebe, abgemagert und ausgehöhlt – es hat den Anschein, als ob es der nächtliche Liebesort wäre, an dem die Zersetzung des Lebens beginnt. Was bleibt von dieser Begegnung?

Der Kampf setzt sich fort und treibt auf seinen Höhepunkt zu, die „Vollstreckerin" tritt auf (siehe Abbildung 22). Das Bild ist im Verhältnis zu den anderen sehr klein und erscheint nur wie ein Verbindungsglied zwischen den vorhergehenden Bildern und denen, die noch folgen. Die „Vollstreckerin" reiht sich in die übliche Darstellungsweise von Judit und Holofernes in der

Kunstgeschichte ein. Es stellt die Szene dar, in der Judit ihrem Volk die Trophäe, den Kopf des Feindes, zeigt.

Die „Vollstreckerin" fällt in der Bilderordnung der Malerin nochmals aus dem Rahmen. Tat, Sieg und Schmerz erscheinen frontal vor dem Betrachter/der Betrachterin, die Verbindung zu Raum und Geschichte wird durch das Eingespanntsein der Vollstreckerin – gleichsam wie in einem spanischen Stiefel – angedeutet. In Antovas Konzeption befindet sich die Vollstreckerin außerhalb des Bildschnittes, aber der Bezug zur Geschichte ist nach oben hin durch die Haare, die wie von einer unsichtbaren Hand brutal hochgerissen werden, angedeutet, und führt nach unten durch den langgezogenen Hals, der die Verbindung zur blutigen Geschichte der patriarchalen Ordnung herstellt. Erst durch diesen Zugang und das Mithineinnehmen der Gründe, die zur Tat geführt haben, und durch das, was nach der Tat weiter geschah und bis heute nachwirkt, lenkt den Blick auf das Geschehen im Bild: Es ist vollbracht.

Drei Köpfe sind aneinandergereiht und erinnern an die drei Gorgonen, deren sterbliche Schwester Medusa von Perseus enthauptet worden war (vgl. KERÉNYI 1977, S. 44f.). Mit starrem Blick in ihrer weißen Maske steht die Vollstreckerin vor uns, ihr übriger Körper ist gekleidet mit rotem Blut. Oder aber ist sie ihrem Gegenüber gleich geworden, die weiße Maske war die des Enthaupteten, die sie jetzt übergezogen hat oder die sie gezwungen wurde überzuziehen, um dem Treiben ein Ende zu setzen? Das Rot deutet jetzt Blut an, ist aber in der Sprache der Bilder als Leben zu deuten. Um des Lebens willen hat sie es getan, damit es wieder Leben gibt für jede Frau und jeden Mann. Judit nimmt nun die Distanz des Holofernes zum Leben ein und beraubt ihn der Maske. Sie macht ihn verwundbar und endlich.

Die rechte Hand hält den Kopf des Holofernes, der den Lorbeerkranz des Siegers trägt. Das künstliche Grün des Kranzes erinnert daran, daß die Siege des Holofernes eigentlich keine wirklichen Siege waren. Der Lorbeerkranz ist ein künstlicher, unecht und abgeschnitten vom Leben.

Die linke Hand stellt das Schwert selbst dar. Fast wie an das Schwert gelehnt der dritte Kopf. Es könnte die Magd sein, aber auch ein Teil von Judit, den sie durch die Tat von sich abgetrennt hat. Vielleicht ist es die Seele Judits, die sich als das traurige Gesicht nach der Tat, fast weinend an das jetzt Schutz bietende Schwert gelehnt, hinter der Maske verbirgt. Mord ist nicht Sache von Frauen. Der Triumph ist kein wirklicher. Es war nur der letzte Ausweg. Die Weiblichkeit Judits ist an den Haaren erkennbar, die in Bewegung sind, entweder infolge der Anstrengung durch die Tat oder als Zeichen für Lebendigkeit und Kraft. Der fleischfarbene Arm deutet an, daß es sich um Menschen handelt und nicht um Masken. Das Schwert als rechter Arm zieht sich wie eine Trennungslinie zwischen die beiden Frauen. Die „Vollstreckerin" schneidet für Holofernes den Zugang zu weiteren Taten (zu weiteren Vergewaltigungen und Morden) ab. Ein für alle Mal soll dieser Geschlechterkampf beendet sein. Die „Vollstreckerin" erscheint in einer gewissen Weise auch wie eine Richterin zwischen Mann und Frau.

Das dritte Gesicht könnte auch den Neuanfang zwischen den Geschlechtern symbolisieren. Der getötete Holofernes, jetzt ohne Maske, spiegelt sich ebenfalls in diesem Gesicht. Die drei Gorgonen sind wieder vollständig. Keiner kann den anderen mehr enthaupten. Durch das dritte Gesicht ist die Trennung aufgehoben. Auch die Herrschaft des einen über den anderen ist vorbei. In der Trauer und der Verletzlichkeit hinter dem Schwert könnte der Neuanfang liegen.

Eigentlich müßte der Zyklus hier enden. Doch Minna Antova beendet ihn nicht mit diesem Bild: Das Spiel kann von vorne beginnen.

> Mariandl andl andl
> Aus dem Wachauer Landl Landl Landl
> Mariandl andl andl
> Du hast mein Herz am Bandl Bandl
> Du hältst es fest und läßt es niemehr fort.
>
> (Wachauer Mariandllied)

Im nächsten Bild begegnet uns die ihre Tat beweinende Judit (siehe Abbildung 24). Die gelbe Maske hält den Kopf des Holofernes in ihrem Schoß und beweint ihn. Dieses Bild weckt neben der Ironie, die sich schon im Titel „Du hast mein Herz am Bandl" zeigt, im kundigen Betrachter/in der kundigen Betrachterin die Erinnerung an die sich in der Literatur wiederholende Deutung, daß Judit sich in Holofernes verliebt hat[197] (weil eine Frau ja nicht anders kann, als letztendlich ihren Vergewaltiger zu lieben) und deshalb mit ihrer Tat nicht fertig wird. Antova ironisiert die Deutung durch die Darstellung des „Herzens am Bandl". „Du hast mein Herz am Bandl, Mariandl, ...andl, ...andl": Sie spielt mit ihrem Titel an das Wachauer Mariandllied an, das aus den fünfziger Jahren stammt und in der Zeit des Wiederaufbaus nach dem Zweiten Weltkrieg das starre und traditionelle Frauenbild besingt. Das „Herzl", das dampft, ist durchaus ironisch zu deuten für die Liebe, die den Geschlechtervertrag aufrecht hält. M. Antova macht die Funktionalität dieses

Kontraktes erst durch die Extraktion des „Herzens am Bandl“ sichtbar, und was im Bild bleibt, ist das „Bandl“, das vom Herzen ausgehend wie eine Nabelschnur die Verbindung zur Geschichte darstellt. Die unseelige Verbindung der Geschlechter (die Verbindung zum Bild „Von ferne einen Nachtvogel umfangen“ drängt sich auf) wird durch das „Herz am Bandl“ besiegelt. Die Erinnerung an die Liebesspielwiese ist im Grün ausgedrückt. Das Feuer der Liebe (entflammtes Zündholz) entläßt die Frau noch nicht aus diesem Verbund.

Ihr Herz hängt an der Totenmaske, oder anders gesagt: Die Tat Judits ist für die anderen Frauen fruchtlos geblieben. Der Geschlechterkampf geht weiter. Die Herzen der Frauen bluten weiterhin, Männer produzieren Kriege, Kriege erzeugen Elend und Tote, und Frauen verbinden die Verwundeten. Judit als Maske oder auch Ikone bleibt isoliert für die anderen Frauen. Vielleicht ist das der in der blauen Maske im Bild der Vollstreckerin angedeutete Schmerz.

Das Wiederaufnehmen des Motivs der Enthauptung, jetzt aber als eine Replik auf Giorgiones Judit (siehe Abbildung 24), drückt die Geschichte der Juditdarstellungen im Laufe ihrer Rezeptionsgeschichte als traurige Satire oder ironische Brechung aus. Minna Antova läßt in den Farben und im Lächeln der Judit die unwirkliche Leichtigkeit des Mordens sich widerspiegeln (siehe Abbildung 25), die allen Juditdarstellungen bis auf jenen von Artemisia Gentileschi eigen ist. Das Lächeln dieser Judit wird zu einem bittersüßen Lächeln. In dieser Replik auf Giorgione könnte man annehmen, Antova mache sich über alle ihre großen Malerkollegen lustig und karikiere sie. Aber bei all der Satire läßt sich die Traurigkeit über dieses Gefangensein in solchen Darstellungen nicht verleugnen. Judit erscheint hier wie eine feine Dame, deren Schwert zum Kreuz verwandelt wird, dessen Handhabung aber einem Spazierstock gleichkommt. Der Vergleich Judits mit Maria, deren Schwert das Kreuz ist, drängt sich ebenfalls auf. Die Schlange umschlingt das Ende des Stockes oder des Kreuzes – die domestizierte Weisheit oder auch der Geruch von dem bißchen Gefährlichkeit, das der Frau noch geblieben ist; oder aber auch die süße Lust, die die starke Frau bereitet – denkt sich verkniffen die Maske des Holofernes: „Du bist meine Domina, verletz' mich, so ist es gut, Judit, danke.“

Die Idee, daß Judit doch auch mit dem Kopf des Holofernes spielt, ist wohl im Bild Giorgiones nicht zu übersehen, wie Flaker (1991, S. 28) meint: „Aber hat uns der russische Dichter Mandelstam nicht gezeigt, daß wenigstens auf dem Giorgionebild zu Betulias Befreiung Judith doch mit dem Kopf von Holofernes auch spielt?“ Flaker bezieht sich dabei auf folgendes Gedicht:

FUSSBALL

Der Leibwächter war vergiftet.
In ungleicher Schlacht erschöpft,
verunstaltet, des Ruhmes beraubt
des Fußballs dickhäutiger Gott.

Und mit der Leichtigkeit des Schwergewichts
parierte die Schläge der Boxer:
Oh, schutzloser Vorhang,
unbewachtes Zelt!

So wird's gewesen sein, als die Menge sich versammelt,
als qualvoll – lebendig,
den Becher nicht geleert, rollte
gen Füßen der stumpfe Kopf.

Ob so, unerklärlich heuchlerisch
mit der Fußspitze
über Holofernes warmer Leiche
Judit höhnte ...

(MANDELSTAM 1999. Rohübersetzung Minna Antova)

Die Schlange setzt M. Antova an die Stelle, wo im Bild Giorgiones die Kleiderfalte seiner Judit zu sehen ist, und spielt dabei auf die Urangst von Männern an: In den dunklen Falten der Kleider der Frauen lauert die Schlange. Dies alles nimmt Antova in ihrer Replik auf und schafft dabei die Verdichtung der Juditdarstellungen und Interpretationen, die sie gleichzeitig als genußvolle Sehnsucht des „weißen“ Kopfes und somit auch des männlichen Betrachters entlarvt.

Minna Antova setzt den vorläufigen Abschluß des Zyklus mit dem Bild „Heimatlose im Ornament“ (siehe Abbildung 26). Hier weitet sich der Blick wieder auf das Ganze. Irgendwo in dem Blau ragen drei Finger heraus, weiter unten ein Gesicht. Ist es Ertrinken oder Auftauchen? Wie hinweggespült treibt dieser Körper, nachdem er zerteilt worden ist, im großen Ozean oder in der unendlichen Weite des Firmaments und muß sich jetzt wieder selbst zusammensuchen. Die Reste von dem Kampf sind noch zu sehen. Vielleicht ist doch noch Menschwerdung möglich, an anderen Ufern. Es könnte Morgen werden in diesem Bild. Wieder sind wir zurückversetzt an den Anfang. Nach diesem Kampf muß es einen Neubeginn geben. Eine Neukonstruktion der alten Ordnung, die durch Judits Neuschöpfung möglich gemacht wurde. Denn Judit kommt einer Neuschöpfung gleich, ist ein ausstieg aus der alten Ordnung, die durch den Geschlechtervertrag gewährleistet war und unter dem „Segen Gottes" stand. Judit beauftragt sich selbst, diese Ordnung zu durchbrechen, wenngleich sie es in Kooperation mit ihrem Gott macht. Die jahrhundertelange Rezeptionsgeschichte dokumentiert diesen Teil der Handlung jedoch nicht. (M. Antova deutet es in ihrer Darstellung „Heimatlose im Ornament" zwar an, aber die wirklichen Konsequenzen werden in dem den Zyklus abschließenden Tryptichon nochmals verdeutlicht.)

Dieses Bild entläßt den Betrachter/die Betrachterin zu ruhig nach all dem, was geschehen ist. Fürs erste entsteht ein fast angenehmes Gefühl. Minna Antova selbst befand, daß es doch zu harmonisch und zu positiv ende, und schuf noch ein dreiteiliges Bild, einige Zeit später, nachdem sie den Zyklus bereits abgeschlossen hatte und auch schon der Katalog herausgekommen war. In diesem neuen Bild geht sie noch einmal mitten in das Geschehen und verdeutlicht ihre Vision, wie dieser Neubeginn im Konkreten aussehen könnte.

„Kronen – Ein – Fall" (siehe Abbildung 27) ist der Titel des letzten Bildes im Zyklus. Der Betrachter/die Betrachterin wird mit einem umgestürzten oder umgekippten Tryptichon konfrontiert. Die Künstlerin wählt diese klassische Form, um sie anders zu definieren. Die Umkippung des Tryptichons kann auch als der Sturz der tragenden Säulen der symbolischen Ordnung gedeutet werden. Die Bildschnitte, in der Horizontalen gehalten, führen ins Jetzt. Durch die Horizontale wird darauf verwiesen, daß der Prozeß der Neuordnung fortdauert.

In den drei Teilen des Bildes werden die Herrschaftsverhältnisse zerstückelt. Das ertrinkende Pferd des Siegers (Symbol für die Siegerquadriga), mit dem Grauen des ums Leben Ringenden im Auge, löst sich in drei Teile auf. Letztendlich mutiert der Huf zum Ziegen-(Teufels-?)Huf, der keinen Boden mehr unter sich hat. Das Pferd zieht bei seinem Sturz das rote Brottuch (den Sack Judits) hinter sich her, worauf das Haupt (die Maske) des Siegers liegt. Ganz unten links, im dritten Teil des Tryptichons, befindet sich die Krone der Macht, die bei dem Sturz der Herrschaft verlorenging. Judit hat eine der ihr zugewiesenen Transformationen als auf den Kopf gestellte Wasserspiegelung (als Rosettis Ophelia) verlassen.

Alle Teile des Kampfes und alle Handelnden fallen wie zerschnitten durcheinander – der Zwischenraum, der Leerraum, das Weiß zwischen den Bildern bietet die Möglichkeit für den Neuanfang.

8.5 Minna Antovas Bilder – eine feministische Rekonstruktion der Geschichte von Judit und Holofernes

Minna Antova gelingt es auf großartige Weise, zwei Einsichten miteinander zu verbinden: Sich auf Judit einzulassen erlaubt es nicht, sich auf die Enthauptungsszene zurückzuziehen. Antova sprengt den in der Kunst festgeschriebenen Rahmen der Darstellungsweise und schafft einen Zyklus; das heißt, sie erzählt eine Geschichte. Sie erzählt die Geschichte des Geschlechterkampfes und gibt somit der biblischen Judit ihre Würde zurück. Durch diese Form der Darstellung vermag sie die Tat Judits in ihrer Tragweite für die Geschlechterrollen in ihrer Bildersprache darzulegen.

Der zweite wesentliche Aspekt ist das Alternieren zwischen dem Blick der Distanz und dem der Nähe. Nur im Kontext des Gewordenen wiederum ist das einzelne verstehbar. Der Zusammenhang zwischen System und Person, zwischen Mythos und Logos, zwischen Geschichte und Handlung (Tat) verhindert die ideologische Festschreibung. Da Antova keinen „Rahmen" für ihre Bilder zuläßt, erscheint das Blau wie ein Ausschnitt aus dem Universum, das Ewige, das unbegrenzt uns Raum gibt. In diesem Blau fliegt das Zeitliche, Begrenzte in Form von Materie durch den Raum. Die einzelnen Geschichten tauchen auf und gehen unter.

Mit Minna Antovas Juditbildern gelingt es, den Bogen des Geschlechterkampfes, der im Juditbuch ausgedrückt ist, von Urzeiten bis jetzt zu spannen. Die Vollstreckerin bekommt den ihr zustehenden Platz in der Geschichte. Durch Format und Größe wird diese Funktion gleich einem Drehpunkt im Geschehen künstlerisch ausgedrückt. Sie wird nicht ins Zentrum gerückt, sondern steht wie ein Bindeglied zwischen dem Davor und dem Danach. Judit ist es nicht gelungen, die Umkehr zu bewirken, die der Beweggrund ihrer Tat war. Die Darstellung der Festschreibung in den darauffolgenden Bildern vermittelt abrupt die Verwandlung der Vollstreckerin (Judits) in die Ikone: Jungfrau (bittersüß), Maria und Beweinerin (Mutter). Erst die zuletztgeschaffene Trilogie „Kronen – Ein

– Fall“ führt radikal noch einmal in die Konsequenz von Judits Handeln zurück.

> Denn ein Gott, der die Kriege zerschmettert … (Jdt 16,2) … hat sie vernichtet durch die Hand einer Frau (Jdt 16,5).

Aber nicht nur die Herrschenden werden in Antovas Auflösung vernichtet und zerstückelt, auch die Frau (Vollstreckerin oder Judit) muß sich verändern und eine neue Identität finden. Beide Geschlechter müssen das loslassen, was ihnen in diesen starren Rollen nützt.

Minna Antova jedenfalls ist es gelungen, Judit im 20. Jahrhundert aufzuerwecken und den Betrachter/die Betrachterin ihrer Bilder nicht unberührt zu entlassen. Der Erziehungsprozeß, den die Künstlerin im Hinblick auf die Solidarität mit dem Opfer leistet, läßt sich mit dem Schlußwort, mit dem Dieter Schrage (1993, S. 4) diese Darstellungen kommentiert, auf den Punkt bringen: „Ich stelle mir BetrachterInnen vor, die von all dem Bildungswissen um Judith und Holofernes unbelastet vor den Bildern stehen, ihnen bleibt die ‚Revolte im Ornament‘. Mir, der ich mich auf die philosophischen und politischen Gespräche mit der Malerin eingelassen habe, bleibt aber immer noch die Entscheidung. Auch im Bewußtsein der Tatsache, daß das Köpfen als ‚symbolischer Ersatz für Kastration‘ (Freud) angesehen werden kann, ist mir der Heerführer zu despotisch. Also keine Solidarität mit Holofernes. Und Judith gegenüber werde ich auf der Hut sein.“

9 Und ich gehöre dir nicht zu. Beide klagen wir nun[198]

Der Bilderzyklus von Minna Antova läßt deutlich erkennen, daß das heute Relevante an der Geschichte von Judit und Holofernes die Geschlechterfrage ist. Hierin liegt auch die Bedeutung der Aktualisierung der Juditgeschichte durch die Bilder Antovas für das 20. Jahrhundert. Sequenzen aus Gedichten Ingeborg Bachmanns unterstreichen dies, auch wenn sie nicht unmittelbar mit der Geschichte von Judit und Holofernes in Verbindung zu bringen sind.

Die Geschichte von Judit und Holofernes als eine Erlösungsgeschichte für Männer und Frauen zu lesen, mutet befremdlich und töricht an. Es fällt schon leichter, sie parteiisch zu interpretieren. Sei es, daß Solidarität mit dem „Opfer" suggeriert wird, oder sei es, daß die Tat indirekt als die eines Gottes interpretiert wird und die Ausführende vergöttlicht und entrückt wird. Dies bietet die Möglichkeit, den eigenen Schmerz, die Trauer und die daraus folgenden Konsequenzen zu umgehen. Dämonisierung und Vergöttlichung haben in diesem Fall dieselbe Wirkung. Die Wurzel der Tat bleibt verborgen, eine mögliche Katharsis somit auch. In der Geschichte von Judit und Holofernes bleibt nichts mehr so, wie es bis dahin war. Daraus lassen sich die intensiven Bemühungen um die Wiederherstellung der alten Ordnung erklären.

Diese Geschichte ist keine, die einseitig gelesen werden darf. Es ist, wie sich durch die Arbeit am Originaltext feststellen ließ, eine Geschichte der Unterscheidungen und Differenzierungen.

„Ich gehöre dir nicht zu", diese grundlegende Erfahrung, die Frauen machen müssen, um aus ihrem Objektstatus heraustreten zu können und ihre Opferrolle aufzugeben, ist der erste wesentliche Schritt, der getan werden muß. Judit setzt ihn stellvertretend für die anderen Frauen. Aber sie bleibt eine von vielen, indem sie sich in die Reihe der Frauen ihrer Geschichte stellt und auch gemeinsam mit einer Frau handelt, die sie dann auch noch symbolisch in die Freiheit entläßt.

Frauen befreien einander aus Herrschaft und Knechtschaft, schaffen ein würdiges Dasein. Die Erinnerung daran, daß Frauen, Kinder, Säuglinge und Unterdrückte am Leben Gottes teilhaben, rückt jede menschliche Hybris zurecht.

Vergiß nicht, daß auch du, plötzlich,
an jenem Morgen, als dein Lager
noch naß war vom Tau und die Nelke
an deinem Herzen schlief,
den dunklen Fluß sahst,
der an dir vorbeizog.
(BACHMANN 1978, S. 32)

Die Erinnerung an die Sterblichkeit weckt die Sehnsucht nach Leben. Die Erkenntnis, daß das Leben an einem seidenen Faden hängt, reicht den Becher der Weisheit.

Wenn Frauen diesen Schritt aus der Abhängigkeit vollziehen, dann geben sie auch vieles auf. Der Schutz des Siegers, der Reichtum des Gewinners kommen ihnen nicht mehr zu. Das Delegieren von Gut und Böse hat ein Ende. Kriege und Mord können nicht mehr nur moralisch verworfen werden, weil Frauen nicht mitbeteiligt sind, Sieger können nicht mehr einfach unterstützt und verherrlicht werden. „Ich gehöre dir nicht zu" bedeutet Trennung und gleichzeitig Mitbeteiligung und Mitentscheidung, fordert ein Ja und auch ein Nein. Eigenverantwortete Entscheidungen müssen getroffen werden.

Solche Verstrickungen aufzuheben bedeutet, zuerst zu erkennen, was alles geschehen ist. „Beide klagen wir nun". Es hieße ein Eingestehen von Schuld und Versäumnis, von Verletzung und Kränkung, von Nicht-genug-geliebt-Haben!

Der biblische Text spielt mit diesen Ambivalenzen und bietet keine Lösung an. Denn am Ende bleibt die alte Ordnung aufrecht. Judit bleibt zwar in der Erinnerung ihres Volkes, aber sie lebt nicht unter den anderen Frauen und trifft offensichtlich auch keine weiteren politischen Entscheidungen.

Der Bogen, der sich vom biblischen Text zum Bilderzyklus von Minna Antova spannt, scheint mir eine mögliche Antwort auf das Thema zu sein. Judit und Holofernes als Prototypen für den Geschlechterkampf genommen, werden beide erlöst, sie sprengen die Ketten ihrer vorgegebenen Rollen, beide verlieren alles in diesem Kampf. Sie verlieren ihre Rolle und danach alle ihre Herrschaftssymbole: der Mann die Krone und die Frau die Ohnmacht! Was wahr ist, tritt zutage.

> Was wahr ist, streut nicht Sand in deine Augen,
> Was wahr ist, bitten Schlaf und Tod dir ab
> als eingefleischt von jedem Schmerz beraten,
> was wahr ist, rückt den Stein von deinem Grab.
> (BACHMANN 1978, S. 118)

Das heute Relevante an der Geschichte von Judit und Holofernes ist eine schmerzliche Geschichte für Frauen und Männer. Sie ist eine Aufforderung zu Rückbesinnung und Veränderung. Die Rückbesinnung zielt darauf hin zu überdenken, wie denn das Verhältnis zwischen Männern und Frauen so geworden ist, wie es ist. Die Veränderung ist die Aufforderung zur Tat, das Durchschneiden des Bandes, das eine falsche und bittersüße Abhängigkeit verspricht.

> Du haftest in der Welt, beschwert von Ketten,
> doch treibt, was wahr ist, Sprünge in die Wand.
> Du wachst und siehst im Dunkeln nach dem Rechten,
> dem unbekannten Ausgang zugewandt.
> (BACHMANN 1978, S. 118)

Durch die einseitige männliche Interpretation wurde die Gesamtwirkung der Geschichte geschmälert, umgedeutet und zuungunsten des weiblichen Geschlechts interpretiert. Somit wurde die Kraft dieser Geschichte verharmlost. Die Auseinandersetzung mit der Geschlechterfrage macht einen neuen Blick auf Judit und Holofernes möglich. Diese Geschichte führt uns mitten in dieses Thema hinein und ist aktueller denn je. Unsere Geschlechterordnungen müssen neu überdacht werden, die Rollen von Männern und Frauen, und auch die Rolle von Gott ist davon nicht ausgenommen.

Ich würde mir mehr Bilder über Judit und Holofernes, die von Frauen geschaffen sind, an öffentlichen Orten sowie in Kirchen und Museen wünschen – denn Bilder prägen sich tiefer ein als Texte und bestimmen unser Denken.

10 Zusammenfassung

Daß das Juditbuch für die Geschlechterfrage im ausklingenden 20. Jahrhundert Relevanz hat, zeigt diese Arbeit. Ausgehend vom biblischen Text, der die Quelle für die Transformation der Geschichte und ihre Deutung im Laufe der Zeit ist, wurde ein Bogen zu den Antworten der Bildenden Künstler, der Literaten und Sigmund Freuds gespannt. Zwei Malerinnen, eine aus dem 16. und eine aus dem 20. Jahrhundert, geben ein Beispiel für eine künstlerische Antwort aus weiblicher Sicht.

Die Ambivalenz, die sich um die Juditgeschichte im Deutungskanon rankt, konnte bereits im Originaltext nachgewiesen werden. Feststellen läßt sich, daß im Text selbst diese Ambivalenzen auftauchen, um die Leserschaft unterschiedlich anzusprechen. Das literarische Stilmittel der Ironie wird vom Autor (von der Autorin) bewußt eingesetzt, um ein männliches Lesepublikum nicht zu verlieren, was durch eine offene Kritik an der herrschenden Ordnung zweifelsohne geschehen wäre. Die bis ins kleinste Detail durchkomponierte Geschichte, die mit Stilmitteln wie eingesetzten Wortwendungen, Wiederholungen, Spiegelungen und Leitmotiven aus der Literatur Israels arbeitet, erfordert vom Leser/von der Leserin ein Eintauchen in das gesamte Werk.

Es werden eine „männliche" und eine „weibliche" Welt einander gegenübergestellt, in der Mannsein definiert wird mit Krieger, Eroberer und Herrscher zu sein, Frausein im Gegensatz dazu bedeutet, Leidtragende durch die Kämpfe zu sein, sich um das Leben und die Ernährung der Kinder und Jugendlichen zu sorgen. Die Darstellung einer solchen Welt durch eine plakative Ordnung kann als übertrieben und einseitig bewertet werden. Der Autor (die Autorin) führt die Konfrontation jedoch im zweiten Teil des Buches personalisiert durch Judit und Holofernes konsequent weiter und gibt auf diese im ersten Teil dargestellte Welt eine klare Antwort: Das Thema der Menschheitsgeschichte ist der „Geschlechterkampf". Die Lösung dieses Kampfes hieße Beendigung der Kriege und eine neue Verteilung der Macht. JHWH steht in dieser Geschichte eindeutig auf der Seite der Frauen, der Kinder, der Schwachen und der dem Kriegsgeschehen Ausgelieferten. In der Konfrontation Judits mit Holofernes treffen alle in dieser Welt herrschenden Normen aufeinander. In dem Moment, in dem Judit mit dem Schwertschlag diese Ordnung durchtrennt, wird alles bisher Übliche in Frage gestellt.

Im Abschlußhymnus Jdt 15,12–16,17 faßt der Autor (die Autorin) das gesamte Geschehen zusammen und läßt die beiden Ordnungen, die in dieser Arbeit mit M-voice und F-voice bezeichnet wurden, abwechselnd die Geschichte erzählen. So spiegelt sich am Ende des Buches die Gesamtproblematik des Romans wieder, in der sich „männliche" und „weibliche" Welt gegenüberstehen.

Im Umfeld des jüdischen und griechischen Romans sind zwar aktive Frauenfiguren vorzufinden, es läßt sich dort aber eine Spaltung solcher Gestalten in Heldinnen und Antiheldinnen, in „gute" und „böse" Frauen feststellen, Judit hingegen ist gezeichnet als Heldin und Antiheldin in einer Person. Dem Autor (der Autorin), der (die) aus einem hellenistischen Umfeld stammen dürfte, ist es jedoch wichtig, Judit als konsequente Weiterführung von Eva, Mirjam, Debora und Jael zu sehen, also von Frauen, die mitbestimmen und in das Geschehen Israels eingriffen. Die Erinnerung an eine Schöpfungsordnung Gottes, die Mann und Frau gleichwertig erschaffen hat, wird vom Autor (von der Autorin) wachgerufen.

Die Rezeptionsgeschichte rückt den Geschlechterkampf als Hauptaussage des Romans in den Mittelpunkt. Die Interpretation der Maler, Friedrich Hebbels und Sigmund Freuds reduziert die politisch-religiöse Dimension des Ursprungstextes allein auf die sexuelle Komponente zwischen Mann und Frau, was sogar soweit führt, daß Freud diese zur Untermauerung seines Aufsatzes „Das Tabu der Virginität" verwendet.

Der Geschlechterkampf aus der Sicht der „Frau" schafft wiederum die Erweiterung von der sexuellen Dimension zur politischen. Artemisia Gentileschis Verdienst ist es, das Ermorden des Holofernes als das darzustellen, was es ist: ein geplantes, wohldurchdachtes, aber grauenvolles und notwendiges Handeln von Frauen, um die Herrschaft und die sexuelle Unterdrückung zu besiegen.

Minna Antova deutet diese Geschichte in ihrem Bilderzyklus als ein Symbol für den Kampf zwischen Mann und Frau, die beide daraus als Verlierer hervorgehen. Judits Tat schafft keine Erlösung, sondern nur neue Phantasiebilder von Frauen. In ihrem Schlußbild, einer Trilogie, deutet sie eine mögliche Lösung an: Mann und Frau müssen ihre Haltungen aufgeben, die Macht muß neu verteilt werden.

Wenn die heutige Relevanz der Juditgeschichte die Geschlechterfrage ist, so ist es auch nicht verwunderlich, daß gerade jetzt Judit ein Thema für Frauen wird und auch ihre frauenbefreiende Botschaft heute wiederentdeckt werden kann. Da Themen wie Geschlechterkonstruktion, Herrschaft, Rollenveränderungen, Fragen nach Täter und Opfer im ausgehenden 20. Jahrhundert in einer breiten Öffentlichkeit neu diskutiert werden, ist das Buch Judit heute aktueller denn je.

Anmerkungen

1 STONE 1992, S. 73: „Eine andere interessante Tatsache ist, daß bis zur Moderne beinahe alle Künstler, die Judit schufen, Männer waren. Wenn wir daher die Art, wie Judit präsentiert wurde, diskutieren, sollten wird das berücksichtigen" (Übersetzung E. G.-C.).

2 TREUSCH-DIETER (1997, S. 190) stellt zu Holofernes' Enthauptung fest: „Die Darstellung seiner Enthauptung ist besonders beliebt gegen Gottes- und Staatsfeinde und hat vor allem in der Moderne Konjunktur, die sich mit dem Absolutismus des 17. Jahrhunderts und dem Nationalstaat des 19. Jahrhunderts durchsetzt."

3 Der Begriff „Borderline" wird zum psychiatrischen Begriff ungefähr ab 1880, also zu dem Zeitpunkt, wo Frauen beginnen, ihre Rolle in unserer Kultur neu zu definieren.

4 Vertreter und Vertreterinnen dieser Richtung sind unter anderen: Johann Jakob Bachofen, Das Mutterrecht; Heide Göttner-Abendroth, Die Göttin und ihr Heros; Erich Neumann, Die große Mutter; Christa Mulack, Die Weiblichkeit Gottes.

5 Deren Vertreterinnen sind u. a. Mieke Bal, Athalya Brenner, Cheryl Exum, Alice Bach.

6 EXUM 1993, S. 10: „Während aber Männer und Frauen sich die Gestaltung der Geschichte und die Schaffung der Gesellschaft teilen, wurde die symbolische Ordnung von Männern kontrolliert" (Übersetzung E. G.-C.).

7 Vgl. den Begriff des Patriarchats bei SCHÜSSLER-FIORENZA 1988, S. 62: „Das Patriarchat ist ein sozio-kulturelles System, in dem einige wenige Männer Macht haben über andere Männer, Frauen, Kinder, SklavInnen und kolonisierte Völker." Oder SCHOTTROFF 1994, S. 49: „Patriarchale Macht als Macht zur Führung und Lenkung auf allen Ebenen des Patriarchats (Gott, Staat, Haus, Geist) gehört wenigen Männern, denen die Vielen als Machtunterworfene in Gehorsam gegenüberstehen." Ich halte mich in meiner Interpretation des Patriarchats in der feministischen Bibelauslegung an diese beiden Autorinnen im Hinblick auf die feministische Bibelinterpretation, hinsichtlich der historischen Definition an LERNER 1991 und MEIER-SEETHALER 1992.

8 Vgl. DIJK-HEMMES, van, 1993, S. 20–25; ebenso spricht Mark CAPONIGRO (1992, S. 47) von der Möglichkeit einer Autorin bei Judit.

9 Vgl. E. SHOWALTER, zitiert nach DIJK-HEMMES, van, 1993, S. 25: „Eine Auffassung von Kreativität, Literaturgeschichte oder Interpretation von Literatur, die vollständig auf der Welt der Erfahrung von Männern beruht, aber als universal gültig präsentiert ist" (Übersetzung E. G.-C.).

10 BAL 1988a; vgl. auch FUCHS 1985. EXUM (1993) meint, daß feministische Subversion nur mit Hilfe der literarischen Dekonstruktion möglich wird.

11 Vgl. CLINES/EXUM 1993, S. 11–25. Hier (S. 13) findet sich eine gute Zusammenfassung dieser interdisziplinären Methode: „Die experimentelle Qualität dieser Essays läßt auch vermuten, daß, was biblisches Studium in diesem Moment braucht, nicht so sehr Systematisierung ist, sondern ein Geist von Entdeckung und methodologischem Abenteurertum, wo jeder neue Weg, unsere bekannten Texte zu betrachten, sich begierig festigen und auf seinen Wert getestet werden muß" (Übersetzung E. G.-C.).

12 Differenz meint hier den Begriff Sigmund Freuds. Die Differenz wird durch die Besetzung bzw. Unterordnung des Weiblichen ausgelöscht.

13 Der Postfeminismus zielt darauf hin, die Geschlechter aufzuheben und das Denken jenseits dieser Kategorien anzusiedeln. Vgl. BUTLER 1991, S. 22–29.

14 Eine gute Zusammenfassung der Diskussion bietet ROSENBERGER 1996. Zuerst zeigt sie die Kontroversen um die Begriffe Geschlecht, Frau, Subjekt (S. 11–56), von S. 61–94 beschäftigt sie sich mit Geschlechterdifferenz. Es geht hier nicht um die Definition von Geschlecht, sondern darum, „was die Differenz zwischen Frauen und Männern ausmacht" (S. 63). Der biologische Begriff ist mit Rosenberger die sexuelle Geschlechterdifferenz, der soziokulturelle die Gender-Differenz.

15 Judith Butler unterzieht in ihrem Buch „Das Unbehagen der Geschlechter" (1991) die Begriffe Geschlecht („sex") und Geschlechtsidentität („gender") einer neuen Betrachtung und stellt die kritische Frage, wieweit die Schaffung einer feministischen Identität nicht auch schon wieder viele Frauen ausschließt. BUTLER 1991, S. 22: „Ursprünglich erfunden, um die Formel ‚Biologie ist Schicksal' anzufechten, soll diese Unterscheidung das Argument stützen, daß die Geschlechtsidentität eine kulturelle Konstruktion ist ... Die Geschlechtsidentität ist also weder das kausale Resultat des Geschlechts, noch so starr wie scheinbar dieses. Die Unterscheidung Geschlecht/Geschlechtsidentität erlaubt vielmehr, die Geschlechtsidentität als vielfältige Interpretation des Geschlechts zu denken, und sie ficht bereits potentiell die Einheit des Subjekts an."

16 Dies ist auch der Ausblick, den ROSENBERGER (1996, S. 233) am Ende ihres Buches liefert: „Denn trotz der Faszination, die akademisch-intellektuelle Diskurse, Moden und Herausforderungen bergen, hat meiner Meinung nach auch mancherorts altmodisch Gewordenes, nämlich das Materielle und Realpolitische, die konkrete Existenz des Hier und Jetzt, die Relevanz nicht verloren."

17 Gemeint ist hier der Begriff aus dem konstruktiven Feminismus, vgl. dazu FELMAN 1992, S. 33ff.

18 Vgl. BAL 1994, S. 33: „Könnte sie/es das Bild einer alternativen Ursprungsgeschichte sein, nicht einer, wo die Ganzheit des einen Geschlechts durch

die Bruchstückhaftigkeit des anderen gerettet werden muß, sondern einer, wo die Fragmentierung unterstützt wird, um zu verhindern, daß die ‚Ganzheit' als Entschuldigung für eine erbitterte Rettung der Trennung dienen muß" (Übersetzung E. G.-C.).

19 Diese Überschriftstitel stammen von E. Zenger.

20 Vgl. CRAVEN 1983a, S. 53: „Diese Entsprechungen bestehen aus vier Typen: (1) ausdrücklichen Identitäten, (2) ausdrücklichen Antithesen, (3) implizierten Antithesen und (4) künstlichen Identitäten" (Übersetzung E. G.-C.).

21 Ernst HAAG (1963, S. 8) liefert in seinen Studien zum Buche Judit eine wunderbare Zusammenfassung der verschiedenen Versuche von einzelnen Forschern, die Kapitel 1–7 historisch zu deuten.

22 HAAG 1963, S. 5. Haag faßt hier A. Millers These zusammen.

23 CRAVEN 1983a, S. 53: „Die Wiederholung ist ein bedeutendes organisatorisches Charakteristikum dieser Erzählung." (Übersetzung E. G.-C.).

24 ACKROYD 1982, Sp. 447; S. Schroer führt diesen Aspekt noch weiter, indem sie festhält, daß es im Hebräischen kein eigenes Wort für Penis gibt, sondern viele andere Bezeichnungen dafür verwendet werden, u. a. wird „Hand" als Ausdruck für den Phallus verwendet. Durch die Umschreibung mit „Hand" wird auch der kraft- und machtvolle Aspekt des männlichen Gliedes betont. Vgl. SCHROER/STAUBLI 1998, S. 187.

25 Bei der griechischen Übersetzung halte ich mich grundsätzlich an die Übersetzung der Jerusalemer Bibel: ARENHOEVEL/DEISSLER/VÖGTLE (Hg.), Die Bibel, Freiburg 1968. Falls dies nicht der Fall ist, führe ich es gesondert an.

26 Vgl. dazu auch die Stellen Ex 34,13: „Ihr sollt vielmehr ihre Altäre niederreißen, ihre Malsteine zertrümmern und ihre Ascheren umbauen"; sowie 2 Chr 17,6: „... und von neuem entfernte er die Ascheren aus Juda". Hier ist es allerdings JHWH, der den Auftrag gibt! Das Zeichen der Liebes- und Fruchtbarkeitsgöttin Aschera (griechisch: Astarte) war der heilige Pfahl, darum auch *´aschera* genannt.

27 Übersetzung E. G.-C., ursprünglich lautete die Übersetzung: „was ich mir überlegt habe". Ich finde meine Übersetzung besser, da sie Judits Entschiedenheit gerechter wird.

28 Siehe auch CRAVEN 1983a, S. 68: „Diese bedeutende Behauptung, daß es ‚durch meine Hand' ist, erscheint wieder in Teil 2 des Buches, wenn Judit ebenfalls die Ansprüche stellt, daß ‚durch ihre Hand' ein Plan beeinflußt wird, Israel zu befreien" (ἐν χειρί μου 8,33, 9,9, 12,4. Übersetzung E. G.-C.).

29 ALONSO-SCHÖKEL 1975, S. 8: „,... Eine Person sagt etwas mehr oder etwas anderes als eine zweite Person verstehen kann, wobei es auf jeden Fall bedeu-

tend ist, die Ironie mit dem Erzähler und dem Leser zu Lasten einer Person zu teilen" (Übersetzung E. G.-C.).

30 So u. a. MOORE 1985, S. 248f.; CRAGHAN 1982; BRUNS, E., 1954. Er sieht in Judit eine Neubearbeitung der Jaelgeschichte.

31 Vgl. WHITE 1992, S. 5. Ein Vertreter dieser These ist SOGGIN 1987.

32 Manche Autoren sehen hierin auch eine Parallele zum Buch Ester, siehe ZEITLIN 1972.

33 BAL 1988b, S. 145. Übersetzung E. G.-C. Bal bezieht sich hier auf Yair Zakovitch, der meint, bei der Milch handelt es sich um die Milch, die sie ihrem Baby füttert.

34 Ebda, S. 146. Übersetzung E. G.-C. Mieke BAL (1992, S. 105) stellt weiter die Frage: „Warum Milch und nicht Wein?": „Während Wasser Durst löscht, Ziegenmilch betäubt und die Wirkung wieder einmal Zensur vermuten läßt: Jael hätte wohl Wein angeboten, und vor dem Liebesakt hätte das Paar wohl fröhlich getrunken" (Übersetzung E. G.-C.). J. WILLIAMS (1982, S. 74) betont auch die Zuschreibung „Mutter", die Debora und Jael verbindet: „Jael übt eine mütterlich-weibliche Funktionen für Sisera aus, indem sie ihn verführt und erschlägt. Er betrat ihr Zelt und bat um Wasser; sie tat sogar noch mehr, indem sie ihm Milch gab. Als er schlafend dalag, nachdem sie ihn mit einer Decke bedeckt hatte, dachte er, er wäre sicher, und schlief daher. Daher wirft der Erzähler sogar in ihren ‚mannhaften' Handlungen ein Netz von ‚Frauenhaftigkeit' über Debora und Jael: Debora siegt als eine ‚Mutter', Jael besiegt Sisera, weil sie als Frau weiß, wie man einen männlichen Gast empfängt" (Übersetzung E. G.-C.).

35 Dies soll in Kapitel 4.6, Nimmt Pseudo Philo eine „feministische" Anleihe bei Judit?, noch genauer betrachtet werden.

36 WHITE 1992, S. 577. Übersetzung E. G.-C. Dieser Aspekt wird bei Kommentatoren nicht beachtet.

37 Ebda, S. 578: „Diese Nachbildungstechnik ist ein gutes Beispiel für die Benutzung von früherer biblischer Literatur in der Literatur der Zweiten Tempelperiode und zeigt die hohe Wertschätzung, die ihr zu dieser Zeit entgegengebracht wurde" (Übersetzung E. G.-C.).

38 So versucht zum Beispiel E. BRUNS (1954, S. 12) nachzuweisen, daß Judit niemand anders als Jael ist: „In beiden Fällen erschlägt eine Heroin eigenhändig einen nationalen Feind und in beiden Fällen macht sie es, indem sie den Kopf des Opfers attackiert" (Übersetzung E. G.-C.). HELLMANN (1992, S. 101) wiederum kommt zum Schluß, „wie eng die Verbindung zwischen den beiden Frauengestalten Debora und Judit ist, so daß man mit Recht von Judit als einer zweiten Debora sprechen darf".

39 Diesen Ausdruck übernehme ich von RIZZANTE GALLAZZI 1996, S. 152.

40 Zu der Diskussion im jüdisch-hellenistischen Bereich vgl. STANDHARTINGER 1994, S. 92–116, sowie STANDHARTINGER 1995, S. 151–169.

41 MOORE 1985, S. 191: „Beinahe alle englischen Übersetzungen *ignorieren*, daß die griechischen Manuskripte einstimmig μήτραν, ‚Mutterleib', bezeugen, und akzeptieren statt dessen den alten Vorschlag von Grotius, daß μίτραν, ‚Frisur', ‚Gürtel' oder vielleicht ‚Schleier' die ursprüngliche Lesart war" (Übersetzung E. G.-C.).

42 Siehe auch Übersetzung in der Jerusalemer Bibel und Einheitsübersetzung.

43 FRITZSCHE 1853, S. 172: „Aber eine so genaue, plastische Darstellung des Vorgangs darf man denn doch hier nicht erwarten, wo es nur darauf ankam, den einen Begriff der Schändung in drei gleichbedeutenden Formeln eindringlich vorzulegen."

44 So zum Beispiel bei LEVINE 1992, S. 18: „Judit jedoch übernimmt gemeinsam mit ihren Ahnen die Rolle des Mannes als Beschützer-Rächer. In der Tat empfindet sie, wie Simeon, keine Sympathie für die schechemitischen Frauen"; oder MILNE 1993, S. 54: „Wiederholt identifiziert sie sich mit männlichen Vorbildern wie Abraham, Isaac, Jakob (Jdt 8:26) und Simeon (Jdt 9:2–4). Noch mehr jedoch identifiziert sie sich gegen weibliche Charaktere, wenn sie die gefährliche Lage von Dina und den schechemitischen Frauen ignoriert, die Opfer einer Vergewaltigung werden. Und wenn sie deren individuelle Identitäten völlig unterdrückt (Jdt 9:2–4)". Übersetzungen E. G.-C.

45 LEVINE 1992, S. 18: „Folglich repräsentiert die keusche Witwe Judit – wie die Jungfrau Dina – die heilige Gemeinschaft ... Des weiteren setzt Judit die Vergewaltigung Dinas mit der Belagerung von Betulia gleich, und diese Assoziation wird verstärkt durch den Gleichklang zwischen dem Namen der Stadt und dem hebräischen Wort für Jungfrau" (Übersetzung E. G.-C.).

46 Die Theorie, daß im Buch Judit andere biblische Geschichten aufgenommen und als Modell benutzt wurden, vertreten auch CRAVEN (1983b, S. 49–61) und WHITE (1992).

47 Hier sei an G. Lerner erinnert, die die These entwickelt, daß jede Frau quasi immer allein in ihrem Prozeß der Frauengeschichte stand, da es keine durchgehende Frauentradition bis ins letzte Drittel des 19. Jahrhunderts gab. „Jede denkende Frau muß sich mit dem großen Mann in ihrem Kopf auseinandersetzen, statt im Gedenken an ihre Vormütter ermutigt und gestärkt zu werden. Für kluge Frauen war das Fehlen einer Frauengeschichte wahrscheinlich das größte Hindernis von all denen, die ihrer intellektuellen Entwicklung entgegenstanden" (LERNER 1993, S. 29). Lerner weist in ihrem Buch zwar nach, daß es immer wieder Frauennetzwerke gegeben hat, in denen Frauen durch die Erinnerung an

Frauen, die vor ihnen gelebt hatten, ermutigt worden waren, in ihrem Handeln und Leben aber häufig alleine zurechtkommen mußten. Diese Netzwerke rissen im Lauf der Geschichte außerdem immer wieder ab.

48 Ausführlich hat sich Judith Butler in ihren Büchern (1991; 1995) damit beschäftigt. Ebenso schafft Sieglinde Rosenberger (1996, S. 38) einen guten Überblick über den derzeitigen Stand der Diskussion: „In allen Kulturen gibt es zwei Kerngruppen von Geschlecht – im deutschen Sprachraum üblicherweise als Männer und Frauen bezeichnet. Wie diese Kerngruppen geformt werden und situiert sind, ist aber von Kultur zu Kultur verschieden. Nicht mehr der Konstruktion selbst, ihrer Basis und ihren Elementen, sondern der Relationalität, den Geschlechterbeziehungen (Mann/Frau) gilt hier das Interesse des Aspektes von Geschlecht."

49 Vgl. dazu TRIBLE 1987, S. 99–126; MEIER-SEETHALER 1992, S. 269: „Immer haben die herrschenden Männer um politischer und wirtschaftlicher Vorteile willen die eigenen Töchter ihren Feinden und Rivalen als Ehefrauen angeboten und manchmal sogar ganz bewußt als sexuelle Beute."

50 LEVINE 1992, S. 17: „Die Gemeinschaft wird traditionellerweise durch weibliche Figuren, die von der Jungfrau zur Braut, zur Hure, zur Witwe reichen, dargestellt." LACOQUE 1990, S. 35: „Ihre Witwenschaft erinnert an andere berühmte Witwen in der Bibel: Abigail (1 Sam 25,39–42), Bathseba (2 Sam 11,26–27) und Ruth. Diese alle heirateten wieder, und deshalb muß es gute Gründe geben, warum Judit sich entschied, das nicht zu tun." Übersetzungen E. G.-C.

51 Vgl. LELLA 1995, S. 41: Der Autor (die Autorin) von Judit benützt das gleiche griechische Wort, das Jesus Sirach benutzt, wenn er seine Weltordnung beschreibt. Es handelt sich um πανουργεύματα in Jes. Sir. 11,6–7a: „Die Wurzel der Weisheit, wem ward sie enthüllt, und ihre Pläne, wer hat sie durchschaut?" Bei Judit verwendet der Autor (die Autorin) πανουργεύματα, wenn es darum geht, die Weisheit des Holofernes als einen leeren und eitlen Wahn, der Auswurf einer männlichen Hybris ist, zu demaskieren. Dieses Wort πανουργεύματα wird in dieser Form nur bei Jesus Sirach und Judit verwendet.

52 Jesus Sirach 9,2: „Liefere dich nicht aus an eine Frau, daß sie dir nicht über den Kopf wachse." Oder 9,8: „Durch die Schönheit einer Frau sind schon viele Irre geworden."

53 CRAVEN 1983a, S. 86: „Dieses Treffen zwischen Judit und den Stadtbeamten ist eine der wichtigsten Abhandlungen im Buch" (Übersetzung E. G.-C.).

54 Vgl. HELLMANN 1992, S. 78, sie zitiert hier E. Gerstenburger, Herrschen oder Lieben im AT: „E. Gerstenburger führt dazu aus, daß ‚der Dtr die starken, positiven Frauengestalten, die er in der Tradition vorfand (vgl. z. B. Jos 2; Ri 4–5; 1

Sam 1,2)‘ nicht unterdrückte, wobei seine pädagogische Absicht nicht etwa in Richtung der Aufwertung der Frau (schon gar nicht im Sinne des heutigen Feminismus) zielte, sondern dahingehend ausgerichtet war, daß ‚sein männliches Publikum (...) sich am schwachen Geschlecht ein Beispiel nehmen möge‘.“

55 HELLMANN 1992, S. 153: „Judit muß trotz der unübersehbaren Ansätze zu einer gewissen Eigenständigkeit in ihrer – als bewußte Lebensentscheidung dargestellten – Verwobenheit mit dem aus dem Willen Gottes abgeleiteten Credo gesehen werden ... Von Autonomie im Buch Judit zu sprechen heißt, letztlich sogar die Gestaltende als Gestaltete zu erkennen.“

56 Fontaine 1988, S. 99: „Die Göttin, die um ihretwillen und nicht um anderer willen handelt, ist eine zu furchterregende Gestalt, als daß sie häufig in Mythos oder Kult vorkommt. Die ambivalente und erschreckende Gestalt des machtvollen göttlich Weiblichen ist domestiziert in den Helferinnen der Götter und Gründerinnen der Stadtstaaten. Auf diese Weise findet das Patriarchat eine literarische Methode, die weibliche Macht zu absorbieren und sie für die vorherrschende Ideologie akzeptabel (d. h. dienlich) zu machen“ (Übersetzung E. G.-C.).

57 Im Buch Kohelet wird die Situation des Mannes in einer solchen Welt ausgedrückt: „,... denn unauffindbar ist der Mensch als Mitmensch in der Gestalt einer Frau. Gefunden hat Kohelet einen Mann mit Alleinvertretungsanspruch auf Menschsein und deshalb – als der Kehrseite ihrer Ausgrenzung – eine Frau allein in der Gestalt einer Männerphantasie: den Mythos einer männerverschlingenden Verführerin, auf die die Zerstörung menschlichen Lebens projiziert wird“ (BUTTING 1994, S. 102).

58 MERIDETH 1989, S. 75: „,... während Judit die Waffen ‚einer Frau‘, also ihren Körper und ihre Sexualität, benutzt, um ihre heroische Tat auszuführen, kann sie immer noch keusch bleiben ... Dieser doppelte Standard – daß sie schön und sexuell und doch keusch und unberührt sein muß – zeigt die tiefgehende männliche Ambivalenz zur Sexualität der Frauen: sie ist gleichzeitig begehrenswert und gefährlich“ (Übersetzung E. G.-C.).

59 Aber auch im Frauenkopf, da Frauen ja in sich die imaginierten Bilder tragen, die Männer in sie hineinprojizieren!

60 BAL 1994, S. 4: „Wenn du deinen Kopf verlierst, gibt es zusätzlich zu anderen Erschwernissen ein Problem der Rationalität und des Verständnisses“ (Übersetzung E. G.-C.).

61 Vgl. Jdt 10,23, Judit fällt vor Holofernes nieder: καὶ πεσοῦσα ἐπὶ πρόσωπον προσεκύνησεν αὐτῷ, sie fiel auf ihr Antlitz und huldigte ihm; und Jdt 14,7, Achior fällt zuerst in Ohnmacht und dann Judit zu Füßen: ὡ δὲ ἀνέλαβον αὐτόν, προσέπεσεν τοῖ ποσὶν Ιουδὶθ καὶ προσεκύνησεν τῷ προσώπῳ αὐτῇ, als sie ihn aufhoben, fiel er zu Judits Füßen und huldigte ihr.

62 Siehe dazu HAAG 1963, S. 53f.: Er interpretiert Achiors Ohnmacht als „Erschütterung eines Menschen, der unmittelbar dem Handeln Gottes gegenübersteht". Zur Aufnahme bei den Juden meint er folgendes: „Die Gestalt des Achior erscheint nun in der Darstellung des Buches Judit als der typische Vertreter jenes gottesfürchtigen Heidentums, der durch die gläubige Erfahrung des machtvollen Wirken JHWHs ... Teilnahme an seiner Verheißung findet." CRAVEN (1983a, S. 153) kommt zum Schluß, daß die üblichen Argumente, die sich mit jenen von Haag decken, nicht wirklich schlüssig sind. Sie meint: „Achior bleibt einfach ein Geheimnis" (Übersetzung E. G.-C.); sie zitiert Steinman (1953), der meint, es sei eigentlich ein Skandal, daß Achior als der einzig wirklich Gläubige zusammen mit Judit dargestellt wird. Aber dies ist wohl nicht der einzige Skandal; wenn man zwischen den Zeilen liest, finden sich noch andere Skandale. ZENGER (1981, S. 234) meint, daß in „Judit schließlich ... all jene Menschen und Gruppen Gestalt gewinnen, die in JHWHs Treue und Macht die Basisstruktur von Welt und Geschichte sehen und so zu einem befreienden Zeichen und Impuls werden für alle, die sich ihrer erinnern". ROITMAN (1992, S. 40) kommt zum Schluß: „Diese Rolle könnte als ein literarischer Ausdruck der Ideologie des Proselytentums, die dem Buch zugrundeliegt, verstanden werden" (Übersetzung E. G.-C.). Vgl. auch NICKELSBURG 1984, S. 49.

63 ROITMAN 1992, S. 39. Übersetzung E. G.-C. Im Gegensatz dazu meint Amy-Jill Levine, daß Achior sich nicht von den anderen Männern unterscheidet und Judit Witwe bleiben muß, da kein Mann sich mit ihr messen kann. LEVINE 1992, S. 20: „Die Männer sind schwach, töricht und beeinträchtigt: Manasse stirbt schmachvoll; Holofernes ist unfähig; Bagoas ein Eunuch; Achior wird blaß, als er Holofernes' Kopf erblickt" (Übersetzung E. G.-C.).

64 Verschiedene Autor(inn)en (u. a. ELDER 1991, S. 284–287; STOLZENWALD 1991, S. 90; LACOQUE 1990, S. 38) beziehen sich auf den Text von Patricia Montley, „Judith in the Fine Arts", wenn sie von Judit als androgyner Frau sprechen. Mir ist es trotz vieler Bemühungen nicht gelungen, diesen Text in die Hand zu bekommen.

65 Hilfreich dabei war das bereits von Mieke Bal entwickelte ‚narrative' Modell: „Eine Stimme gehört zu der/dem, die/der die primäre Subjektposition in einem Diskurs innehat ... Die Stimme gehört oft zum Brennpunkt des Textes und drückt diesen Brennpunkt aus. Wenn alle oder die meisten der bestätigenden Antworten auf die Fragen – Wer spricht? Wer zieht die Handlung auf sich? Wessen Standpunkt ist dominant? – auf ein und dieselbe textliche Gestalt konvergieren, dann verkörpert diese Gestalt die dominante Stimme der Passage, sei es nun prosaisch erzählend oder poetisch" (BRENNER 1993, S. 7. Übersetzung E. G.-C.).

66 GOITEIN 1998, S. 4: „Die Voraussetzung unserer Untersuchung kann nicht eine Diskussion von Büchern sein, die sich ausdrücklich Frauen widmen, wie die

Bücher von Esther, Ruth oder Judit, da es keinen Beweis gibt, daß Bücher über Frauen auch von Frauen geschrieben worden sind" (Übersetzung E. G.-C.).

67 Vgl. GOITEIN 1998, S. 4: „Im Gegenteil, es ist natürlich, daß das Lob der Frau meist auf den Lippen des Mannes gefunden wird" (Übersetzung E. G.-C.).

68 DIJK-HEMMES, van, 1993, S. 31. Eine solche Aussage in diesem Buch wirkt besonders schwerwiegend, da sie von Frauen auf der Suche nach einer F-voice formuliert wird.

69 Vgl. DIJK-HEMMES, van, 1993, S. 32–48, S. 34: „Wenn Frauen, die nur am Rande an der dominanten Kultur teilnehmen, die Gelegenheit gegeben wird, ihre Stimme in dieser dominanten Kultur zu erheben und öffentliche Meinung auszudrücken, machen sie oft von dieser Gelegenheit Gebrauch, um ihre eigene Meinung durch den ironischen und manchmal subversiven Stoß ihrer Lieder auszudrücken." Vgl. ebenso HENTEN, van, (1994, S. 36), der die Ansicht vertritt, Judit sprenge Geschlechterrollen: „Ein dritter Hinweis scheint eine Abkehr vom herkömmlichen Muster der Männer zu sein, die als Krieger und Befreier agieren, und der Frauen, die das Lied des Sieges singen." Übersetzungen E. G.-C.

70 Vgl. dazu FRIEDMAN 1986/87, S. 235–239. Hier wird die Interpretationsweise von David und Judit in der Kunst beschrieben.

71 BUTLER 1991, S. 47, zitiert wird hier Monique Wittig.

72 FREUD 1994, S. 564. So beendet Freud seinen fiktiven Vortrag über die Weiblichkeit, indem er seinen männlichen Zuhörern diesen Rat auf den Weg zur Erkundung der Weiblichkeit mitgibt.

73 Übersetzung zitiert nach ZENGER 1983, S. 200.

74 TRIBLE 1993, S. 39: „Zweitens, das Wort ηὂα-ᾳ̂ὂαδὂαμ im Singular mit seinem Pronomen ᾳ̂ὂοτῷ im Singular zeigt, daß das Männliche und Weibliche nicht entgegengesetzte, sondern vielmehr aufeinander abgestimmte Geschlechter sind."

75 Ebda, S. 40: „Sondern es bedeutet die ursprüngliche Einheit, die gleichzeitig die ursprüngliche Unterscheidung ist. Von Anfang an ist das Wort ‚der Mensch' synonym mit der Redewendung ‚männlich und weiblich', obwohl die Komponenten dieser Ausdrücke nicht miteinander synonym sind. Die Einheit enthält die geschlechtliche Unterscheidung, sie bedeutet nicht die geschlechtliche Identität. Infolgedessen erlaubt das Vokabular, das dem Menschen in dem Gedicht zugeordnet ist, die Interpretation nicht, daß sie entweder antonym (einander entgegengesetzt) oder synonym (gleich) seien. Es erkennt den Unterschied innerhalb der Harmonie an."

76 Vgl. dazu THÜRMER-ROHR 1987, S. 38–56. Thürmer-Rohr prägte den Begriff der Mittäterschaft von Frauen im Patriarchat. Frauen werden zu Mittäterinnen,

wenn sie sich den Status quo männlicher Errungenschaften aneignen und Nutznießerinnen dieser Herrschaftskultur sind.

77 Vgl. LEVINE 1989, S. 564: „Judit mußte eine Witwe sein – das heißt sexuell erfahren, aber ungebunden –, damit sie ihren Plan ausführen konnte. Und sie mußte Witwe bleiben“ (Übersetzung E. G.-C.).

78 Vgl. BURRUS 1986, S. 110; LEVINE 1989, S. 567: „Folglich müssen die Frauen zu ihren Häusern und ihren Gatten zurückkehren“ (Übersetzung E. G.-C.). Eine Frau, die zu Hause bleibt, akzeptiert ihren Platz in der Gesellschaft, nämlich die Ehe und die geregelte sexuelle Verbindung. Jedesmal, wenn sie das Haus verläßt, überschreitet sie die Grenze und tritt in die männliche Welt ein, wo sie Mißfallen, Feindseligkeit und Verachtung provoziert. Mit dem Hinausgehen verletzt sie die Regeln der patriarchalen Ehe. Das Haus verlassen heißt auch, die Regeln des Ehemannes brechen.

79 Die Interpretationen in Kunst und Literatur bieten dafür viele Beweise: Sei es nun, daß sie im Kampf der Gegenreformation auf der Seite der katholischen Kirche steht, um die wahrhafte Gläubigkeit zu demonstrieren, oder daß sie von Sigmund Freud benutzt wird, um als Beispiel einer Femme fatale herhalten zu müssen.

80 CRAVEN 1983a, S. 91: „In allen drei Fällen hebt der Autor hervor, daß JHWH ‚durch die Hand einer Frau‘ triumphiert“ (Übersetzung E. G.-C.).

81 Vgl. MOORE 1985, S. 193: „… moderne Versionen haben die Position Judits abgeschwächt, indem sie ϑήλεια hier als ‚Frau‘ übersetzen, denn ϑήλεια ist das weniger ehrenvolle von den beiden, da es kein Ausdruck ist, der auf Menschen beschränkt ist“ (Übersetzung E. G.-C.).

82 LEVINE 1992, S. 26: „Ihr abschließender Psalm verstärkt die herkömmlichen Geschlechterrollen, indem er erstens die Irregularität der Unterwerfung durch die Hand einer weiblichen ϑήλεια betont und zweitens die volle Ehre der Gottheit gibt“ (Übersetzung E. G.-C.).

83 SKEHAN (1963, S. 108) vergleicht Judit mit Mose, die gleich wie dieser als Instrument Gottes durch ihre Hand das Volk in die Freiheit führt: „Die absichtliche Parallelität, die Judit aufzeigt, ist klar. In Ex 1–19 benutzt die allmächtige Hand Gottes die Hand von Moses als sein Instrument, in Judit die Hand einer Frau“ (Übersetzung E. G.-C.).

84 HEBBEL (1984, S. 17f.) hat es in seinem Theaterstück „Judith“ so formuliert: „Ein Weib ist ein Nichts, nur durch den Mann kann sie etwas werden; sie kann Mutter durch ihn werden. Das Kind, das sie gebiert, ist der einzige Dank, den sie der Natur für ihr Dasein darbringen kann.“

85 Im Gegensatz dazu: HENTEN, van, 1995, S. 247: „Die androzentrische Bezugnahme in Judit kann nicht geleugnet werden, aber eine Lesart von Judit als eine

alternative Führerin, eine Alternative zum Mann und sogar zum großen Moses, kann als eine Neudefinition der Wirklichkeit aus einer weiblichen Perspektive gesehen werden" (Übersetzung E. G.-C.).

86 Ich habe diese Zeilen selbst übersetzt und dabei die Zeilenform im Text, wie sie in der Septuaginta überliefert ist, beibehalten.

87 Vgl. Ex 15,20–21, Ri 11,34, 1 Sam 18,6–7; DIJK-HEMMES, van, 1993, S. 32: „Frauen nahmen nicht, oder nur in großen Ausnahmen (Jael, Judit), an diesen Kriegen teil. Ihre Aufgabe war, die Krieger bei ihrer Heimkehr willkommen zu heißen und ihnen Huldigung zu erweisen. In diesen Liedern drückten sie die öffentliche Meinung aus" (Übersetzung E. G.-C.).

88 MOORE 1985, S. 247: „Obwohl die Olive im AT verschiedene Begriffe einschließlich Leben, Friede und Danksagung symbolisierte, war das Tragen eines Kranzes aus Ölzweigen ein griechischer Brauch, kein jüdischer. Daher ist die Erwähnung dieser speziellen Handlung ein zusätzlicher Hinweis darauf, daß die Erzählung ihre endgültige Form in der griechischen Periode erhielt" (Übersetzung E. G.-C.).

89 Übersetzung E. G.-C. Dieser Satz wird häufig übersetzt mit: „Denn er schlug sein Lager auf inmitten seines Volkes" (z. B. Jerusalemer Bibel). Vgl. auch ENSLIN 1972, S. 169: Er meint, daß hier ein Übersetzungsfehler vorliege und der Sinn nicht eindeutig festzumachen sei. Am sinnvollsten ist seiner Meinung nach der Gedanke: „Unser Gott beendet den Krieg, indem er seine Feinde zerstört und indem er mich vom Lager des Holofernes befreit hat, der versuchte, mir Gewalt anzutun" (Übersetzung E. G.-C.). Dies allerdings, meint Enslin, müsse man frei in den Text hineininterpretieren.

90 Vgl. auch Num 5,3, 14,14, Dt 23,15; auch HAAG 1963, S. 56.

91 MOORE 1985, S. 248: „Mein Gebiet … meine jungen Männer … meine Söhne … meine Kinder … meine Mädchen. Dank dieser Aneinanderreihung von besitzanzeigenden Fürwörtern unterstreicht der Vers, daß die kinderlose Judit, wie jede großartige Mutter, Menschen und nicht Besitz besonders hochschätzt" (Übersetzung E. G.-C.). Mir scheint der Schluß, den Moore zieht, sehr eigenartig. Von vielen Kommentatoren werden die Verse 16,3 und 4 rasch übergangen und die nächsten, die Judits Handeln beschreiben, als die wichtigeren und interessanteren gedeutet. So auch HAAG 1963, S. 57; DANCY 1972, S. 152: Er meint, 16,6–10 wären das wirkliche Herz des Gebetes.

92 SCHROER 1996, S. 28: „Bis heute ist es nicht gelungen, einen Konsens über die Bedeutung der Weisheit im religiösen Symbolsystem des nachexilischen Israel zu finden." Vgl. auch BAUMANN 1996, S. 1–57.

93 SCHÜSSLER-FIORENZA (1988, S. 158) spricht Judit deutliche Züge der Weisheitstheologie zu.

94 DANCY (1972, S. 125) meint, daß nur in diesem Abschnitt Judits Tat wirklich geehrt wird, und er nimmt an, daß dies auch der Originalteil des Liedes war. MOORE 1985, S. 252: „Es stimmen jedoch beinahe alle Gelehrten korrekt überein, daß die Verse 5–10 unzweifelhaft die Juditgeschichte widerspiegeln. Von einem rein literarischen Standpunkt aus ist diese spezielle Stelle der eindrucksvollste Teil des Liedes, da es der lebendigste, detaillierteste und ironischste ist" (Übersetzung E. G.-C.).

95 Oder auch „Liber Antiquitatum Biblicarum" genannt. Das Werk entstand in den Jahren 73 bis 102 n. Chr. und wurde auf Philo von Alexandrien zurückgeführt. Heute jedoch weiß man, daß es ein unbekannter, wahrscheinlich dem pharisäischen Denken nahestehender Gelehrter war, der das Werk verfaßt hat. Dem Verfasser ist es wichtig, Israel an seine Treue zu JHWH zu erinnern. Es ist eine Schrift, die in Zeiten, in denen Israel geschwächt ist, mahnt und verheißt. Ursprünglich hebräisch verfaßt, dann ins Griechische übersetzt, ist uns letztendlich nur die lateinische Übersetzung erhalten geblieben. Vgl. DIETZFELBINGER 1979, S. 92f.

96 Vgl. BURNETTE-BLETSCH 1998, S. 54: „Zur Zeit der Verfassung Pseudo Philos gab es eine lange bestehende Tradition, Israels geheime Überlieferungen umzuschreiben und neu zu interpretieren, was sogar innerhalb des hebräischen Kanons selbst offensichtlich ist" (Übersetzung E. G.-C.).

97 Ebda, S. 56. Übersetzung E. G.-C. Burnette-Bletsch meint auch, es wäre nicht auszuschließen, daß der Autor eine Frau war.

98 BURNETTE-BLESCH 1998, S. 64: „Am Ende der Geschichte sind die Feinde Israels diejenigen, die gedemütigt und verweiblicht werden" (Übersetzung E. G.-C.).

99 MOORE 1992, S. 69: „Obwohl bis heute keine Kopie von Judit in hebräisch oder aramäisch in Qumran gefunden wurde, ist der interne Hinweis auf eine hebräische Vorlage for seine griechische Version sehr stark, wenn nicht gar schlüssig" (Übersetzung E. G.-C.).

100 Vgl. CRAVEN 1983a, Introduction, S. 1–9, S. 5: „Ich bin nicht mehr überzeugt, daß wir ein hebräisches Original auf der Basis des Hebräertums annehmen sollten. Im griechischen Text und Hieronymus' zweifelhafter Aussage: ‚Der Autor sollte sowohl mit Sprache als auch Stil von altertümlicher Geschichtserzählung vertraut gewesen sein.'" Übersetzung E. G.-C.

101 HELTZER (1998, S. 121) argumentiert für die Datierung in die Perserzeit aufgrund des Eigennamens Achior und der Bezeichnung ‚Tagelöhner': „Darum scheint es angebracht, nochmals zu betonen, daß die Realia des Buches Judith in die Achämenidenzeit gehören und somit in das 4. Jhdt."

102 ZEITLIN 1972, S. 28; MOORE 1985, S. 69: „Obwohl der griechische kanonische Text mit hebräischen Kompositionsmustern strukturiert ist, erscheint es

gleichermaßen plausibel, daß der griechische Text von Anfang an in elegantem hebräisiertem Griechisch geschrieben worden sein könnte" (Übersetzung E. G.-C.).

103 Die Rolle des Konzils von Jamnia ist in Wissenschaftlerkreisen allerdings umstritten. Heute spricht man von einer Akademie oder Schule, nicht mehr von einem Konzil, und die Kanonisierung der hebräischen Schriften wird als ein Prozeß angesehen, der in mehreren Schritten und über eine längere Zeitdauer vor sich ging. Vgl. dazu MOORE 1992, S. 62.

104 MOORE 1992, S. 62: „Anders ausgedrückt, ist das meiste, wenn nicht alles, der hebräischen Bibel im wesentlichen schon vor dem Konzil von Jamnia kanonisiert worden, obwohl die Kanonisierung von verschiedenen Büchern (im speziellen Esther, Kohelet und das Hohe Lied) durch einige Juden bis ins dritte oder vierte Jahrhundert a. C. bestritten wurde" (Übersetzung E. G.-C.).

105 Obwohl es keine hebräische oder aramäische Vorlage gibt und dies durch die Funde am Toten Meer bewiesen werden konnte, gibt es textinterne Anhaltspunkte, die eine hebräische Vorlage für die griechische Version fast zwingend einschließen, argumentiert MOORE (1992, S. 63).

106 Vgl. dazu den ethnographischen Exkurs des römischen Historikers Tacitus (56–120 n. Chr.) über das jüdische Volk, zitiert in ROITMAN (1994, S. 253): „(2:1) Da ich jedoch dabei bin, die letzten Tage der berühmten Stadt zu beschreiben, scheint es mir geziemend, eine Erklärung ihres Ursprungs zu geben. Es wird gesagt, daß die Juden ursprünglich Verbannte von der Insel Kreta waren, die sich im entferntesten Teil Libyens zur Zeit, als Saturn abgesetzt und von Jupiter vertrieben wurde, ansiedelten. Ein Argument dafür wird aus dem Namen abgeleitet: Es gibt einen berühmten Berg auf Kreta, Ida genannt, und von diesem wurden die Einwohner Idaei genannt, was später zum barbarischen Judaei erweitert wurde … (3) Andere wieder berichten, daß sie assyrische Flüchtlinge waren, ein landloses Volk, das zuerst einen Teil Ägyptens eroberte, dann später ihre eigenen Städte hatte und im hebräischen Territorium und den näheren Teilen Syriens lebte. Wieder andere sagen, daß die Juden bedeutenden Ursprungs sind, nämlich die Solymoi (ein mythisches Volk in Lykien, Anm. E. G.-C.), ein Volk, das in Homers Gedichten besungen wird, das eine Stadt gründete und ihr den Namen Hierosolyma gab …" (Übersetzung E. G.-C.).

107 Vgl. PERVO 1991, S. 156: „Studenten des antiken Romans haben generell Judit vernachlässigt, trotz Wilamowitzs Feststellung, daß es ein typisch griechischer Roman ist" (Übersetzung E. G.-C.).

108 EGGER 1990, S. 3: „Die Meinung seiner weiblichen Leserschaft wurde akzeptiert und von der Mehrheit der nachfolgenden Studien wiederholt. Bis 1960 war dies eng verbunden mit einer tendenziell herabsetzenden negativen Einschätzung des literarischen Wertes des Romans, besonders angesichts der

verheerenden Meinung Rohdes, daß der griechische Roman ein dekadentes Genre sei" (Übersetzung E. G.-C.).

109 Dies ist ein Begriff, der Mitte des 19. Jahrhunderts eingeführt wird, und zwar in einer Zeit, in der Frauen Literatur zu verfassen beginnen. E. Rohde vergleicht die Zeit des Hellenismus, in der der griechische Roman zur Hauptliteratur wurde, mit jener im 19. Jahrhundert und meint, dies sei Dekadenzzeit. Darunter versteht man aus männlicher Sicht Zeiträume, in denen die Männerherrschaft geschwächt ist und die Frauen stärker in den Vordergrund treten und die Kultur bestimmen. Immer wenn Themen dann von Frauen aufgegriffen werden, werden diese abgewertet oder als Massenliteratur abgetan. Vgl. EGGER 1990, S. 5.

110 EGGER 1990, S. 15: „... warum sollten denn Frauen nicht fähig sein, sich mit einer selbstsicheren weiblichen Romanfigur zu identifizieren, die erfolgreich einen Mann verführt, auch wenn das eine männlich erzeugte Phantasie ist?" (Übersetzung E. G.-C.).

111 Vgl. ELDER 1991, S. 132–147. Vgl. auch POMEROY 1985, S. 208: „Wesentlich bedeutsamer als die Möglichkeit, am Berufssport teilzunehmen, war es indessen, daß den Frauen nun auch das Lesen und Schreiben nicht länger verschlossen blieb." Vgl. auch EGGER 1990: „Papyri zeigen griechische Frauen in Ägypten als aktive und sichtbare Teilnehmerinnen im ökonomischen und sozialen Leben ihrer Haushalte und Gemeinschaften ... Sie hatten sogar öffentliche Ämter inne (was zugestandenermaßen hauptsächlich Liturgie vollziehen und der Gemeinschaft Geld verschaffen hieß – obwohl sie natürlich kein politisches Recht im engeren Sinn hatten) ..." (Übersetzung E. G.-C.).

112 Vgl. EGGER 1990, S. 15. Auf dieses Phänomen stoßen wir besonders auch im 19. Jahrhundert, als Frauen beginnen, Literatur zu schreiben.

113 Vgl. ebda, S. 57. So z. B. Melite in „Archilles und Arsake in Heliodorus".

114 EGGER 1990, S. 232: „In den Erzählkonventionen der griechischen Novelle gehören die führenden Paare immer zu den ersten Familien ihrer Städte, sowohl was den Wohlstand als auch die soziale Position betrifft – und kehren immer dorthin zurück" (Übersetzung E. G.-C.).

115 EGGER (1990, S. 41) bestätigt, daß außer in ganz wenigen Ausnahmen keine andere weibliche Rolle im griechischen Roman existiert.

116 Vergleiche mit Göttinnen sind naheliegend. Vgl. EGGER 1990, S. 51. HELIODOR (1990, S. 12) beschreibt seine Titelheldin Chariklea folgendermaßen: „Auf dem Felsen saß ein junges Mädchen von wunderbarer Schönheit. Man hätte sie für eine Göttin halten können."

117 EGGER 1990, S. 57: „Niemand kann ihrer im Überfluß vorhanden erotischen Kraft und sinnlichen Anziehungskraft widerstehen. Sie werden immer um ihrer selbst willen heiß geliebt werden, nur für ihre Schönheit und Faszination,

die sie ausstrahlen, niemals aus pragmatischen oder ökonomischen Gründen" (Übersetzung E. G.-C.).

118 So zum Beispiel Melite in Achilles Tatius' Leucippe und Clitophon: „Melite ist eine der großen Figuren des griechischen Romans und überschattet, nach Ansicht vieler Leser, die Heldin, die im Vergleich etwas blaß erscheint" (EGGER 1990, S. 78f. Übersetzung E. G.-C.).

119 Dieser Titel ist übernommen von REARDON 1989, S. 5.

120 EGGER 1990, S. 89: „... sie wird ein Monster, das sich hämisch über den nahe bevorstehenden Tod ihres Rivalen am Pfahl freut. Arsake erhält auch die Bezeichnung ‚Biest'" (Übersetzung E. G.-C.).

121 EGGER (1990, S. 92) meint, daß solche Gestalten wie Phaedra oder Potiphars Frau Vorbildrolle gehabt haben könnten.

122 Datierung nach REARDON 1989, S. 5.

123 Vgl. EGGER 1990, S. 94: Die Antiheldin wird auch dazu verwendet, den Unterschied ‚brave und gute griechische Frau' und ‚unkontrollierte, tierische fremde Frau' glaubhaft darzustellen.

124 EGGER 1990, S. 95: „Durch den Kontrast jedoch formen die Beziehungen von Kameraderie und Solidarität zwischen dem männlichen Protagonisten und seinen Freunden oder Reisegefährten ein bedeutendes Thema, das einen beträchtlichen erzählenden Einflußbereich einnimmt" (Übersetzung E. G.-C.).

125 „An Ethiopian Story" ist der von B. Reardon (1989, S. 5) vorgeschlagene Titel; die Textbeispiele sind aus der deutschen Ausgabe mit dem Titel „Die Abenteuer der schönen Chariklea" (HELIODOR 1990) entnommen.

126 HELIODOR, 1990, S. 268: „Eunuchen sind von Natur eifersüchtig. Denn was ihnen selbst versagt ist, suchen sie auch anderen vorzuenthalten."

127 Vgl. PERVO 1991, S. 155f.: „Melite ist nicht böse, sie spielt nicht die Rolle eines üblen Tyrannen, aber sie ist nicht ‚gut'" (Übersetzung E. G.-C.). Vgl. auch EGGER 1990, S. 75–79.

128 Es handelt sich dabei um die Oikonomia-Philosophie. Vgl. STANDHARTINGER 1995, S. 59–76. Die nach dem Vorbild Xenophons entwickelten ‚Haushaltslehren' bilden den Hintergrund vieler Äußerungen der Antike über die Frau.

129 POMEROY 1985, S. 204. Der Autor dieses Traktates ist nicht genau bekannt. Ursprünglich wurde er Platos Mutter zugeschrieben, vermutlich aber von einer späteren Periktione oder von einem Neupythagoräer verfaßt. Dieser Ratgeber für junge Damen ist ein ungewöhnlich frühes Beispiel für solche Schriften.

130 Die Aussagen Jesus Sirachs über die Rolle der Frauen passen auch zu dieser Oikonomia-Philosophie. Vgl. Spr. 26,14–16, 25,21, 33,20a; vgl. STANDHARTINGER 1995, S. 59–76.

131 Ich erinnere daran, daß auch Hieronymus Judit als eine Heldin darstellt, die die Stadtväter um Erlaubnis bat, die Stadt verlassen zu dürfen.

132 PERVO 1991, S. 158: „Wie die Heldinnen des romantischen Romans ist sie so großartig, daß allein ihre Anwesenheit eine Menschenmasse anzieht. (Jdt 10, 18–19)“ (Übersetzung E. G.-C.).

133 EGGER 1990, S. 86: „Arsake verbindet die Typologien des unbeherrschten und grausamen Barbaren, des absoluten Tyrannen, der schamlosen Ehebrecherin und der zurückgewiesenen Geliebten, die sich als rachsüchtig erweist“ (Übersetzung E. G.-C.).

134 WILLS 1994, S. 232: „Der Name Judit bedeutet ‚Jüdin‘, und ihr standhafter Mut erschafft in dem Werk ein moralisches Sittenbild: angesichts einer erdrückenden Bedrohung für das jüdische Volk wird der Glaube an Gott triumphieren“ (Übersetzung E. G.-C.).

135 So meint zum Beispiel CRAVEN (1983a, S. 121) am Ende ihrer Ausführungen: „Wir werden rechtzeitig die volle Bedeutung dieser Details erkennen“ (Übersetzung E. G.-C.), was soviel bedeutet wie, wir beginnen erst, die feministischen Möglichkeiten der Geschichte zu erkennen! Vgl. auch JACOBUS 1992, S. 62ff.; sowie LEVINE 1992, S. 28. Zu einem ebensolchen Ergebnis kommt EGGER (1994, S. 43): „Jede Lesart von Callirhoe sollte mit seiner hochentwickelten literarischen Struktur auch diesen Aufruf beinhalten, der zur Identifikation der Leserin einlädt“ (Übersetzung E. G.-C.).

136 Im Gegensatz dazu meint CRAVEN (1983a, S. 121): „Ich war von dieser Geschichte nicht enttäuscht, aber ich möchte nicht darüber streiten, ob der Autor alle Stellen in der Geschichte, die mir Vergnügen bereiteten, absichtlich so schrieb“ (Übersetzung E. G.-C.).

137 Vgl. dagegen MILNE 1993, S. 55: „Was sollen wir also mit Judit machen? Ich würde vorschlagen, daß feministische Leserinnen jede Unterstellung zurückweisen, daß sie eine feministische Heldin oder die Heldin einer Feministin ist. Statt dessen ist Judit, als eine Charakterfigur, eine verlockende Helferin, die wirkungsvoll Frauenfurcht, nicht Gleichheit, in einer patriarchalen Erzählung begünstigt. Obwohl sie eine bedeutsame literarische Rolle in einem epischen Kampf um die Befreiung der Assyrer spielt, befreit Judit weder sich selbst noch ihre Landsfrauen vom Status quo der biblischen Geschlechterideologie“ (Übersetzung E. G.-C.).

138 SCHRAGE 1993. Dieses Gedicht widmete Dieter Schrage der Künstlerin Minna Antova, inspiriert durch die Betrachtung ihres Juditzyklus.

139 In folgenden Werken findet man eine gute Zusammenfassung des Themas in der Kunstgeschichte: CONZEN 1982; STONE 1992, S. 73–84, FRIEDMAN 1986/87.

140 HATZ 1972, S. 148: „Der Erfolg ihres Unternehmens gründet sich auf die Schwäche des Mannes gegenüber weiblichen Reizen und auf seine Unfähigkeit, ihre versteckten Absichten zu erkennen."

141 Ab dem 13. Jahrhundert kann man diese Argumentationslinie verfolgen. Der Begriff ‚Femme fatale' ist zwar vom Wortlaut her im 19. Jahrhundert entstanden, aber das Phänomen erscheint schon ab dem 13. Jahrhundert in den Weiberlisten. Vgl. HAMMER-TUGENDHAT 1997, S. 349.

142 GARRARD 1989, S. 279: „... aber nicht wegen seiner Gewalt, denn Gewalt ist ein Grundpfeiler der Kunst! Sie beleidigt und schockiert, da es eine antisoziale und illegitime Gewalt darstellt, die Ermordung eines Mannes durch eine Frau. Holofernes ist nicht bloß ein böser orientalischer Despot, der seinen Tod verdient, er ist JEDERMANN" (Übersetzung E. G.-C.).

143 Signoria ist der Name für die Stadtregierung in Florenz um 1500.

144 Ich beziehe mich bei meinen Ausführungen auf die Entwicklung in der westlichen Kunstgeschichte. In der jüdischen Tradition gibt es bis zum Mittelalter ein Aufleben der Juditgeschichte durch eine Verbindung mit dem Chanukka-Fest. Judit wurde in die Reihe der berühmten Märtyrer aufgenommen, die in dem Manuskript „Hamburg Miscellany" (1427) dargestellt sind. In weiterer Folge wird am achtarmigen Leuchter, der zum achttägigen Chanukka-Fest angezündet wird, Judit dargestellt. Sie wird in der jüdischen Volkstradition zum Symbol für jüdisches Heldentum. Vgl. FRIEDMAN 1986/87, S. 225–232.

145 STONE (1992, S. 74) beschreibt diesen Vorgang so: „Eine christliche religiöse Darstellung, die im frühen Mittelalter begann" (Übersetzung E. G.-C.).

146 Judit wird als Vorläuferin Marias gesehen, im „Speculum humanae salvationis" treten die beiden Seite an Seite auf. Vgl. WARNER 1989, S. 233.

147 WARNER 1989, S. 234f.: „Den Tyrannenmord Judiths als Aspekt ihrer sexuellen Enthaltsamkeit zu analysieren, ist typisch für das reduktive Denken über Frauen." Vgl. auch GARRARD 1989, S. 284, die Bonaventura zitiert: „Bonaventura, der erklärt, daß die Jungfrau, wie Judit, den Kopf des Teufels, von dem Holofernes die Inkarnation war, abschnitt" (Übersetzung E. G.-C.).

148 Vgl. STONE 1992, S. 82; S. 83: „Von da an findet eine große Veränderung statt; die Figur Judits wechselt ihre Richtung, und ein neues Image verändert die kämpfende Figur des fünfzehnten/sechzehnten Jahrhunderts" (Übersetzung E. G.-C.).

149 Bei den „Weiberlisten" handelt es sich um Arbeiten, die speziell im 15. und 16. Jahrhundert in Nordeuropa entstanden sind und oft als Wandteppiche in aristokratischen Häusern aufgehängt wurden. Auf ihnen sind Paare abgebildet, die sich dadurch auszeichnen, daß die Frauen ihre Geliebten verraten und betrügen und diese so zu Fall bringen. Vgl. FRIEDMAN 1986/87, S. 239; CONZEN 1982, S. 33; GARRARD 1989, S. 144.

150 FRIEDMAN 1986/87, S. 239: „Sie wurde den zügellosen Sündern zugezählt, da sie es als Frau wagte, einen Mann zu töten“ (Übersetzung E. G.-C.).

151 Bezeichnenderweise lautet die englische Übersetzung der „Weiberlisten“ „Triumph of Love”. Hier wird das Augenmerk auf das H andeln der Frauen in den Bereich der Liebe verlegt und die Unterlegenheit des Mannes als ‚Liebesopfer‘ unterstrichen.

152 Vgl. dazu KRISTEVA, Julia, Visions capitales, Ausstellungskatalog zur gleichnamigen Ausstellung im Louvre, Paris, 27.4.–27.7.1998, S. 71–80.

153 Vgl. KRISTEVA 1998, S. 44–56. Kristeva erläutert hier den Zusammenhang der Ikone als Darstellungsweise in der orthodoxen Kunst und der Ikonisierung in der westlichen Kunst. Der Kopf des auferstandenen Jesus trägt in der westlichen Kunst Züge einer byzantinischen Ikone von Jesus.

154 Die Geschichte der Veronika stammt aus den apokryphen Schriften und besagt, daß diese Frau Jesus während seiner Passion mit einem Schweißtuch das Gesicht getrocknet hat. In dieses Tuch hat sich das Gesicht Jesu eingeschrieben. Vgl. dazu KRISTEVA 1998, S. 52.

155 Vgl. BAL 1994, S. 3–8; KRISTEVA 1998, S. 35–43. In der griechischen Mythologie ist uns dazu eine Geschichte der Transformationen überliefert. Es sind die Gorgonen Medusa, Euryale und Sthenno, die Meeresgöttinnen waren. Medusa war unter den drei Schwestern die sterbliche. Sie wird von Poseidon vergewaltigt, was sie in die Nähe der Persephone rückt. Diese ist es, die den Kopf der Gorgo denen entgegenschickt, die zu ihr in die Unterwelt eindringen wollen. Aus Medusa wird das schreckliche Gesicht mit den Schlangen um den Kopf, wer es erblickte, dem ging der Atem aus, und er erstarrte auf der Stelle zu Stein. Perseus gelingt es, geschützt und begleitet von der Göttin Athene, das Medusenhaupt dadurch zu bezwingen, daß er nicht in ihr Antlitz blickt, sondern nur auf dessen Spiegelung in seinem blanken Schild. Somit konnte er Medusa köpfen. Aus dem Hals der Medusa sprang das geflügelte Roß Pegasus hervor. Gekürzte Darstellung aus: KERÉNYI 1977, S. 44f.

156 GARRARD 1989, S. 286: „Donatellos Judit wurde im fünfzehnten Jahrhundert verwendet, zunächst durch die Medici, um ihre familiäre Verbindung mit der Aufklärung und Kunstliebhaberei zu bezeugen, und dann als bürgerliches Zeichen der florentinischen Republik gegen ihre Feinde“ (Übersetzung E. G.-C.).

157 BAL 1994, S. 6: „Medusa sieht weg, um dich dazu zu bringen, mit ihr wegzuschauen, um dem Mythos zu entkommen, der an eine Ausflucht vor dieser furchterregenden Rolle bindet. Medusa ‚spricht‘ bildlich ausgedrückt auf eine mahnende Weise und verleitet ‚dich‘ so, mit ihr die wahre Quelle der Furcht zu suchen, die in der Ideologie liegt, die Frauen in Monster verwandelt“ (Übersetzung E. G.-C.).

158 Leider konnte ich trotz intensiver Recherche dieses Bild nicht ausfindig machen. Zur Judit-Medusa-Parallele vgl. Kapitel 7.2.

159 JACOBUS 1992, S. 77; vgl. auch TREUSCH-DIETER 1997, S. 191: „Judiths Doppelgesicht bestünde folglich darin, daß sie sowohl unverdächtig als auch verdächtig ist, was ihren Erscheinungsweisen als Volksheldin und Gorgo nicht widerspräche, obwohl diese Erscheinungsweisen für den Mythos der Bibel, so wie er sich selbst präsentiert, nicht ausschlaggebend sind, denn in der Bibel kommt Judit prinzipiell der Status der Magd Gottes zu, der mehr als ein Ding zu sein scheint."

160 Das ist nicht nur ein Thema in sogenannten „primitiven" Gesellschaften! Auf Druck der europäischen Menschenrechtler hat die türkische Regierung eine Kampagne zur Unterbindung der zwangsweisen Jungfräulichkeitstests an jungen Frauen gestartet. Die Jungfräulichkeitskontrollen sind in der Türkei zwar keineswegs gesetzlich legitimiert, haben aber eine lange Tradition und sind bis heute üblich. „Behörden, Polizei, Schulleitungen oder auch Familienoberhäupter schleppen junge Frauen gegen deren Willen zum Arzt, um sie zum Beweis ihrer Unschuld zu zwingen" (GÜSTEN 1998, S. 6).

161 FREUD 1989, S. 222: „Die Gefahr, welche so durch die Defloration des Weibes regegemacht wird, bestünde darin, sich die Feindseligkeit derselben zuzuziehen."

162 Vgl. ebda, S. 225. Freud beruft sich bei diesem Argument auch auf den Traum einer Neuvermählten.

163 Vgl. ebda, S. 227. Freud benutzt die Medusageschichte, um diesen Vorgang des Köpfens als Symbol zu belegen, abgeleitet von der Formel Hebbels: Vergewaltigen ist Kastriert-Werden, und Kastrieren ist Vergewaltigen, wie es JACOBUS (1992, S. 73) pointiert darstellt.

164 Vgl. HATZ 1972, S. 3. Im 19. Jahrhundert häufen sich Frauendarstellungen, die diesen Aspekt des „hinterlistigen Weibes" sowie deren „Besessenheit" betonen. Vgl. auch HATZ 1972, S. 190: „... äußere Befreiung der Frau, größere Kenntnis vom Menschen und seinen Hintergründen führt zur Verdammung eines gewissen Frauentyps, der sich nicht unterordnet, sondern aktiv ist und seinen Willen und seine Wünsche dem Mann gegenüber durchsetzt."

165 Vgl. BAL 1994, S. 14: „Freud, vergessen wir das nie, stellt ‚Verwirrung' in seiner Abhandlung über Judit mehr als irgendwo anders in seiner Arbeit in den Vordergrund, und vielleicht mehr als irgendein anderer das in bezug auf Judit tat. Indem er über Jungfräulichkeit schrieb, wird er unwiderstehlich dazu hingezogen, nicht die Lage der jungen Frau zu betrachten, sondern die des Mannes, der sie gerade entjungfern will und der Angst vor der Begegnung hat" (Übersetzung E. G.-C.).

166 Ebda, S. 15: „Das, ich stimme zu, ist Judits primäre kulturelle Funktion. Ein Ort der Verwirrung" (Übersetzung E. G.-C.).

167 Zum Beispiel von Weininger, Lombroso und Ferrero, Möbius, aber auch Nietzsche, Kraus u. a. mehr.

168 Als Freud 1919 seinen Aufsatz zum Tabu der Virginität an Lou Andreas-Salomé schickte, antwortete sie mit der von Bachofen inspirierten Spekulation, daß das Tabu dadurch verstärkt worden sein könnte, „daß irgendwann einmal (Matriarchat) das Weib die Herrschende gewesen sein mag; dadurch mußte sie gleich den überwundenen Gottheiten dämonisch werden und als rachebereit gefürchtet werden ..." (zitiert nach JACOBUS 1992, S. 87).

169 ANDREAS-SALOMÉ 1928, S. 29: „Mit der Möglichkeit der Versklavung durch den Menschen mußte eine Gleichheitssucht entstehen (der ‚Penisneid') ..." Für sie entstand der Penisneid daraus, daß durch die kulturell akzeptierten Vorrechte der Herrschenden ein Neid auf die entstand, die diese Privilegien ausüben konnten, wie in Freudscher Definition der Penisneid ja aus einem Mangel an Macht und Machtausübung bzw. Machtteilnahme entstand.

170 Vgl. OLIVIER 1984, die hier dieses Thema als erste Psychoanalytikerin aufgreift. Von da an begannen immer mehr Psychoanalytikerinnen, sich Gedanken über Weiblichkeit zu machen, so zum Beispiel SCHLESIER 1981; BENJAMIN 1996; ROHDE-DACHSER 1997.

171 ANDREAS-SALOMÉ 1990, S. 40. Sie führt den Begriff Vaterwitwe ein und meint damit die Mutter, die durch den Sohn, der den Vater erschlagen hat, zur Witwe wird (weil ja Ödipus zuerst den Vater erschlagen muß, um dann die Mutter zur Frau nehmen zu können). Für den Sohn wird sie zur Vaterwitwe und bekommt damit eine andere Bedeutung, als wenn sie bloß Mutter ist. Basierend auf dieser Tat muß die Vergöttlichung des Mannes seiner Mutter laut Lou Andreas-Salomé auf psychischer Ebene immer stattfinden.

172 Vgl. STOLZENWALD 1991, S. 8: „So ist auch die historische Zuweisung von Artemisias Werk eher an die Nachfolge Caravaggios bzw. ihres Vaters Orazio Gentileschi gebunden ..."

173 Große Teile der Protokolle des Gerichtsverfahrens wurden erstmals 1981 auf Italienisch veröffentlicht, 1989 in erweiterter Form auf Englisch sowie 1992 auf Deutsch. Vgl. WACHENFELD 1992, S. 9.

174 Die wichtigsten Anregungen und Fakten entnehme ich bei meinen Ausführungen der exzellenten Arbeit von GARRARD 1989. Vgl. auch ELDER 1991: „Garrards Studie über Gentileschi stellt zuerst einen biographischen Kontext für ihr Thema her" (Übersetzung E. G.-C.).

175 Vgl. GARRARD 1989, S. 142: „Es ist Zweck dieses Kapitels aufzuzeigen, daß sie, obwohl Artemisias Interpretation dieser Themen außergewöhnlich war,

kein isoliertes Phänomen war … und es ist berechtigt zu folgern, daß ihre Erschaffung von machtvollen weiblichen Charakteren durch das Klima ihrer Zeit unterstützt wurde …“ (Übersetzung E. G.-C.).

176 Ich erinnere an dieser Stelle an das Werk von PIZAN (1990) oder die Werke der Humanisten, die Frauen genauso viel Fähigkeit wie Männern zugestehen: „In den Schriften italienischer Humanisten der Renaissance, die das zumindest in der Theorie behaupteten, sind Frauen genauso begabt wie Männer, und sie unterstützten diese Behauptung, indem sie auf berühmte heroische Frauen in der Vergangenheit hinwiesen, die ‚wackeren Frauen‘“ (GARRARD 1989, S. 143. Übersetzung E. G.-C.).

177 GARRARD 1989, S. 144: „Ein nahe verwandter Strom von Metaphorik ging aus der sogenannten ‚Weibermacht‘ hervor, in der die gefährliche Macht von Frauen über Männer dargestellt wurde in Bilder, wo Frauen Männer mit Spinnrocken schlagen, ihre Geldbeutel stehlen oder sie am Halsband führen“ (Übersetzung E. G.-C.).

178 Die Daten sind entnommen aus: STOLZENWALD 1991, S. 121.

179 Vgl. WACHENFELD 1992. Hier handelt es sich um eine vollständige Übersetzung der Gerichtsprotokolle in die deutsche Sprache.

180 Vgl. ebda, S. 48–55; GARRARD 1989, S. 20: „Die gerichtliche Zeugenaussage zu lesen heißt auf eine wahrhaft bedrückende Ebene sexueller und moralischer Gemeinheit hinabzusteigen“ (Übersetzung E. G.-C.).

181 Dies ist eine Folter, die in der Gerichtspraxis üblich war, auch in diesem Fall, um „jeden Makel der Schande und des Zweifels, der sich in bezug auf die Person der vorgeladenen Frau oder ihre Aussagen erheben und sie als Mitschuldige erscheinen lassen könnte, zu beseitigen, vor allem aber auch, um ihre Aussagen zu bekräftigen und zu erhärten und zu jedem anderen guten Zweck, und mehr noch, um die Person der Vorgeführten auf die Probe zu stellen, ordnete der Richter an, daß sie in Gegenwart des Zeugen der sibyllinischen Folter unterworfen werde, unter Berücksichtigung der Tatsache, daß sie eine Frau ist, und ihrem Erscheinungsbild nach etwa 17 Jahre alt ist“ (WACHENFELD 1992, S. 121).

182 Diese Übersetzung aus dem Italienischen stammt von WACHENFELD 1992, S. 24; laut GARRARD (1989, S. 136) stammen diese Zeilen aus dem Jahr 1653, dem vermutlichen Sterbejahr der Künstlerin.

183 GARRARD 1989, S. 138: „Artemisia Gentileschi transportiert eine starke Identifikation mit Frauen, deren heimlichen Kämpfen gegen die Vorherrschaft der Männer eine klare, sichtbare Form gegeben wird“ (Übersetzung E. G.-C.).

184 Ebda, S. 278: „Ferner hatte das Thema wahrscheinlich persönliche Bedeutung für die Künstlerin, denn von all den weiblichen Charakteren, die sie malte, war

Judit die positivste und aktivste Figur, deren heroische Tat für Artemisia das größte Potential für Selbstidentifikation hatte" (Übersetzung E. G.-C.).

185 Vgl. GORSEN 1980, S. 82: „Der spektakulärste Punkt ihrer Biographie und ein häufig genanntes psychologisches Motiv ihrer ausgefallen Juditdarstellungen ist die Vergewaltigung …"

186 AUSSTELLUNGSKATALOG 1991, S. 25. GARRARD (1989, S. 321) meint, die Verbannung von Artemisia Gentileschis Juditdarstellungen in dunkle Ecken und in unerreichbare Abstellräume diverser Museen über mehrere Jahrhunderte mag wohl an dem psychischen Terror und dem Gefühl der Schmach, die sie in den Männer auslösten, gelegen haben.

187 Vgl. GARRARD 1989, S. 290: „Eine bedeutende Veränderung in der künstlerischen Darstellung des Juditthemas wurde durch Caravaggio gebracht" (Übersetzung E. G.-C.). Vgl. dazu auch JACOBUS 1992, S. 79; Judits Magd wird als grausame Alte dargestellt und Judit als fromme Heldin, was die Doppelung von Jungfrau und Mutter beim männlichen Betrachter in Erinnerung ruft.

188 Unter der Folter rief sie Tassi zu: „Dies also ist der Ring, den du mir reichst, und diese sind deine Versprechungen." Zitiert nach WACHENFELD 1992, S. 122.

189 In der 1612–1613 geschaffenen Darstellung ist dies nur andeutungsweise zu sehen, während die Hände in der späteren Darstellung von 1620 zu einer einzigen verschmelzen.

190 GARRARD (1989, S. 313) vertritt die These, daß die Identifikation mit der Mörderin selbst für Artemisia zu diesem Zeitpunkt noch zu gefährlich erschien: „Sie könnte sich auch von einer zu direkten und ausschließlichen Identifikation mit der Henkerin selbst zurückgehalten haben, eine Gestalt, deren Handlung ihren eigenen unterdrückten Phantasien gefährlich nahe gewesen sein könnte" (Übersetzung E. G.-C.).

191 GEORGEN (1984, S. 114) meint, aufgrund ihrer ähnlichen Physiognomie wirken die beiden Protagonistinnen eher wie Schwestern, denn wie Herrin und Dienerin; ebenso GARRARD 1989, S. 320: „In diesem Augenblick ist Abra nicht ihre Dienerin, sondern ihre Schwester" (Übersetzung E. G.-C.).

192 Artemisia Gentileschis Darstellung nur als Protest zu sehen scheint mir ein zu schwaches Argument zu sein, wie dies GEORGEN (1984, S. 116) beschreibt: „Die kühne Entschlossenheit und Souveränität von Judiths Handeln in den Bildern Artemisias, die Grenzüberschreitung, die das gesellschaftlich normierte weibliche Verhalten weit hinter sich läßt, ist angesichts der anderen Judithbilder des 17. Jahrhunderts als Protest zu verstehen."

193 Mieke Bal stellt dies noch als Frage an das Ende ihres Artikels ‚Head Hunting': „Könnte sie/es die Wiedergabe einer alternative Ursprungsgeschichte sein, nicht

einer, wo die Ganzheit des einen Geschlechts durch das Zerbrechen des anderen gerettet werden muß …“ (BAL 1994, S. 33. Übersetzung E. G.-C.).

194 GARRARD 1989, S. 340: „Pittura, oder die allegorische Wiedergabe der malerischen Kunst als eine weibliche Figur, erschien in der italienischen Kunst in der ersten Hälfte des sechzehnten Jahrhunderts, zusammen mit den gleichfalls neuen weiblichen Personifizierungen in der Bildhauerei und Architektur“ (Übersetzung E. G.-C.); vgl. auch ebda, S. 337–370.

195 Außer den Darstellungen von A. Gentileschi und M. Antova sind der Verfasserin zwei Juditdarstellungen, die im 20. Jahrhundert von Künstlerinnen geschaffen wurden, bekannt, nämlich von Judy Chicago und Sandy Sherman. Diese Werke reihen sich allerdings in die Deutungsweise ihrer Kollegen ein.

196 RIESER 1996, S. 48. Mittlerweile gibt es zwar schon Professorinnen, aber es wird wohl einige Zeit in Anspruch nehmen, bis Frauen-Kunst im öffentlichen Raum wirksam sein wird.

197 Vgl. auch GIRAUDOUX (1964), auf den sich die Malerin in diesem und im nächsten Bild bezieht.

198 BACHMANN, Dunkles zu sagen, 1978, S. 32.

Quellen- und Literaturliste

ACKROYD, P.: Art. jad, ThWAT III, 1982, Sp. 421–455.

ALONSO-SCHÖKEL, Louis: Narrative Structures in the Book of Judith. In: WUELLNER, W. (Hg.): Protocol Series of the Colloquies of the Center for Hermeneutic. Studies in Hellenistic and Modern Culture, Berkeley 1975, S. 1–20.

ANDREAS-SALOMÉ, Lou: Was daraus folgt, daß es nicht die Frau gewesen ist, die den Vater totgeschlagen hat. In: Almanach des internationalen Psychoanalytischen Verlags, Wien 1928, S. 35–40 (auch abgedruckt in: Andreas-Salomé, Lou: Das ‚zweideutige Lächeln der Erotik. Texte zur Psychoanalyse, hg. v. WEBER, Inge/REMPP, Brigitte, Freiburg 1990, S. 237–242).

ANTOVA, Minna: Die gierigen Dinge des Jahrhunderts, Katalog zur Ausstellung im Haus Wittgenstein, Wien 1990.

ANTOVA, Minna: Gedanken zu Judith. In: DOSTAL, Franz (Hg.): Klangbogen, Spectaculum 1991, 15. Festspiele im alten Wiener Universitätsviertel, Programm zu W. A. Mozart: Betulia liberata, Wien 1991, S. 13.

ANTOVA, Minna: Revolte im Ornament. Bilder 1989–1992. Niederösterreichisches Dokumentationszentrum für Moderne Kunst St. Pölten, 12. Oktober bis 8. November 1992, St. Pölten 1992.

ARENHOEVEL, Diego/DEISSLER, Alfons, VÖGTLE/Anton (Hg.): Die Bibel. Die Heilige Schrift des Alten und Neuen Bundes. Deutsche Ausgabe mit den Erläuterungen der Jerusalemer Bibel, Freiburg i. Br. u. a. 1968.

AUSSTELLUNGSKATALOG: Artemisia Gentileschi, Florenz 1991.

BACHMANN, Ingeborg: Werke, Bd. 1: Gedichte, Hörspiele, Libretti, Übersetzungen, hg. v. KOSCHEL, Christine, München, Zürich 1978.

BAIL, Ulrike, u. a. (Hg.): Feministische Hermeneutik und Erstes Testament, Stuttgart 1994.

BAL, Mieke: Narratology. Introduction to the Theory of Narrative, Toronto u. a. 1988 (= 1988a).

BAL, Mieke: Tricky Thematics, Sem 42, 1988, S. 133–156 (= 1988b).

BAL, Mieke: Murder and Difference. Gender, Genre and Scholarship on Sisera's Death, Bloomington/Indianapolis u. a. 1992.

BAL, Mieke: Head Hunting, ‚Judith' on the Cutting Edge of Knowledge, JSOT 63, 1994, S. 3–34.

BAUMANN, Gerlinde: Die Weisheitsgestalt in Proverbien 1–9, Traditionsgeschichtliche und theologische Studien, FAT 16, Tübingen 1996.

BEER, Rüdiger Robert: Einhorn. Fabelwelt und Wirklichkeit, München 1972.

BENJAMIN, Jessica: Die Fesseln der Liebe. Psychoanalyse, Feminismus und das Problem der Macht, Frankfurt/Main 1996.

BORNKAMM, Heinrich (Hg.): Luthers Vorreden zur Bibel, Frankfurt/Main 1983.

BRAUN, Christina von: Nicht ich. Logik, Lüge, Libido, Frankfurt/Main 1994.

BREITLING, Gisela: Die Spuren des Schiffs in den Wellen. Eine autobiographische Suche nach den Frauen in der Kunstgeschichte, Berlin 1980.

BRENNER, Athalya: The Songs of Songs, OTG 12, Sheffield 1989.

BRENNER, Athalya: Introduction. In: BRENNER, Athalya/DIJK-HEMMES, Fokkelien van: On Gendering Texts. Female and Male Voices in the Hebrew Bible, BIS 1, Leiden u. a. 1993, S. 1–13.

BRENNER, Athalya/DIJK-HEMMES, Fokkelien van: On Gendering Texts. Female and Male Voices in the Hebrew Bible, BIS 1, Leiden u. a. 1993.

BRUNS, Brigitte: Hermaphrodit oder das Geschlecht der Moderne. Zur Präsentation des Weiblichen und der Auflösung des Subjekts. In: FISCHER, Lisa/BRIX Emil (Hg.): Die Frauen der Wiener Moderne, Wien 1997, S. 218–232.

BRUNS, Edgar J.: Judith or Jael?, CBQ 16, 1954, S. 12–14.

BURNETTE-BLETSCH, Rhonda: At the Hand of a Woman. Rewriting Jael in Pseudo-Philo, JSPE 17,1998, S. 53–64.

BURRUS, Virginia: Chastity as Autonomy. Women in the Stories of the Apocryphal Acts, Sem 38, 1986, S. 101–117.

BUTLER, Judith: Das Unbehagen der Geschlechter, Frankfurt/Main 1991.

BUTLER, Judith: Körper von Gewicht. Die diskursiven Grenzen des Geschlechts, Berlin 1995.

BUTTING, Klara: Die Buchstaben werden sich noch wundern. Innerbiblische Kritik als Wegweisung feministischer Hermeneutik, Berlin 1994.

CAPONIGRO, Mark Stephen: Judith, Holding the Tale of Herodotus. In: VANDERKAM, James C. (Hg.): ‚No One Spoke Ill of Her'. Essays on Judith, Early Judaism and its Literature 2, Atlanta 1992, S. 47–59.

CLINES, David J. A./EXUM, Cheryl J. (Hg.): The New Literary Criticism and the Hebrew Bible, JSOT. S 143, Sheffield 1993.

CONCA, Fabrizio u. a.: Lessico dei Romanziei Greci, Bd. 2, Hildesheim u. a. 1989.

CONZEN, Ina-Maria: Die Wandlung des Judith- und Holofernesthemas in der deutschen und niederländischen Kunst von 1500 bis 1700, Magisterarbeit, Heidelberg 1982.

CRAGHAN, John F.: Esther, Judith and Ruth. Paradigms for Human Liberation, BTB 12, 1982, S. 11–19.

CRAVEN, Toni: Artistry and Faith in the Book of Judith, SBL. DS 70, Vanderbild 1983 (= 1983a).

CRAVEN, Toni: Tradition and Convention in the Book of Judith, Sem 28, Chico/California 1983, S. 49–61 (=1983b).

DANCY, John Christopher: The Shorter Books of the Apocrypha, CNEB 24, Cambridge 1972.

DIETZFELBINGER, Christian: Pseudo-Philo: Antiquitates Biblicae (Liber Antiquitatum Biblicarum). In: KÜMMEL, Werner Georg (Hg.): Unterweisung in erzählender Form, JSHRZ 2, Gütersloh 1979, S. 89–271.

DIJK-HEMMES, Fokkelien van: Gezegende onder de vrouwen. Een moeder in Israel en een maagd in de kerk. In: DIJK-HEMMES, Fokkelien van (Hg.): `t Is kwaad gerucht als zij niet binnenblijft. Vrouwen in oude culturen, Utrecht 1986, S. 123–147.

DIJK-HEMMES, Fokkelien van: Traces of Women's Texts in the Hebrew Bible. In: BRENNER, Athalya/DIJK-HEMMES, Fokkelien van: On Gendering Texts. Female and Male Voices in the Hebrew Bible, BIS 1, Leiden u. a. 1993, S. 17–109.

EGGER, Brigitte: Women in the Greek Novel: Constructing the Feminine, Phil. Diss., Irvine/California 1990.

EGGER, Brigitte: Looking at Chariton's Callirhoe. In: MORGAN, J. R./STONEMAN, Richard (Hg.): Greek Fiction. The Greek Novel in Context, London, New York 1994, S. 31–48.

ELDER, Linda Bennett: Transformations in the Judith Mythos. A Feminist Critical Analysis, Florida State University, Phil. Diss., Michigan 1991.

ENSLIN, Morton S.: Literary Concerns. In: ENSLIN, Morton S./ZEITLIN, Solomon: The Book of Judith, JAL 7, Leiden 1972, S. 38–217.

EXUM, Cheryl J.: Fragmented Women. Feminist (Sub)Versions of Biblical Narratives, JSOT. S 163, Sheffield 1993.

FELMAN, Shoshana: Weiblichkeit wiederlesen. In: VINKEN, Barbara (Hg.): Dekonstruktiver Feminismus. Literaturwissenschaft in Amerika, Frankfurt/Main 1992, S. 33–61.

FISCHER, Irmtraud: Gottesstreiterinnen. Biblische Erzählungen über die Anfänge Israels, Stuttgart u. a. 1995.

FLAKER, Alexander: Die schon befreite Malerin. In: DOSTAL, Franz (Hg.): Klangbogen, Spectaculum 1991, 15. Festspiele im alten Wiener Universitätsviertel, Programm zu W. A. Mozart: Betulia liberata, Wien 1991, S. 28.

FONTAINE, Carole: The Deceptive Goddess in Ancient Near Eastern Myth. Innana and Inaris Sem, 42, 1988, S. 84–102.

FREUD, Sigmund: Das Tabu der Virginität. In: FREUD, Sigmund: Studienausgabe. Bd. 5: Sexualleben, hg. v. MITSCHERLICH, Alexander, Frankfurt/Main 1989 (Conditio Humana), S. 211–228.

FREUD, Sigmund: Die Weiblichkeit. In: FREUD, Sigmund: Studienausgabe. Bd. 1: Vorlesungen zur Einführung in die Psychoanalyse und Neue Folgen, hg. v. MITSCHERLICH, Alexander, Frankfurt/Main 1994 (Conditio Humana), S. 447–608.

FRIEDMAN, Mira: The Metamorphoses of Judith, Jewish Art, 12/13, 1986/87, S. 225–246.

FRITZSCHE, Otto Fridolin: Kurzgefaßtes exegetisches Handbuch zu den Apokryphen des Alten Testaments, Die Bücher Tobit und Judith, KEH2, Leipzig 1853.

FUCHS, Esther: Who is Hiding the Truth? Deceptive Women and Biblical Androcentrism. In: COLLINS, Adela Y. (Hg.): Feminist Perspectives on Biblical Scholarship, Chico 1985, S. 137–144.

GARRARD, Mary D.: Artemisia Gentileschi. The Image of the Female Hero in Italian Baroque Art, Princeton/New Jersey u. a. 1989.

GEORGEN, Helga Theresa: Die Kopfjägerin Judith – Männerphantasie oder Emanzipationsmodell. In: BISCHOFF, Cordula (Hg.): Frauen – Kunst – Geschichte. Zur Korrektur des herrschenden Blicks, Gießen 1984, S. 111–124.

GILLIGAN, Carol: Die andere Stimme. Lebenskonflikte und Moral der Frau, München, Zürich 1988.

GIRAUDOUX, Jean: Judith. Schauspiel in 3 Akten, München u. a. 1964.

GOITEIN, S. D.: Women as Creators of Biblical Genres, Prooftexts 8, 1998, S. 1–33.

GORSEN, Peter: Frauen und Frauenbilder in der Kunstgeschichte. In: NABAKOWSKI, Gislind u. a. (Hg.): Frauen in der Kunst, Bd. 2, Frankfurt/Main 1980, S. 77–90.

GREER, Germaine: Das unterdrückte Talent. Die Rolle der Frauen in der bildenden Kunst, Berlin, Frankfurt/Main, Wien 1980.

GÜNTER, Andrea (Hg.): Feministische Theologie und postmodernes Denken. Zur theologischen Relevanz der Geschlechterdifferenz, Stuttgart u. a. 1996.

GÜSTEN, Susanne: Kommentar über Istanbul. In: Salzburger Nachrichten, 13. August 1998, S. 6.

HAAG, Ernst: Studien zum Buche Judith. Seine theologische Bedeutung und literarische Eigenart, TThSt Bd. 16, Trier 1963.

HAGEN, Rose Marie: Artemisia die entehrte Malerin, art 8, 1988, S. 72–84.

HAMMER-TUGENDHAT, Daniela: Judith und ihre Schwestern. Konstanz und Veränderung von Weiblichkeitsbildern. In: KUHN, Annette/LUNDT, Bea (Hg.): Lustgarten und Dämonenpein. Konzepte von Weiblichkeit in Mittelalter und früher Neuzeit, Dortmund 1997, S. 343–385.

HANHART, Robert (Hg.): Judith, Septuaginta 8,4, Vetus Testamentum Graecum, Auctoriate, Academiae Scientiarum Gottingensis, Göttingen 1979.

HATCH, Edwin/REDPATH, Henry A.: A Concordance to the Septuagint and the Other Greek Versions of the Old Testament, Bd. 1, Graz 1975 (Nachdruck von Oxford 1897).

HATZ, Mechthilde: Frauengestalten des Alten Testaments in der Bildenden Kunst von 1850–1918. Eva, Dalila, Judith, Salome, Phil. Diss., Heidelberg 1972.

HEBBEL, Friedrich: Judith. Eine Tragödie in 5 Akten, Stuttgart 1984.

HELIODOR: Die Abenteuer der schönen Chariklea, übersetzt von REYMER, Rudolf, München 1990.

HELLMANN, Monika: Judith – eine Frau im Spannungsfeld von Autonomie und göttlicher Führung. Studie über eine Frauengestalt des Alten Testaments, EHS.T 444, Frankfurt/Main u. a. 1992.

HELTZER, Michael: ΜΙΣΘΩΤΟΣ im Buche Judith. In: WISSEMANN, Michael (Hg.): Roma Renascens. Beiträge zur Spätantike und Rezeptionsgeschichte. FS Ilona Opelt, Frankfurt/Main u. a. 1998, S. 118–124.

HENTEN, Jan Willem van: Judith as a Female Moses, Judith 7–13, In the Light of Exodus, 17, Numbers 20 and Deuteronomy 33: 8–11. In: DIJK-HEMMES, Fokkelien van/BRENNER, Athalya (Hg.): Reflections on Theology & Gender, Kampen 1994, S. 33–47.

HENTEN, Jan Willem van: Judith as Alternative Leader. A Rereading of Judith, 7–13. In: BRENNER, Athalya (Hg.): A Feminist Companion to Esther, Judith and Susanna, The Feminist Companion to the Bible, 7, Sheffield 1995, S. 224–252.

HOFMANN, Werner: Eva und die Zukunft. Das Bild der Frau seit der französischen Revolution, München 1986.

IRIGARAY, Luce: Speculum. Spiegel des anderen Geschlechts, Frankfurt/Main 1980.

JACOBUS, Mary: Judith, Holofernes und die phallische Frau. In: VINKEN, Barbara (Hg.): Dekonstruktiver Feminismus. Literaturwissenschaft in Amerika, Frankfurt/Main 1992, S. 62–69.

JONES, Ann: Frauen, die töten, Frankfurt/Main 1986.

KASCHNITZ, Marie Luise: Nachrichten. In: KASCHNITZ, Marie Luise: Gesammelte Werke. Bd. 5: Die Gedichte, hg. v. BÜTTRICH, Christian/MILLER, Norbert, Frankfurt/Main 1985.

KERÉNYI, Karl: Die Mythologien der Griechen. Bd. 1: Die Götter- und Menschheitsgeschichten, München 1977.

KRISTEVA, Julia: Visions capitales, Édité à l'occasion de l'exposition, présentée au Musée du Louvre, Hall Napoléon, par le Département des Arts Graphiques, du 27 avril au 27 juillet 1998, Paris 1998.

LACOQUE, André: The Feminine Unconventional. Four Subversive Figures in Israel's Tradition, Minneapolis 1990.

LELLA, Alexander A. di: Women in the Wisdom of Ben Sira and the Book of Judith. A Study in Contrasts and Reversals. In: EMERTON, John Adney (Hg.): Congress Volume, Paris 1992, VT.S 41, Leiden u. a. 1995, S. 39–52.

LERNER, Gerda: Frauen und Geschichte, Bd. I: Die Entstehung des Patriarchats, Frankfurt/Main, New York 1991.

LERNER, Gerda: Frauen und Geschichte, Bd. II: Die Entstehung des feministischen Bewußtseins. Vom Mittelalter bis zur Ersten Frauenbewegung, Frankfurt/Main, New York 1993.

LEVINE, Amy-Jill: Character Construction and Community Formation in the Book of Judith, Sem 28, 1989, S. 561–569.

LEVINE, Amy-Jill: Sacrifice and Salvation. Otherness and Domestication in the Book of Judith. In: VANDERKAM, James C. (Hg.): ‚No One Spoke Ill of Her'. Essays on Judith, Early Judaism and its Literature, 2, Atlanta 1992, S. 5–30.

LEVISON, John R.: Judith 16:14 and the Creation of Woman, JBL 114/3, 1995, S. 467–469.

LEY, Klaus: Typologie und Bewußtseinsgeschichte. ‚La Judith moderne' im historischen Roman bei Vigny, Mérimée, Balzac, Hugo, Laubert in: LINK, Franz (Hg.): Paradeigmata, Literarische Typologie des Alten Testaments, Schriften zur Literaturwissenschaft, Bd. 5/1, Berlin 1989, S. 393–409.

LIDELL, Henry George/SCOTT, Robert (Hg.): A Greek-English Lexicon, Oxford 1968.

LUST, Johan (Hg.): A Greek-English Lexicon of the Septuagint, Bd. 1, Stuttgart 1992.

MacDONALD, Eileen: Erschießt zuerst die Frauen, Stuttgart 1992.

MANDELSTAM, Ossip: Gesammelte Werke, Bd. 1: Gedichte und Prosa 1906–1921, Moskau 1999.

MEIER-SEETHALER, Carola: Ursprünge und Befreiungen. Die sexistischen Wurzeln der Kultur, Frankfurt/Main 1992.

MERIDETH, Betsy: Desire and Danger. The Drama of Betrayal in Judges and Judith. In: BAL, Mieke (Hg.): Anti-Covenant. Counter-reading Women's Lives in the Hebrew Bible, JSOT.S. 81; BiLiSe 22, Sheffield 1989, S. 63–78.

MILNE, Pamela: What shall we do with Judith? A Feminist Reassessment of a Biblical Heroin, Sem 62, 1993, S. 37–58.

MOORE, Carey A.: Judith, A New Translation with Introduction and Commentary, AncB. Garden City 1985.

MOORE, Carey A.: Why Wasn't the Book of Judith Included in the Hebrew Bible? In: VANDERKAM, James C. (Hg.): ‚No One Spoke Ill of Her'. Essays on Judith, Early Judaism and its Literature, 2, Atlanta 1992, S. 61–71.

NICKELSBURG, George W. E.: Jewish Literature Between the Bible and the Mishnah. A Historical and Literary Introduction, London 1981.

NICKELSBURG, George W. E.: Stories of Biblical and Early Post-Biblical Times. In: STONE, Michael E. (Hg.): Jewish Writings of the Second Temple Period. Apocrypha, Pseudepigrapha, Qumran Sectarian Writings, Philo, Josephus, CRINT 2, Assem/Philadelphia 1984, S. 33–87.

OLIVIER, Christiane: Iokastes Kinder. Die Psyche der Frau im Schatten der Mutter, Düsseldorf 1984.

PASSOW, Franz: Handwörterbuch der griechischen Sprache, Darmstadt 1993 (Nachdruck der 5. Auflage Leipzig 1841–57).

PERVO, Richard I.: Aseneth and her Sisters. Women in Jewish Narrative and in the Greek Novels. In: LEVINE, Amy-Jill (Hg.): ‚Women Like This'. New Perspectives on Jewish Women in the Greco-Roman World, Early Judaism and its Literature, 1, Atlanta 1991, S. 145–160.

PIZAN, Christine de: Das Buch von der Stadt der Frauen, München 1990.

POMEROY, Sarah B.: Frauenleben im klassischen Altertum, Stuttgart 1985.

PURDIE, Edna: The Story of Judith in German and English Literature, Bibl.RLC 39, Paris 1972.

RAHLFS, Alfred (Hg.): Libri Poetici et Prophetici, Septuaginta, 2533/II, Stuttgart ^{8}1965.

REARDON, B. P. (Hg.): Collected Ancient Greek Novels, Berkley u. a. 1989.

RIESER, Susanne: Interview mit M. Antova vom 15. Dez. 1996. In: Information. Zeitschrift der Interuniversitären Koordinationsstellen 3/2, Wien 1996, S. 45–49.

RIZZANTE GALLAZZI, Ana Maria: Eine junge Frau in der Situation der Belagerung. Eine Lektüre des Judith-Buches aus der Perspektive von Dina. In: FÜNFSINN, Bärbel u. a. (Hg.): Töchter der Sonne. Unterwegs zu einer feministischen Befreiungstheologie in Lateinamerika, Christlicher Glaube in der einen Welt, 1, Hamburg 1996, S. 147–162.

ROHDE-DACHSER, Christa: Im Schatten des Kirschbaums. Psychoanalytische Dialoge, Bern 1994.

ROHDE-DACHSER, Christa: Expedition in den dunklen Kontinent. Weiblichkeit im Diskurs der Psychoanalyse, Frankfurt/Main 1997.

ROITMAN, Adolfo D.: The Function and Meaning of Achior. In: VANDERKAM, James, C. (Hg.): ‚No One Spoke Ill of Her'. Essays on Judith, Early Judaism and its Literature, 2, Atlanta 1992, S. 31–45.

ROITMAN, Adolfo D.: This People are Descendants of Chaldeans (Judith 5:6). Its Literary Form and Historical Setting, JBL 113/2, 1994, S. 245–263.

ROSENBERGER, Sieglinde: Geschlechter – Gleichheiten – Differenzen. Eine Denk- und Politikbeziehung, Wien 1996.

RUDEE, Ditta: Revolte im Ornament. In: Wirtschaftswoche Nr.42, 15. Okt. 1992, S. 125.

SCHLESIER, Renate: Mythos und Weiblichkeit bei Sigmund Freud, Frankfurt/Main 1981.

SCHOTTROFF, Luise: Lydias ungeduldige Schwestern. Feministische Sozialgeschichte des frühen Christentums, Gütersloh 1994.

SCHRAGE, Dieter: Keine Solidarität mit Holofernes, unveröffentlichtes Gedicht, Wien 1993.

SCHROER, Silvia: Die Weisheit hat ihr Haus gebaut, Studien zur Gestalt der Sophia in den biblischen Schriften, Mainz 1996.

SCHROER, Silvia/STAUBLI, Thomas: Die Körpersymbolik der Bibel, Darmstadt 1998.

SCHÜSSLER-FIORENZA, Elisabeth: Zu ihrem Gedächtnis. Eine feministisch-theologische Rekonstruktion der christlichen Ursprünge, München 1988.

SKEHAN, Patrick: The Hand of Judith, CBQ 25, 1963, S. 94–109.

SOGGIN, J. Alberto: Judges – A Commentary, OTL 7, London, 1987.

STANDHARTINGER, Angela: „Um zu sehen die Töchter des Landes“. Die Perspektive Dinas in der jüdisch-hellenistischen Diskussion um Gen 34. In: BORMAN, Lukas/DEL TREDICI, Kelly/STANDHARTINGER, Angela (Hg.): Religious Propaganda and Missionary Competition in the New Testament World. Essays Honoring Dieter Georgi, NT.S 74, Leiden u. a. 1994, S. 89–116.

STANDHARTINGER, Angela: Das Frauenbild im Judentum der hellenistischen Zeit. Ein Beitrag anhand von Joseph & Aseneth, AGJU 26, Leiden 1995.

STOLZENWALD, Susanna: Artemisia Gentileschi. Bindung und Befreiung in Leben und Werk einer Malerin, Stuttgart u. a. 1991.

STONE, Nira: Judith and Holofernes: Some Observations on the Development of the Scene in Art. In: VANDERKAM, James, C. (Hg.): ‚No One Spoke Ill of Her‘. Essays on Judith, Early Judaism and its Literature, 2, Atlanta 1992, S. 73–93.

THEWELEIT, Klaus: Männerphantasien. Bd. 2: Männerkörper. Zur Psychoanalyse des weißen Terrors, Reinbek/Hamburg 1987.

THÜRMER-ROHR, Christina: Vagabundinnen. Feministische Essays, Berlin 1987.

TREUSCH-DIETER, Gerburg: Die heilige Hochzeit. Studien zur Totenbraut, Schnittpunkt Zivilisationsprozeß, 23, Pfaffenweiler 1997.

TRIBLE, Phyllis: Mein Gott, warum hast du mich vergessen! Frauenschicksale im Alten Testament, Gütersloh 1987.

TRIBLE, Phyllis: Gott und Sexualität im Alten Testament, Gütersloh 1993.

TRUBE-BECKER, Elisabeth: Frauen als Mörder, München 1974.

VINKEN, Barbara: Dekonstruktiver Feminismus – Eine Einleitung. In: VINKEN, Barbara (Hg.): Dekonstruktiver Feminismus. Literaturwissenschaft in Amerika, Frankfurt/Main 1992, S. 7–29.

WACHENFELD, Christa (Hg.): Die Vergewaltigung der Artemisia, Der Prozeß, Freiburg/Br. 1992.

WARNER, Marina: In weiblicher Gestalt – Die Verkörperung des Wahren, Guten und Schönen, München 1989.

WEVERS, John William (Hg.): Deuteronomium, Septuaginta III,2, Göttingen 1977.

WEVERS, John William (Hg.): Numeri, Septuaginta III,1, Göttingen 1982.

WHITE, Sidnie Ann: In the Steps of Jael and Deborah: Judith as Heroine. In: VANDERKAM, James C. (Hg.): ‚No One Spoke Ill of Her'. Essays on Judith, Early Judaism and its Literature, 2, Atlanta 1992, S. 5–16.

WILLIAMS, James G.: Women Recounted. Narrative Thinking and the God of Israel, BiLiSe 6, Sheffield 1982.

WILLS, Lawrence M., The Jewish Novellas. In: MORGAN, J. R./STONEMAN, Richard (Hg.): Greek Fiction. The Greek Novel in Context, London 1994, S. 323–238.

ZAKOVITCH, Yair: Siseras Tod, ZAW 93, 1981, S. 364–374.

ZEITLIN, Solomon: The Books of Esther and Judith: A Parallel. In: ENSLIN, Morton S./ZEITLIN, Solomon: The Book of Judith, JAL 7, Leiden 1972, S. 1–37.

ZENGER, Erich: Das Buch Judith, JSHRZ I/6. Gütersloh 1981.

ZENGER, Erich: Gottes Bogen in den Wolken. Untersuchungen zu Komposition und Theologie der priesterschriftlichen Urgeschichte, SBS 112, Stuttgart 1983.

ZENGER, Erich: Theologische Realenzyklopädie, Bd. XVIII, Lieferung 3/4, Berlin, New York 1991.

ZENGER, Erich: „Wir erkennen keinen anderen als Gott an ..." (Jdt 8,20). Programm und Relevanz des Buches Judit. In: rhs 1, 1996, S. 23–36.

Die Autorin

Elisabeth Gierlinger-Czerny, geb. 1957, Dr. theol., Psychotherapeutin und Supervisorin, Mitbegründerin verschiedener Initiativen im Sozial- wie im Bildungsbereich, seit vielen Jahren interdisziplinäres Querdenken zwischen Theologie, Genderforschung, Psychoanalyse und Kunst. Lehr- und Seminartätigkeit in diesen Bereichen.